Anonymus

Vademecum für Schauspieler und Liebhaber des Theaters

Anonymus

Vademecum für Schauspieler und Liebhaber des Theaters

ISBN/EAN: 9783743327993

Hergestellt in Europa, USA, Kanada, Australien, Japan

Cover: Foto ©ninafisch / pixelio.de

Manufactured and distributed by brebook publishing software
(www.brebook.com)

Anonymus

Vademecum für Schauspieler und Liebhaber des Theaters

Vademecum

für

Schauspieler

und

Liebhaber des Theaters;

enthaltend

ernsthafte und lustige Bruchstücke

und Miscellaneen,

sonderbare Gebräuche und unterhaltende Anekdoten

das Theater betreffend.

Erster Theil.

Berlin und Leipzig,
bey Carl August Nicolai.
1796.

Vademecum

für

Schauspieler

und

Liebhaber des Theaters.

———————

Logau.

Sind in meinem Buche Possen,
Die Dich, Leser, wo verdrossen,
Ey, vergönne mir, zu schreiben,
Was Du Dir vergönnst, zu treiben.

I.

Bruchſtücke aus der Deutſchen Theater=
geſchichte.

Der Geiſt der Myſterien, oder geiſtlichen Far=
cen, war im 15. und 16ten Jahrhundert in Deutſch=
land und Frankreich gleich ſtark ausgebreitet. Bei
einer Menge Unſinn findet man burleske Einfälle in
dieſen Poſſen. Man ſchrieb ſogar geiſtliche Faſt=
nachtsſpiele, und führte ſie auf.

Eine eigentliche Myſterie gab Johann Brum=
mer, aus der Grafſchaft Hoya in Weſtphalen, 1593
zu Lauingen heraus, unter dem Titel: Tragico-
Comoedia Apoſtolica, das iſt, die Hiſtorie der
heiligen Apoſtelgeſchichte, inmaßen ſie von Sanct Lu=
ca, dem heiligen Evangeliſten beſchrieben, und dem
neuen Teſtament einverleibt, in Form einer Komö=
die gebracht.

Bad. f. Schauſp. I. Th. **A**

Dieſe Komödie wurde mit nicht geringen Unko-
ſten ſowohl des Publikums, als einzelner Bürger,
zur Verwunderung der Fremden, am Pfingſtmontag
1592. von einer löblichen Bürgerſchaft zu Kaufbeuern
vorgeſtellt.   Der ſpielenden Perſonen ſind 246, und
das Werk iſt ein ganzes Alfabet in Oktav ſtark. Man
muß alſo wohl auf einer ſehr geräumigen Bühne wenigſtens den ganzen Pfingſttag daran vergeſtellt haben.   Daß man auch Maſchinen gebraucht habe,
ſieht man aus verſchiedenen Stellen.   So heißt es
in der Ueberſchrift der Szene vom Pfingſttag: Der
heilige Geiſt fährt hernieder, und erſcheinen an den Apoſteln feurige Zungen;
und an einer andern Stelle: Der heilige Geiſt
zeigt ſich, mit Bewegung der Stätt; und
wieder an einer andern: Es geſchicht ein Erdbeben; die Thüren thun ſich auf, und werden ſie aller Banden ledig *).

Die Teufeleien, die in den franzöſiſchen
Myſterien ſo beliebt waren, fanden auch in Deutſch-
land großen Beifall, und kommen häufig vor.

In Schernbecks Spiel von Frau Jutten,
von 1480. erſcheinen nicht nur acht Teufel, Namens

---

*) Meiſters Beiträge zur Geſch. der deutſchen Spra-
che. Th. 1. S. 262.

Lucifer, Unverſün, Sathanas, Spiegelglanz, Federwiſch, Rottis, Aſtrat und Krentzelein, ſondern auch
des Teufels Großmutter Lillis. Die Teufel ſingen
folgenden Rundgeſang, wobei Unverſün vorſingt:

Lucifer in deinem Throne
Rimo Rimo Rimo
Wareſt du ein Engel ſchone *)
Rimo Rimo Rimo
Nu biſt du ein Teufel greulich
Rimo Rimo Rimo. **)

In M. George Mauricii Komödie von Nabab
(1607) kommen auch allegoriſche Teufel vor,
als der Sauteufel und der Aufruhrsteufel. ***)

In M. Cryfingers, Predigers auf dem Marienberge, „Hiſtoria vom reichen Manne und armen Lazaro” (1555) erſcheinen, außer dem Sathanas, 6 ſcheußliche Teufel; (dabei ſteht: allhier mag man
wohl mehr Teufel verordnen) item auch
die Seelperſon des verdammten reichen Mannes;
ein Luat, der unter Augen, an Händen und Füßen
kohlſchwarz ſey, in einem ſchwarzen Kittel. †)

---

*) ſchön.
**) Gottſcheds Verſuch zur Geſch. der dramatiſchen
Dichtkunſt. Th. II. S. 84.
***) Ebendaſ. Th. I. S. 161.
†) Ebendaſ. Th. II. S. 214.

Im Jahr 1692, als sich Veltheim *) in Hamburg aufhielt, ereignete sich der erste Zwist unter den Geistlichen und Komödianten. Veltheim's Courtisane (Harlekin), Schernitzky, ward von den Hamburger Predigern das Abendmahl verweigert. Man behauptet, daß Veltheim selbst in der Folge zu Leipzig ein Gleiches habe erfahren müssen. — Dieser Veltheim trat übrigens in Karl Pauls (um 1650) Fußtapfen, und brachte regelmäßige, unter andern auch Molierische Stücke auf die deutsche Bühne. — Außerdem führte er Burlesken auf, die er theils den Italienern abborgte, theils nach ihrem Beispiele extemporiren ließ. Die Stelle der Trauerspiele vertraten auf seinem Theater die kläglichsten Uebersetzungen spanischer Mißgeburten, nicht ohne deutsche Vermehrungen und Verbesserungen. Sie fingen schon vor Veltheim an einzureissen, und bekamen den marktschreierischen Namen: Haupt- und Staatsactionen. — Chronologie des Deutschen Theat. 1775. 8. S. 33.

*) Ein Leipziger Magister, dem das Schauspielerhandwerk besser gefiel, als seine Logik, und der bald Prinzipal einer Schauspielergesellschaft werde, die aus Leipziger Studenten bestand.

In Wien wagte es 1708 Josef Anton Stra-
nitzky zuerst, statt der bisher allein dort gewöhnlichen italienischen Schauspiele, deutsche aufzuführen. — Er hat sich noch auf eine andre Art ver-
ewigt. Weil Italiener seine Nebenbuhler waren, so
wollte er ihr Buffontheater ganz nazionalisiren, und
ward so der Vater des deutschen Hanswursts, einer Karrikatur des italienischen Harlekins. 1737
sprach Gottsched das Verdammungsurtheil über
Beide aus; aber eine geraume Zeit blieben Beide natürlich noch auf der Bühne, nur daß sie nun Peter oder
Hänschen hiessen, und statt des bunten Jäckchens
ein weisses trugen. Vergl. Leßings Dram.
18. Abend. — Mösers witzige Vertheidigungs-
schrift *) hat dem armen verfolgten Harlekin die
Restitution in Deutschland noch nicht wieder verschaffen können.

Eine große Denkwürdigkeit des Jahrs 1738 ist
ein Versuch, den der Dänische Kapellmeister Scheibe
zur Verbesserung der Theatermusik machte. „Er
„verfertigte nemlich zu Polyrukt, Mithridat und an-
„dern Trauerspielen Symphonien, die mit dem In-

*) Sie ward ins Englische und Dänische übersetzt.

„halte der Schauſpiele übereinkamen, und welche die
„Neuberin 1739 wirklich aufführen ließ." Chron.
d. D. Theat.

———

Einer der Erſten, der die Deutſchen mit der
engliſchen Bühne bekannter zu machen ſuchte, war
der Geheimerath von Dork, eine Zeit lang preuß.
Geſandter in London. Er überſetzte 1741 Shakeſpears Julius Cäſar, und zwar in Verſe. Freilich eine ſchlechte Arbeit, welche die Gottſchedianer
in ihrer Verachtung der Britten noch mehr beſtärkte.
Joh. Elias Schlegel würdigte ſie indeß einer
kritiſchen Beleuchtung. S. ſ. Werke, Th. 3.

———

1742, nach Erſcheinung der zwei erſten Theile
von Gottſcheds Schaubühne, (worin unter andern des damals beliebten Holbergs Politiſcher
Kannengießer parodirt) ward auch eines Buch-
halters Dorkenſteins berufenes Stück, der
Bocksbeutel, gedruckt: eine rohe Hamburgiſche
Lokalpoſſe; aber doch der erſte Verſuch eines ur-
ſprünglich deutſchen Luſtſpiels.

———

Gellerts zärtliche Schweſtern, die 1745
erſchienen, ſind vermuthlich das erſte rührende

Lustspiel in unsrer Sprache. Sie thaten Anfangs
große Wirkung, besonders durch das Spiel der De-
moisellen Kleefelder und Lorenz.

Die erste deutsche Schauspielerin, die gemahlt
und in Kupfer gestochen ist, soll die Demois.
Koch als Pelopia im Atreus seyn. Graff mahlte
sie, und Bause stach sie in Kupfer, zwischen 1750
bis 60.

Die erste feststehende Bühne in Deutschland war die zu Wien, ohngefähr seit 1750.

Merkwürdig und karakteristisch ist die Prämie
von funfzig Thalern, die ein berühmter Berlinischer
Gelehrter 1757 auf ein gutes Trauerspiel setzte. (Der
erste Versuch dieser Art Deutschlands Bühne zu be-
reichern.) Von Cronegk sollte sie für seinen Kodrus zuerst erhalten; da er aber die Geldbelohnung
verbeten hatte, so ward für 1758 der Preis verdop-
pelt. Breithaupt (1757 abgewiesen) erhielt ihn
jetzt, in Ermangelung eines Bessern, für seine Bar-
berusse und Zephir.

Cronegk machte um 1760 in Olint und Sophronia, den merkwürdigen, aber vielleicht nicht genug überlegten Verſuch, die Chöre der Alten · auf der deutſchen Bühne einzuführen. Auch blieb es ein Verſuch für die Leſer.

———

Schiebelers Operette, Liſuart und Dariclette, von Hiller componirt, die den 25. November 1766 zuerſt aufgeführt wurde, iſt ſehr merkwürdig. Von dieſem Stück an hat man den Operettengeſchmack zu rechnen. Die ältern Opern hatte man mehr der Poſſen, als der Muſik wegen, ſo fleißig beſucht. Nun ward die Muſik die Hauptſache. Die Symphonien zeichnen von nun an unſre Opern vornehmlich vor den italieniſchen und franzöſiſchen aus. Letztere ſind gar nicht zu rechnen, aber auch die italieniſchen haben meiſt weder Sinn noch Verſtand, noch Beziehung auf die Stücke, vor denen ſie ſtehn, und leiern in Einem Tone fort. Chronol. d. D. Theat.

———

1768 brachte es von Sonnenfels endlich dahin, daß auf allen kaiſerlichen Theatern das Extemporiren durch ein förmliches Geſetz verboten ward. 1769 wollte der bekannte Bernardon (eigentlich Kurz genannt) von dem damaligen

Theaterpachter Affligio eingeführt, es da anfan=
gen, wo Prehauser es 1758 gelassen hatte. Er
hatte mächtige Freunde; man suchte bei Hofe um Er=
laubniß an, extemporirte Stücke zu geben: allein
das Ansuchen war fruchtlos.

———

Als Brockmann 1777 in Berlin Hamlet
zwölfmal (zweimal wurde das Stück mit den Tod=
tengräberszenen gegeben), bei immer gleich starkem
Zulauf; und, auf Verlangen des Publikums, Tell=
heim zweimal, und Beaumarchais dreimal ge=
spielt hatte; wiederfuhr ihm eine Ehre, deren sich
bisher kein deutscher Schauspieler rühmen konnte.
Der geschickte Berlinische Präger Abramson
prägte eine silberne Schaumünze auf ihn. Die
eine Seite der Münze stellt das Bildniß des Künst=
lers in gewöhnlicher Kleidung vor, mit der Um=
schrift: BROCMANN ACT (or) VTR (i-
usque) SCE (nae) POTENS (Brockmann,
so stark auf der komischen Bühne, als auf der tragi=
schen. Die Kehrseite enthält die Worte: PERA=
GIT TRANQVIL (la) POTESTAS,
QVOD VIOLENTA NEQVIT (Ru=
hige Macht wirkt, was Heftigkeit nicht kann).
Im Abschnitt steht: Berol (ini) d (ie) 1. Jan.

MDCCLXXVIII.   Die Münze kostete einen
Thaler.

———

Den 5. März 1778 ward Hamlet zum erstenmal in Dresden aufgeführt. Reinecke war Hamlet. — Nach der zweiten Vorstellung ward ihm eine goldne Schaumünze, zwanzig Dukaten am Werth, von unbekannter Hand überschickt, mit der Bitte, diese künftig als Hamlet statt der unächten zu tragen.

———

II.

Sonderbarer Stoff.

Eine sonderbare Gattung von Theaterbeluſtigungen (entertainments) hat Garrick um 1760 auf=
gebracht. Er fing an, bekannter Schauspieler Stim=
me, Aussprache, Akzion, ganzen Anstand nachzuah=
men*) (mimicking of the actors). Doch gab
Garrick dieſe Beluſtigungen nie in Druryläne, ſon=
dern in Grodmansfield. Faſt zu gleicher Zeit brach=
te ſie Foote auf ſein Theater nach Heymarket. —
Aus mancherlei Gründen gab Garrick dieſe Vorſtel=

---

*) Brückner beſaß hierin auch große Fertigkeit. Er
machte bei Schuch einmal den Strabo im De=
mokrit, und wer Koch in dieſer Rolle (die außer
Brückners Sphäre lag) geſehen hatte, erſtaunte
über die auffallende Aehnlichkeit.

lungen bald auf. — Tate Wilkinson war der
Erste, der ein Divertissement der Art in Drurylane
oder Coventgarden gab.   Nachher ist dies so oft,
glücklich oder unglücklich, nachversucht werden, daß,
obgleich die Schauspieler dies Spiel nicht gern sehen,
noch die Talente eines solchen Mimisten bewundern;
sie doch weniger Verdruß und Empfindlichkeit darüber äußern, als Anfangs.   Tate Wilkinson's
Leben.

III.

Theatereinrichtungen und Gebräuche.

Es war damals (um 1764) nicht allein hier (in Norwich), sondern auch zu Yorkhull und an andern Orten, die Gewohnheit, daß jeder Schauspieler, jede Schauspielerin, vor dem Benefizabend den Zettelträger durch die ganze Stadt begleitete, demüthig an jede Thüre anklopfte, bei jeder Bude, jedem Laden mit entblößtem Haupte stehen blieb, einen Zettel abgab, und sich die Ehre eines Besuchs von Madam Nadelohr und Pechdrath ausbat. War die Heldin nicht verheirathet, so war keine Gnade, mochte sie Julie, Lady Townly, Kleopatra oder Königin Elisabeth seyn; sie mußte sich unter die eherne Gewalt des Gesetzes bengen, trotz Regen, Schnee, Frost oder Hagel; denn sonst setzte sich das beleidigte hochgeehrte Publikum in Positur, und — kam nicht. War aber Lady Turteltaube mit einem zärtlichen Gatten beglückseligt, so überheb man sie dieser Lehnsunterwürfigkeit. — — Jetzt (um 1790) hat dieser schimpfliche Gebrauch aufgehört, und ich kann mich rühmen, daß ich Einer der Ersten war, der meine Brüder von dieser Sklaverei befreite. Tate Wilkinson's Leben.

Noch war es Sitte, daß Schauspieler oder Schauspielerin, und, waren sie verheirathet, Beide nach geendigtem Stück hervortraten, und der Versammlung dankten. Frodsham sprach einmal in York am Ende seines Benefizstücks einen komischen Epilog, und trug dann seine Frau Huckepack auf die Bühne zurück, um seine Schuldigkeit nicht zu vergessen. Bisweilen machten vier oder fünf Kinder, die aus allen Kräften knixten und nickten, einen guten Effekt. Das Publikum setzte ein Verdienst darin, einem armen Schlucker, oder gar einer armen Schlukkerfamilie, seine milden Gaben zufließen zu lassen. — Ebendas.

Eine andre sonderbare Gewohnheit herrschte (1763) in Norwich, und wenn sie abgeschafft ist, so ist es erst vor Kurzem geschehen. Ein Trommelschläger und ein Trompeter verkündigten jeder Straße, nachdem sie vorher durch die heisere Musik ihre Gegenwart kund gethan hatten, mit lauter Stimme das Stück des Abends. Ohne diese Zeremonie gaben sich die Himmelsbewohner *) nicht die Mühe, von ihrer Höhe in die Straße hinab zu steigen, um zu erfahren, was gespielt würde, noch die Gallerie hinauf.

Diese Gewohnheit war zu Grantham so herrschend, daß da die Schauspieler beschlossen, bei der zunehmenden Aufklärung und Verfeinerung die Trommel abzuschaffen, weder Lady Johanne Grey, noch Königin Maria von Schottland, noch Heinrich der Achte vermögend waren, das Volk herbeizulocken. Die Herren und Damen vom Theater waren hartnäckig, und beschlossen, lieber eines ehrenvollen Todes zu sterben, als sich dem sklavischen Gesetze der Trommel zu unterwerfen. Endlich ließ der Marki von Grenby den Direktor zu sich rufen. „Ich sehe gern ein Schauspiel," sagte er, „und werde mir ein Vergnügen daraus machen, Ihnen „zu dienen. Aber, lieber Freund, warum sind „Sie auf Einmal dem edlen Klange der Trommel „so gram geworden? Ich höre ihn gern, und alle „Einwohner hören ihn gern. Setzen Sie meinen „Namen auf den Zettel; aber Notabene! trommeln

---

*) Die Leute, die in den obersten Gestocken wohnen.

„Sie. Bringt Ihnen das nicht mehr Zuschauer, als
„neulich; so schließen Sie das Haus zu: geht's aber;
„nun so trommeln Sie fort." Der Direktor trug
den Fürsten und Pärs des Theaterstaats den Rath vor,
und nach reifer Ueberlegung opferten alle ihren eigenen
Willen dem allgemeinen Besten auf, und entschieden
zu Gunsten der Trommel. Das Haus war gedrängt
voll; sie r, r, r, do, bomten fort, hatten gute Aerzte,
te, und tranken dankbar ihre Bole Punsch auf die
Gesundheit des Marki. Endlich verließen sie Grantham, in großem Ansehen, von ihrem Freunde, dem
Trommelschläger, begleitet. Auch sollen die Grant-
hamer bis auf den heutigen Tag auf ihren Trommelschläger bestehen. *) Ebendas.

— — Sobald in London der Verhang aufge-
zogen wird, ist Alles still, und Jedermann setzt sich.

Der

*) Auch in Deutschland ward und wird wohl hier, und
da noch, die Trommel, zum Besten der Schauspieler gerührt. Auf einem Schönemannschen
Komödienzettel von 1740 heißt es: „Auch dienet
zur beliebten Nachricht: daß, um keinen Lermen
in der Stadt zu machen, und Unordnung, so daher
entstehen könnte, zu verhindern, keine Trommel
unterwegen gerührt werden wird."

Der Schauspieler darf nicht eher anfangen, bis alle Hüte abgenommen sind. — In den mehresten Landtheatern erheben sich die Herren von der Galle= rie, sobald das Schauspiel anfängt, und behalten die Hüte auf; ja selbst im Parterre sieht man oft Hüte auf den Köpfen. Macht in London ein unruhiger Kopf Lerm, gleich nehmen sich die übrigen Zuschauer der Sache an, und überliefern ihn einmüthig der Wache. Der Störer wird nicht nur aus dem Hause gestoßen, sondern, wenn er etwa Flaschen u. dergl. auf die Bühne, ins Parterre, oder in die Logen gewor= fen hat, von einem Richter geführt, und nach Ver= dienst bestraft. — — Ebendaf.

Die Schönemannische Schauspielergesell= schaft zu Rostock traf 1753 eine sehr nützliche Ein= richtung. Die Schauspieler kamen alle 14 Tage an festgesetzten Tagen zusammen, lasen gemeinschaftlich, sprachen über ihre Kunst, und setzten Regeln fest, die Jeder auszuüben suchte. Dadurch mußte unter an= dern das Ensemble befördert werden, das diese Ge= sellschaft vortheilhaft unterschied. Eckhof war eine Zeit lang bei dieser Truppe, und hatte den größten Antheil an jener Einrichtung, die leider nur Ein Jahr dauerte.

Ein ziemlich sonderbarer Gebrauch der spanischen Schauspieler ist dieser, daß sie am Ende eines Stücks, Einer nach dem Andern, so wie sie sind, in vollem Staate, das Wort nehmen, und das Publikum wegen der etwa begangenen Fehler, um Verzeihung bitten. Es giebt sogar Arien, die mit solchen, in Musik gesetzten Entschuldigungen schließen. —

Sonderbar und wunderlich war der Gebrauch, der noch vor wenigen Jahren im Wiener Schauspielhause herrschte, nicht da Capo zu rufen, wenn eine Arie wiederholt werden sollte, sondern so lange zu klatschen, und Keinen zum Worte kommen zu lassen, bis der Sänger oder die Sängerin wieder anfing. Auch ließ man eine Arie nicht selten dreimal wiederholen.

IV.

Theaterliteratur.

Am Ende des Winters 1750 verließ Quin die
Bühne. Er spielte nachher nur noch zweimal seine
Lieblingsrolle, Fallstaff, in dem Benefizstücke für
seinen Freund Styan. Quin war im Trauerspiel
schwülstig, frostig, ermüdend. Heinrich der Achte,
Sir John Brute, alle Fallstaffe, Volpene, Apeman-
tus, Brutus, Ventidius, der Bischof Gardiner,
Clause, Gloster, waren seine Rollen. Er war
ohne Zweifel der beste Fallstaff, der je
die Bühne betreten hat. Er hatte von der
Natur alle dazu nöthigen Eigenschaften erhalten.
Henderson hat großes Verdienst, aber sein Fallstaff war weit schlechter. Alles war Wirkung müh-
samer Kunst; sein ganzer Anstand paßte nicht zu der
Rolle. Dagegen bedurfte es nur einer Flasche Claret,

und eines vollen Hauses, und Quin war Sir John
Fallstaff, wie er leibte und lebte.   Auch waren alle
diese Rollen nie so berühmt, als da er sie spielte.   Sobald er dagegen von seiner gewöhnlichen Straße sich
entfernte (als Richard, Othello, Lear, u. s. w.), fiel
er beynahe ins Lächerliche. — — Tate Wilkinson's Leben. 1795. S. 21.

———

„Quin, habe ich erinnern hören, ist kein
schlechter Schauspieler." — Nein, gewiß nicht. Er
war Thomsons besonderer Freund, und die Freundschaft, in der ein Schauspieler mit einem Dichter wie
Thomson, gestanden, wird bei der Nachwelt immer
ein gutes Vorurtheil für seine Kunst erwecken. (?)
Auch hat Quin noch mehr als dieses Vorurtheil für
sich.   Man weiß, daß er in der Tragödie mit vieler
Würde gespielet;   daß er besonders der erhabenen
Sprache des Milton Genüge zu leisten gewußt; daß
er, im Komischen, die Rolle des Fallstaff zu ihrer
größten Vollkommenheit gebracht.   Doch alles dieses
macht ihn zu keinem Garrick. — — Er war einer von der gewöhnlichen Sorte, wie — man sie alle
Tage sieht; ein Mann, der überhaupt seine Sache
so gut wegmacht, daß man mit ihm zufrieden ist;

der auch diesen und jenen Karakter ganz vortreflich
spielt, so wie ihm seine Figur, seine Stimme, sein
Temperament, dabei zu Hülfe kommen. So ein
Mann ist sehr brauchbar, und kann mit allem Recht
ein guter Schauspieler heissen, aber wie viel fehlt
ihm noch, um der Proteus in seiner Kunst zu seyn,
für den das einstimmige Gericht schon längst den
Garrick erkläret hat.

Ein solcher Quin machte ohne Zweifel den König
im Hamlet, als Thomas Jones und Rebhuhn in der
Komödie waren *); und der Rebhuhne giebt es
mehrere, die nicht einen Augenblick anstehen, ihn
einem Garrick weit vorzuziehn. „Was? sagen sie,
„Garrick der größte Akteur? Er schien ja nicht
„über das Gespenst erschrocken, sondern er war es.
„Was ist das für eine Kunst, über ein Gespenst zu
„erschrecken? Gewiß und wahrhaftig, wenn wir
„den Geist gesehen hätten, so würden wir eben so
„ausgesehen, und eben das gethan haben, was er
„that. Der andre hingegen, der König, schien wohl
„auch etwas gerührt zu seyn, aber als ein guter Ak-
„teur gab er sich doch alle Mühe, es zu verber-
„gen. Zu dem sprach er jedes Wort so deutlich

---

*) Sechster Theil.

„aus, und redete noch einmal so laut, als jener
„kleine unansehnliche Mann, aus dem ihr so ein
„Aufhebens macht." — Lessing's Dramat.
7. Abend.

————

„Eduard Shuter (Schauspieler in Drurylane 1750 — 60) war ein muntrer lustiger Gesellschafter. Mehr natürliche Munterkeit und Laune
ward nie einem Sterblichen zu Theil. Alles, was
er sagte, was er that, war sein eigen. Er konnte
kaum seine Rolle lesen, und hatte Mühe, seinen Namen zu schreiben. Er konnte in der That ein Kind
der Natur heißen. Auch hätte die Natur ihre Gaben nicht besser anlegen können, als bei dem armen
Ned (Eduard); denn alles, was sie gab, das ließ
er nicht nur der Welt leuchten, sondern im hellsten
Glanze schimmern, zum Wohlgefallen Aller, die ihn
kannten, auf der Bühne und im Privatleben. Er
war keines Menschen Feind, als nur seiner selbst.
Frieden und Glückseligkeit lohnen ihn jetzt (1790),
wie ich hoffe; denn oft tröstete er den Armen, den
Verlassenen. Wenn er auch zuweilen durch seine
Thorheiten Mangel litt, so konnte er doch nie das
Leiden eines Menschen sehn, ohne das Wenige, was
er hatte, mit dem unglücklichen Bruder zu theilen."

Tate Wilkinſon's Leben. S. 260. S. unten „Schauſpieleranatomie."

Garrick hatte eine außerordentliche Kraft in den Augen. Sein Feuer im Bajazet, ſeine Einfalt im Scrub, ſeine Verſchlagenheit im Sir Archy, alles ganz verſchieden und gleich vortreflich. — Seine Stimme war auf der Bühne ſehr wohlklingend, ſtark und angenehm. Nicht ſo außer der Bühne, wo ſie durch ſein Stocken und ſeine Wiederholungen unnatürlich ward. Als Hamlet ſprach er ſo natürlich, ſo ohne alle Sonderbarkeit, als ich je Einen habe reden gehört. — Ebendaſ. *)

„Unter den hieſigen Schauſpielerinnen iſt, nach

---

*) Garrick war einſt in Lion. Man bat ihn in einer Geſellſchaft, einige Beweiſe ſeiner großen Kunſt zu geben. Er fragte die Anweſenden, ob ſie weinen oder lachen wollten? und er brachte ſie in in der Folge zu Beidem, ohnerachtet Keiner Engliſch verſtand, und alſo bloß ſein Spiel wirkte. Dem Grafen Bodner, der ihn in London beſuchte, machte er 28 verſchiedene Töne des Schmerzens vor. Wenn er in Macbeth die Schwerter von ſich wegwandte, oder im Lear lachte, erblaßte das ganze Parterr. —

welnem Geschmack, Mrs. Barry noch immer die
größte, oder doch die allgemeinste, und die einzige,
die in diesem Punkte eine Vergleichung mit Garrick
aushält. Sie kann, zu einem eiteln Kammerpüpp-
chen zusammen geschnürt, sich mit so süßer Selbstge-
fälligkeit, zieren und tänzeln und trippeln, daß den
kleinen Mamsellen und den großen Bedienten das
Herz im ganzen Hause aufgeht; und dann wieder
mit einem Strom von rauschender und rieselnder
Seide hinter sich her, mit hohlem Rücken und stolz
zurück gewandtem Angesicht einhertreten, wie die
Eitelkeit, wenn sie sich am Zug ihrer Schleppe wei-
det. Sie ist eine große Schönheit, und, wie mir
gesagt worden, auch selbst ohne Schminke, beym
Sonnenlicht auffallend schön; eine gebohrne Schauspielerinn. Ihr Geburtsort ist das schöne, romantische Bath, wo ihr Vater Apotheker war. In
ihrem zehnten Jahre (wie mir eine Dame erzählt
hat, die sie damals kannte) warf sie ihr Strickzeug
weg, schlich mit dem Shakespear auf den Boden
des Hauses, und sprach mit den Schornsteinen.

Ihre Schönheit gehört zur Klasse der Heiligen,
und der herrschende Ausdruck in ihren Mienen und
dem Klang ihrer über alles reizenden Stimme, ist sanfte
Unschuld und entgegen kommende Güte. Ein Weib,

so wie sie der Himmel haben wollte! Sanft, nach-
gebend, und so wenig satyrisch, als heroisch. O, sie
erschrickt vor einem God damn! als wenn eine Bom-
be spränge. Ich habe sie als Kordelia in König
Lear gesehn, wie sie die von Thränen glänzenden
großen Augen nach dem Himmel hob, dann sprach-
los die Hände hochringend, mit dem Anstand, und,
wie mich dünkte, dem Glanz einer Verklärten, ihrem
alten verlassenen Vater entgegeneilte, und ihn umarmte. Es ist das größte, was ich in der Welt von
einer Schauspielerinn gesehen habe, noch itzt das Fest
meiner Fantasie, und ich werde das Andenken an diese
Scene nur mit meinem Leben verlieren." S. Lichtenberg's Briefe aus England an Boie, über
die Londner Schaubühne, Teutsch. Museum,
Jan. 1778.

Heinrich Ludwig Le Kain (geboren 1728
den 14. April), Frankreichs großer Schauspieler, war
von der Natur zum Theil stiefmütterlich ausgestattet.
Seine Sprachwerkzeuge waren schwach; seine Brust
pfeifend; seine Rede unterbrechen; jeden Augenblick
Seufzer, die angreifend für ihn, und unangenehm
für die Zuschauer waren. Allen diesen Gebrechen
half er ab. Er deklamirte und akzentuirte wahr und

richtig, und besaß die reichste Modulazion. Hiezu
jene Empfindsamkeit, jener sichre Geschmack, kurz
jener Sinn fürs Schöne, der den großen Künstler
auszeichnet, und man hat Le Kain's Bild.

Er trieb übrigens erst die Kunst seines Vaters,
der ein Goldschmidt und Verfertiger chirurgischer Instrumente war; und er trieb sie mit Eifer und Fleiß,
bis sein Genius ihn rief.

Ums Jahr 1745 befand sich im Temple eine Gesellschaft junger Schauspieler, unter dem Namen
Troupe du Temple. Le Kain meldete sich bei
ihr, und ward aufgenommen. Hier lernte Voltäre
ihn kennen, und munterte ihn auf. Bald unter dieser Gesellschaft der Beste, betrat er den 14ten Sept.
1750 das Théatre françois, und sechs bis sieben
Jahr nachher, erlangte er schon den vollkommenen
Beifall, den er sich bis ans Ende erhielt. Man
hatte ihm denselben Anfangs verweigert, wegen der
obenerwähnten körperlichen Fehler, und wegen seiner
unangenehmen Gestalt, über die Meister zu werden
Zeit erfordert ward.

Sein Hauptfach war übrigens die Tragödie und
das ernsthafte Schauspiel. Doch ließ er sich auch auf
komische Rollen ein.

In seiner Blüthezeit wetteiferten mit ihm eine

Dümesnil, Gaussin und Clairon. Die Letztre und er führten zuerst ein vernünftiges Theaterkostum in Paris ein, da man bisher Römische und Griechische Helden in Knotenperücken und Heldinnen, wie ihre Zofen, in Reifröcken gespielt hatte. Er starb den 8. Febr. 1778.

***

Konrad Eckhof ward zu Hamburg den 12. Aug. 1720 geboren, und betrat in Lüneburg, als Mitglied der Schönemannischen Gesellschaft, zuerst die Bühne. Dann war er nach und nach bei Schuch, Koch, Ackermann, und Seyler, bis er im Oktober 1775 zu einem der beiden Direktoren des Gothaischen Hoftheaters berufen wurde. Die Zerrüttung seiner Gesundheit durch heftige Rollen, merkte man ihm schon jetzt an. Eine Zeit lang erlag sogar sein Geist. Aber gegen das Ende seines Lebens erhielt seine Seele ihre völlige Energie wieder, und er ging dem Tode mit rührender Gelassenheit entgegen. Er starb den 16. Juni 1778 an der Schwindsucht und Wassersucht. —

Die Schauspieler nannten Eckhof allgemein ihren Vater, und das war er auch. Sein Beispiel, sein Eifer elektrisirte Alle. Der Zögling der Natur, vertheidigte er ihre Rechte, und die der Wahr-

heit. Er hatte die tiefste Einsicht in dramatische
Kunst. Schnell faßte er das Wahre und Auszeich-
nende eines Karakters auf. Seine von Natur un-
günstige Bildung modelte er, bis zum Unkenntlich-
werden jeglicher Rolle um. Er war nicht allein
großer Schauspieler; er war auch Redner, Sprach-
kundiger, Dichter. Die Schreibart in seinen Schauspielen (deren er verschiedene schrieb) und in andern
Aufsätzen, ist körnicht und rein. Eckhof war auch
guter Bürger und guter Mensch. Ein Geistlicher führte einst seine Biederkeit als die beste Wi-
derlegung des allgemeinen Vorurtheils wider
Schauspieler an. —

Der Fürst in Julius von Tarent, und
Billerbeck in Geschwind eh' es Jemand
erfährt, waren seine letzten neuen Rollen.

Eckhofs Leiche ward den 19. Juni früh be-
stattet, und zwar auf Kosten der achtungswerthen Frei-
maurerloge zum Rautenkranz in Gotha, die
sich ausgebeten hatte, diese letzte Ehre ihrem würdigen Mitgliede und Redner erweisen zu dürfen.

———————

Franz Karl Brockmann ward 1745 zu
Grätz in Steiermark geboren. Er spielte zum ersten
Mal auf der Bühne seiner Schwiegermutter, die

eine Gesellschaft in Ungarn führte. Darauf ging er
nach Wien, wo er kleine Rollen machte; und von da
1768 zur Kurzischen Gesellschaft, bei der er mit
dem Krispus debütirte, und bis 1771 blieb. In
diesem Jahr wurde er nach Hamburg gerufen. Er
debütirte den 5. April mit Nelson in Freundschaft auf der Probe, und den 9. mit Medon
in Kodrus. So sehr seine vortheilhafte Bildung,
sein guter Anstand, seine Gewandheit für ihn sprachen, so gefiel er doch Anfangs nicht sehr. Eifriges
Fortstudiren seiner Kunst, und der guten Muster,
die er jetzt vor sich hatte, verbunden mit Schröders Rath und Leitung, machten ihn zum großen
Schauspieler, und zu Hamburgs Liebling. 1775
glänzte er als Essex und Beaumarchais. Aber Hamlet, den er 1776, nach Schröders Bearbeitung, aufs
Theater brachte, war sein Triumpf. Reisende Engländer setzten ihn in dieser Rolle Garrick an die
Seite. Sein Ruhm erscholl von einem Ende Deutschlands zum andern. Der Kaiser berief ihn 1777 nach
Wien, mit 2000 Gulden Gehalt. Im Dezember
spielte er in Berlin, und ward den 8. Januar 1778,
nach seiner letzten Vorstellung Hamlets, hervorge-
rufen und beklatscht; eine Ehre, die bis dahin noch
keinem Schauspieler in Berlin wiederfahren war, und

die sich Brockmann nach dem ersten Vorstellungen Hamlets wahrscheinlich werde verbeten haben *).
Um Ostern 1778 ging er nach Wien ab. Er debütirte
den 30. April als Essex, und — gefiel nicht. Doch
wurde er 1779 zu einem der 5 Inspizienten ernannt,
die zur Annahme und Auswahl der Stücke, zur Rol-
lenvertheilung und theatralischen Geschäftsführung ernannt worden sind.

- - -

David Garrick (geb. 1716 zu Herford, der
Sohn eines Offiziers), starb im Januar 1779, und
ward in der Westmünsterabtei, etwa zwei Fuß von
Shakespears Denkmal, begraben. Das Leichen-
begängniß soll an 1500 Pfund Sterl. gekostet haben.
S. Memoirs of the Life of David Garrick.
Lond. 1780. 8.

- - -

Sehr wahr und vertreflich ist die Grabschrift, die
Dr Goldsmith auf Garrick machte, die aber
leider kaum übersetzbar ist. Leser, die des Englischen mächtig sind, werden bloß das Original in der
Note lesen. **)

---

*) S. oben Theatergeschichte.

**) Wir senden es in „The Life of Dr. Oliver Gold-
smith," etc. London, 1774. 8. 46 pp.

Hier liegt David Garrick, beschreib' ihn wer kann,
Ein Mensch wie noch Keiner, ein Wunder von Mann,
Als Schauspieler einzig; als schöner Geist,
Wenn der Erste nicht, vorn doch, stets fertig und dreist.
Trotz diesen Talenten, ward durch seine Kunst
Sein Herz, sein Verstand sogar, täglich verhunzt,
Wie geschmacklose Schönen, schminkt' er ohne Noth,
Und belebt mit Rouge sein natürliches Roth.
Auf der Bühne, durch Einfalt und Herzlichkeit rührt' er,
Wenn er abtrat, erst dann, und dann nur agirt' er.
Bei durchaus keinem Grund, nicht gerad' aus zu gehn,
Wars ein ewiges Lenken, ein ewiges Drehn.
Aller Herzen gewiß, war er mürrisch und krank,
Wenn er nicht durch Intrike den Beifall errang.
Freunde ließ Garrick laufen, wie Jäger die Hunde,
Denn ein Pfif — und sie kamen ja wieder zur Stunde.
Im Lob nur ein Vielfraß, verschlang er was kam,
Und erschrack, wenn ein Tropf ungepfiffen entkam,
Bis, den Gaumen kallös, und fast ohne Gefühl,
Wer am dichsten ihm pfeffert', am besten gefiel.
Doch laßt uns gestehn, (denn was wahr ist, bleibt wahr;)
Wenn ihn Dunze beklatschten, bezahlt' er sie baar.
Ihr Kelly's, ihr Woodfalls, ihr wurdet gelobt.
Was war's, was ihr nahmet? Was wars, was ihr gabt? *)

---

*) „Here lies David Garrick, describe me who can,
„An abridgement of all that was pleasant in man;
„As an actor, confest without rival to shine,
„As a wit, if not first, in the very first line;
„Yet with talents like these, and an excellent heart.
„The man had his failings, a dupe to his art;
„Like an ill-judging beauty, his colours he spread,

Unter August III. (vor etwa vierzig Jahren), als das Dresdner Operntheater im höchsten Flor stand, war unter dem ansehnlichen Kastratenchor ein Mensch von ungeheurer Dicke. Nicolini (so hieß

„And beplaster'd, with rouge his own natural red.
„On the stage he was natural, simple, effecting,
„'Twas only that, when he was off, he was acting:
„With no reason on earth to go out of his way,
„He turn'd and he varied full ten times a day;
„Tho' secure of our hearts, yet confoundedly sick;
„If they were not his own by finessing and trick,
„He call of his friends, as a huntsman his pack,
„For he knew when he pleas 'd he could whistle
„them back.
„Of praise a mere glutton, he swallow'd what came,
„And the puff of a dunce, he mistook it for fame;
„Till his relish grown callous, almost to disease,
„Who pepper 'd the highest, was surest to please.
„But let us be candid, and Speak out our mind,
„If dunces applauded, he paid them in kind.
„Ye *) Kenricks, ye **) Kellys, and ***) Wood-
falls so grave
„What a commerce was your's, while you got and
you gave!

---

*) Dr. Kenrick.

**) Hugh. Kelly, Esq.; Verfasser der False Deli-
cacy, u. s. w.

***) Der Verleger des morning Chronicle.

hieß er), war nur 3 Ellen 4½ Zoll hoch; aber die Dicke seines Bauches betrug 4½ Ellen ½ Zoll, seines Arms 1 Elle 4¾ Zoll, seines Schenkels 1½ Elle 1¼ Zoll. Er wog in der wichtigsten Epoche seiner Korpulenz 5 Centner, 60 Pfund. Er brauchte 14 Ellen von dem breitesten Tuche, und 25 Ellen von Seidenzeug zu einem Kleide; 11 Ellen Kalamang zu einem Paar Hosen, 3¾ Ellen zum Hosenbund, und eine gute Elle zum Latz. Ein solcher Kunde, wenn er eben so galant, als dick war, konnte allein einen jungen Handelsmann in Aufnahme bringen, und einen Schneider in Athem erhalten. — — Ein kleiner Mann in Dresden, der vielleicht noch lebt, behauptete, er habe sich aus einem Paar weiten Tuchhosen von Nicolini eine vollständige Kleidung machen lassen.

Ohne fremde Hülfe konnte Nicolini nicht essen. Wenn er Suppe aß, so glaubte man beim ersten Anblick, er lasse sich zum Rasiren einseifen, denn seine Fütterer setzten den Teller unter dem Kinne an, um nicht mit jedem Löffel voll den ganzen Bauch des Essers umsegeln zu müssen.

Auf die Bequemlichkeit der Sänften und Wagen mußte er Verzicht thun. Zu keiner Thür konnte er hinein, wenn nicht beide Flügel geöffnet wurden; vor vielen mußte er umkehren. Am liebsten gieng er, der Kühle und Sicherheit wegen, in neugebaute Häuser. Vor alten baufälligen, und besonders vor hölzernen Treppen, hütete er sich. Ehe er diese hinaufstieg, bat er die Leute, zu ihm herunter zu kommen, und besprach sich mit ihnen im Hofe.

In den heißesten Sommertagen hauste er meist in der Kirche, und beschied dann auch seine Bekannten dahin.

Als seine Dicke den höchsten Grad erreicht hatte, spielte er einmal seine gewöhnliche Rolle, einen Vertrauten. Die Rolle erforderte einen Fußfall. Mit unbeschreiblicher Mühe ließ er sich auf die Knieen nieder; aber ans Aufstehn war nicht zu denken. Vergebens rief ihm sein Gebieter einmal übers andre zu: Steh auf! Sein Vertrauter blieb liegen, und mußte weggetragen werden.

So beschloß Nicolini seine beschwerliche theatralische Laufbahn, denn nie betrat er nach diesem Vorfall die Bühne wieder. Er starb, 54 Jahr alt, Sein Sarg war ein Ungeheuer. Kein gewöhnlicher Wagen war breit genug. Man mußte ihn queer auf auf einen der stärksten Frachtwagen setzen, und so fortfahren.

Uebrigens war Nicolini ein guter Gesellschafter, ein mittelmäßiger Sänger, und ein sehr guter

Wirth. Am meisten gab er für Westenknöpfe aus. Sein Geld schickte er meist seinen Verwandten nach Italien.

___

De Belloy's Belagerung von Calais ward, sowohl in Frankreich, als auswärts, enthusiastisch aufgenommen. In Paris nannte man das Stück le Brandevin de l'honneur, und die Logen waren immer 14 Tage vorher bestellt, wenn es aufgeführt werden sollte. Die Stadt Calais ließ Belloy's Bildniß in ihrem Rathhause, unter den Bildnissen der Wohlthäter der Stadt, aufhängen; und schickte ihm, in einer goldnen Schachtel mit Inschriften, ihr Bürgerrecht. Fast in allen Städten der französischen Monarchie wurde dies Schauspiel fürs Volk und für die Besatzungssoldaten unentgeldlich vorgestellt. Die Obersten ließen an jede Kompagnie ein Exemplar austheilen, und auf dem, welches das Kronregiment zu Arras erhielt, stand Folgendes: Um den heutigen Kriegern die Empfindung der Alten einzuflößen. Sogar auf St. Domingo ward es gespielt, und auf Kosten des Grafen d'Euaing, Statthalters der französischen Inseln, gedruckt und ausgetheilt. Die Offiziers schrieben an den Verfasser einen patriotischen

C 2

Brief, und sendeten ihm verschiedene Exemplare der
Auflage, wovon Jedes mit einem Quatrain geziert
war, und mit der schmeichelhaften Aufschrift: Erstes, im französischen Amerika gedrucktes
Trauerspiel. Unter der Menge Glückwün-
schungsschreiben, die Belloy von Ein- und Aus-
ländern erhielt, zeichnet sich das Schreiben eines
Korporals vom Regiment Hainault aus, das im
Namen seiner Kompagnie, und in jenem Tone der
Wahrheit geschrieben ist, den die Kunst nur schwächt,
nie erreicht.

Die berühmte Tänzerin und Schauspielerin Favart (geb. 1727 in Avignon) spielte seit 1752 un-
unterbrochen auf der italienischen Bühne zu Paris.
Ihr feines, natürlich lebhaftes Spiel, und die Bild-
samkeit ihres Geistes und Körpers, für alle mögliche
Karaktere, erwarben ihr unerhörten Beifall. Die
Servante Maitresse *) (Frau als Magd)
Bastien et Bastienne (Bastian und Bastia-
ne), Ninette à la Cour (Lottchen am Hofe),
Les Sultanes (die Sultaninnen), Annette
et Lubin (Hänschen und Gretchen, und die

---

*) Die beigesetzten Titel sind die der Uebersetzungen und
Nachahmungen der französischen Stücke.

Liebe auf dem Lande), La Fée Urgells (die Fee Urgelle, und Lisuart und Dariolette), Les Moissonneurs (die Schnitter), u. s. w. alle diese Stücke bewiesen, wie unendlich sie sich zu vervielfältigen, und mit welcher überraschenden Wahrheit sie die abspringendsten Karaktere zu treffen wußte.

Sie führte zuerst ein richtiges Kostum aufs Italienische, so wie Mlle. Clairon aufs französische Theater ein. Als Bastienne trug sie nicht, wie die Schauspielerinnen vor ihr, einen Reifrock, Handschuhe bis an die Ellbogen, und in den Haaren Edelgesteine; sondern ein leinenes Kleid, nach Art der Bäuerinnen, einen glatten Haarputz, ein schlechtes goldenes Kreuz, die Arme bloß, und hölzerne Latschen. In den Sultaninnen sah man zuerst ächttürkische Frauenskleidungen, die in Konstantinopel selbst, aus inländischen Stoffen verfertigt waren. In dem Zwischenspiele, die Chineser, war Madam Favart, so wie die übrigen Schauspieler, ganz chinesisch gekleidet. *) Die Kleider und alles sonst Nöthige, war aus Kanton herbeigeschafft, und die

---

*) Das hieß nun wohl die sonst gute Sache ein wenig zu weit treiben.

Zeichnungen zu den Verzierungen waren in China
selbst gemacht worden.

Bei ihren größten Talenten war sie die sanfteste,
rechtschaffenste, häuslichste Frau. Wohlthun und Ge-
fälligkeiten erweisen war ihr Leben. Ihre unbesiegbare
Munterkeit verließ sie selbst auf ihrem ... Kranken-
bette nicht. Sie erwartete den Tod ..., und
dichtete ... Grabschrift selbst.

Fünf oder sechs Personen, die sich durch moralische Güte auszeichneten waren ihr Umgang; und
ihre Harfe, ihr Klavier und ihre Bücher das Vergnügen ihrer einsamen Stunden ...

Sie starb 1774 ... April ...

Beran, ...
machte ein niedliches ... für ihr ... Es
lautet so:

> Nature ... ... L'Art,
> De leur ... ... Favere,
> Qui semble ... de son Pere,
> Tout ce qu'elle doit à sa Mere.

Madam Vanbruggen war die Frau des
vielversprechenden Schauspielers Vanbruggen,
der ermordet wurde, als er die bekannte Madam
Braleglrdle vom Theater nach Hause führte.

Als sie noch Madam Mentford war, machte Gay auf sie die berühmte Ballade: Schwarzaugichts Suschen. Lord Berkeley liebte sie außerordentlich. Unter der Bedingung, nie wieder zu heirathen, vermachte er ihr 300 Pf. Sterling jährlicher Einkünfte. Auch kauft er für sie das Landgut Cowley, das nachher Rich's Sommeraufenthalt war; und schenkte ihr außerdem von Zeit zu Zeit beträchtliche Summen. Nach des Lords Tode verliebte sie sich in Booth, einen der ersten Schauspieler. Aber ihren Einkünften wollte sie seinetwegen doch nicht entsagen, und so suchte Booth eine Geliebte, die weniger gebunden war.

Er fand sie bald in Madam Vanbruggens vertrauter Freundin, der Miß Santlow, die als Tänzerin berühmt, und als Schauspielerin nicht unbedeutend war. Die Freigebigkeit des Sekretärs Craggs hatte sie in den Stand gesetzt, vom Theater unabhängig zu leben. Booth gefiel ihr, und sie heiratheten sich bald. Diese Heirath war ein Donnerschlag für Mad. Vanbruggen. Ihre noch nicht unterdrückte Liebe erwachte heftiger, Verzweiflung bemächtigte sich ihrer, sie wurde wahnsinnig. Man brachte sie so von Cowley nach London, um ihr bessere Pflege zu verschaffen.

Da sie nie wüthend war, und zuweilen sehr vernünftige Stunden hatte: so sperrte man sie nicht ein,
sondern erlaubte ihr, begleitet auszugehn.   Einst
fragte sie ihren Begleiter, was für ein Stück gespielt
würde?   Er sagte: Hamlet.   In diesem Trauerspiele hatte sie ehmals die Ophelia mit großem Beifall gespielt.   Der Gedanke, diese Rolle jetzt einmal wieder zu machen, erfüllte ihre Seele.   Sie be-
trog ihre Aufseher, eilte nach dem Theater, und
verbarg sich bis zu der Scene, wo Ophelia wahn-
witzig auftritt.   Auf Einmal sprang sie zum hervor,
stieß die Schauspielerin, die diesmal Ophelien spielte, zurück, drang statt ihrer auf die Bühne, und
stellte eine Ophelia dar, wie man sie vielleicht nie
gesehen hatte.   Oder vielmehr, sie stellte sie nicht dar,
sie war selbst Ophelia.   Zuschauer und Schauspieler
erstaunten.   Aber diese Anstrengung war auch ihre
letzte.   Beym Abgehen rief sie prophetisch aus: Es
ist Alles vorbei! und kaum war sie nach Hause
gebracht, als sie, wie Gay sagt, „gleich einer wel-
„ken Lilie, ihr Haupt senkte, und starb."

V.

Schauspieleranatomie und Physiologie.

„Ich war vom Anfang meiner theatralischen Lauf-
„bahn an von der theatralischen Tarantel gebissen:
„ich hätte einen unersättlichen Trieb zu spielen; so
„daß, wenn ich aller der nächtlichen Anstrengungen
„auf der Bühne gedenke, ich mich oft wundere, daß
„ich noch lebe. Oft, wenn ich kaum aus dem Bette
„zu kriechen vermogte, ging ich auf das Theater, und
„kehrte völlig gesund zurück, wenn ich Beifall gefun-
„den hatte." Tate Wilkinson's Leben. I. Th.

— — Wenn irgend Jemand die Gabe, vorzüglich zu gefallen, besaß; so war es Foote. Garrick's Witz und Antworten kamen den Seinigen
bei weitem nicht gleich. Foote war auf keine besondere Materie beschränkt: Religion, Politik, Gesetze, Sitten alter und neuer Zeiten; alles Mög-

liche gab ihm Stof. — — Aber das ist auch wahr:
er allein wollte witzig und unterhaltend seyn.
Wenn irgend ein Mann von Genie, Murphy oder
Henderson, eine hübsche Geschichte erzählte, oder sonst
unterhielt, und den Beifall der überfließenden Herzen erwarb, fühlte sich Foote gleich herabgesetzt.
Kaum konnte er dann seinen Verdruß und seine Eifersucht zurück halten, und, so bald der Fremde hin-
ausgegangen war, ergoß er seinen Spott, fragte
die Uebrigen, ob sie je so vedammten Unsinn" gehört hätten? und äußerte seine Verwunderung, daß
die Kerle bei Tische an solchen Absurditäten Geschmack
fänden.

War er dagegen bei guter Laune, so wandte er
seine Talente an, die Mängel und Sonderbarkeiten
der Menschen (seine eigenen ausgenommen) durch
Nachahmung lächerlich zu machen (mimick). Fänd
et nicht sogleich Glauben: so nahm er muthig seine
Zuflucht zu seiner immer fruchtbaren Einbildungskraft, und hüllte seine Dichtungen in solch einen Ne-
bel von Wahrscheinlichkeit, Witz und Laune, daß der
Trieb zum Lachen unwiderstehlich ward. —

Es war der Klugheit gemäß, das Zimmer, wo
Foote die Herrschaft hatte, nicht ohne Noth zu verlassen; denn es war gewiß, daß der Hinausgehende

dem Nächſthereinkommenden, roh oder gebraten, aufgetiſcht wurde; und wenn Jener dem Spaßma‑ cher auch eben den weſentlichſten Dienſt geleiſtet hätte. — —

Bei allen dieſen Schwachheiten beſaß Foote auch vortrefliche Eigenſchaften, Edelmuth, und Menſchen‑ liebe; aber auch Großpralerei. Er war gaſtfrei, und liebte Geſellſchaft an ſeinem Tiſche. Löbte man ſeinen Wein, ſo konnte man nie zu viel trinken, und er ruhte nicht, bis er ſeinen beſten Claret aufgetiſcht hätte. Ebendaſ.

Garrick dagegen war immer unruhig, begierig nach Aufmerkſamkeit und Schmeichelei. Er war ſo furchtſam für ſeinen Ruhm, daß der bloße Gedanke an die Möglichkeit, ihn vermindert zu ſehn, ſeine nächtliche Ruhe ſtören konnte. — So ſehr er Foote an Witz nachſtand, ſo übertraf er ihn doch an Scharf‑ ſinn, und hatte dabei einen ſchnellen durchdringenden Blick. Wo er den Ton angab, ſchwatzte er oft Zeug, deſſen ein Kind von acht Jahren, auch ſelbſt im Bei‑ ſein ſeiner bewundernden Großmutter, ſich geſchämt hätte. — Sein Stocken hatte zwei Urſachen, Af‑ fektation und — Furcht zu Verſprechungen verleitet zu werden, die er nicht zu halten dachte. Daher ver‑

mied er jede gerade Antwort. Immer kam sein
„Ja — ei nun — wenn Sie nicht wollten — ei —
„ich weiß nicht; — aber ich will es überlegen, und
„da ich Sie auf den Dienstag wiedersehe; — ei nun —
„Hm, Sie wissen, daß — aber meine Frau wartet
„auf mich — und nun — ich meine, nun — ei nun —
„auf den Dienstag — vergessen Sie nicht, auf den
„Dienstag" u. s. w.

Wenn er ausging, nahm er selten Geld mit, und
bedauerte dann sein Unvermögen, wenn ein Nothleidender
der ihn ansprach. Wenn er sehr gerührt war, wandte
er sich wohl zu seinem Begleiter: „Ei, Holland (oder
wer sonst bei ihm war), können Sie nicht eine hal-
„be Krone für den armen Teufel auslegen?" That
es Holland, so gab das einen hübschen Spaß, und
um ihn nicht zu verderben, gab er Holland nie etwas wieder. — Foote achtete ihn nicht, sondern
behandelte ihn immer mit der beissendsten Satire,
und zog meisterlich Vortheil aus Garrick's Furcht.
Murphy kannte ihn noch genauer, und behandelte
ihn nicht besser. Ebendas.

———

— — Einst ward ich zu einer Schwachheit verleitet. — — Ich pflegte in Gesellschaft Foote's,
oder eines andern Freundes, und der angesehensten

Herren der Hauptstadt oft eine halbe Stunde lang
meinen Freund Schuter zu spielen, mit dessen
theatralischer Manier und Eigenheiten ich, wegen
unsers genauen Umgangs, innig vertraut war. Den
Beifall und das Gelächter der Zuschauer begleiteten
solche Schmeicheleien (die gefährlichsten Irrlichter),
daß ich mich bereden ließ, Schuter auf der Bühne
vorzustellen. Foote und Andre meinten, als ein be-
liebter Schauspieler könne er meine Mimik wohl
ertragen, und als ein lustiger Kopf werde er selbst
Vergnügen daran finden; auf jeden Fall könne solch'
eine Kleinigkeit ihn nicht ernstlich aufbringen. Durch
alle diese Gründe bewogen, und von Ruhmbegierde
gespornt, willigte ich endlich ein, wiewohl nicht ohne
geheime Angst; denn ich achtete Schuter wirklich,
und seine Fehler waren keine Alltagsfehler. Als ich
längst meinen Entschluß gefaßt hatte, fragte ich doch
Austin, einen meiner besten Freunde, um Rath,
um nachher thun zu können, was mir beliebte.
„Hört, Tate, sprach er, Ihr seid ein Schurke, aber
„Ihr könnt am Ende Schuter so gut abnehmen, als
„die Andern. Ihr seid dann einige Tage zurückhal-
„tend; dann gebt ihr euch die Hände, und seid
„wieder, wie vorher." Ich nahm mir vor, Schu-
„ter gleich am folgenden Abend vorzustellen."

Zufällig aß ich am folgenden Mittage mit Schuter. Es ging mir, wie den mehresten Leuten, die
sich einer Hinterlist bewußt sind. „Schuter war mir
ein Freund in der Noth gewesen; Schuter hatte mit
mir den Anfall eines Heers von Feinden ausgehal-
ten: kein Sachwalter hätte meine Sache gegen ihn
geführt; ich wußte nicht einen einzigen Grund, der
mich vor mir selbst hätte freisprechen können." Hätte ich Schuter ernstlich gefragt, er hätte mirs gewiß
abgeschlagen. Dann durft' ichs aber gar nicht thun.
Ich nahm mir also vor, es zu machen, wie die Verliebten in Schottland, die erst Hochzeit machen, und
nachher um Verzeihung bitten. Ich kann dies Betragen gegen S. noch in diesem Augenblicke nicht
rechtfertigen, obgleich ich betheuern kann (wenn anders das eine Entschuldigung ist), daß ich sehr dazu
aufgefordert ward.

Ich unternahm das komisch-tragische Geschäft
am bestimmten Abend. Die zum Erstaunen treffen-
de Aehnlichkeit in Gang, Stimme, Gesichtszügen,
Gesten, ward sogleich von den Gallerieen anerkannt,
und erregte solche Freude, daß ich glaubte, S. würde eben so vergnügt seyn, als ich. Aber nichts weniger. S. nahm es nicht für einen Scherz, wofür
ich es ausgab, und die um ihn waren, rissen auch

das letzte Hälmchen von Gutmüthigkeit in ſeiner Seele mit der Wurzel aus. S.'s Freunde und Bekannte, deren ſehr viele waren, flohen mich Alle; wie einen Verräther, der keines Gefühls für Freundſchaft und Dankbarkeit fähig ſei. Schon der Mangel von S.'s Geſellſchaft war mir harte Strafe; denn ſelten verging ein Abend, wo ich nicht mit meinem Freunde Ned S. eine Luſtpartie hatte, ich müßte denn durch eine anſehnlichere Einladung entſchuldigt worden ſeyn. Mein einziger Erſatz war der Beifall, den ich bei der **wiederholten Vorſtellung** einärntete. **Ebendaſ.**

Die Sache beurtheilt ſich ſelbſt.

— Oft wenn bei dem Glaſe die Freude alle Herzen öffnete, und Maklin oder Murphy die Entwürfe zu ihren Schauſpielen oder Poſſen auskramten; flugs hatte Foote den Einfall weg, führte ihn in ſeinem Namen aus, und — ſtrich das Geld ein. Hieben in Prologen oder Epilogen bot er dann gern ſeinen Rükken dar. So gings Murphy 1753 mit ſeinem Stück: Rückkehr des Engländers aus Paris. **Ebendaſ.**

Als Foote 1757 nach Edinburg reiſen wollte, brauchte er Geld. Er erhielt es, nicht ohne Mühe, von Garrick. Am Abend vor der Abreise unterhielt er die Gäste (denn traktirt wurde nun natürlich) fast ganz auf Garricks Kosten: denn theils wurde von Garricks Gelde gebraucht, theils erzählte er fast den ganzen Abend hindurch die lächerlichsten Anekdoten von ihm. Unter andern machte er ihn als Dichter lächerlich, und sagte: David mache so schlechte Verse, und mache sie so gern, daß wenn er (Foote) eher stürbe, er vor seiner Grabschrift schauderte. Ebendaß

—————

Ein französischer Schauspieler, der gewöhnlich Minister spielte, ließ sich von seinen Bedienten nie anders als Monseigneur nennen.

—————

Garrick besuchte einst einen Lord in Schottland. Vor dem Schloßhofe sah er ein Weib auf der Erde liegen, die mit allen Merkmalen der Verzweiflung Gras ausriß und aß. Der Lord sagte zu Garrick: „das sei hier zu Lande gar gewöhnlich!“ Und der Lord war damit zufrieden, und Garrick auch.

—————

VI.

Miszellaneen.

Im Jahr 1747 war Quin weder für Coventgarden, noch für Drurylane angenommen. Er befand sich in Bath. Endlich mochte ihm doch das Geld ausgegangen seyn, und er schrieb folgenden lakonischen Brief an Rich, den Direktor zu Coventgarden:

„Ich bin in Bath.
Der Ihrige,
Jakob Quin.”

Die Antwort war eben so lakonisch:
„Bleiben Sie da, ins Teufels Namen.
Der Ihrige,
Johann Rich.

Als Foote 1746 auf dem Haymarket seine Morgenbelustigungen mit unbeschreiblichem

Beifall zu geben anfing, ermangelten die privilegirten Schauspieler von Coventgarden und Drurylane
keineswegs, über dies Asyl der satirischen Mimik
sich öffentlich zu beschweren. Sie beriefen sich auf
die strenge Akte, die eben durchgegangen war, und
alle Theater, außer denen zu Drurylane und Coventgarden, verbot. Lord Chesterfield führte damals im
Oberhause an: wie grausam es sei, eine Taxe auf
eine so armselige Waare, als der Witz sei, zu legen.

„Witz, sagte er, ist eine Art von Eigenthum derer,
„die ihn haben, und sehr oft das einzige Eigenthum,
„worauf sie sich verlassen können. Es ist in der That
„ein sehr mißliches Einkommen. Gott sei Dank,
„daß wir bessere haben.

Die privilegirten Schauspieler drangen indeß
durch. Der Oberkammerherr, an den sie sich gewandt hatten, forderte die Polizei des Distrikts
auf: die neuerrichtete Truppe wurde durch eine furcht-
bare Uebermacht von Polizeidienern vom Theater ge-
jagt; die Zuhörer wurden entlassen, und der lachen-
de Aristophanes blieb allein, an Melpomene gelehnt,
in Einem kläglichen Monologe stehen.

Dieser Unfall bekümmerte Foote sehr. Endlich
kam ihm ein glücklicher Einfall. Er kannte den guten Willen der Stadt. Er ließ also seinen Freunden

und dem Publikum seinen Respekt vermelden, und
lud sie ein, jeden Morgen, um das gewöhnliche Lege-
geld, im kleinen Theater zu Haymarket Thee bei ihm
zu trinken. Der Scherz gelang; das Haus war gedrängt voll; Foote kam hervor, und sagte: während
der Thee gemacht werd, wolle er mit Erlaubniß der
Zuhörer, seinen Unterricht mit einigen jungen Schauspielern, die er für die Bühne bilde, fortsetzen.
Der Einfall gefiel sehr, und es ward allgemein Mode, jeden Morgen bei H. Foote eine Tasse Thee zu
trinken. Zwei oder drei Jahr lang nannte er daher seine mimischen Stücke Theegesellschaften.
Merkwürdigkeiten aus Tate Wilkinson's
Lebensg. Berlin, 1795. 8.

Die privilegirten Schauspieler hörten nicht auf,
über Foote's Morgenbelustigungen zu schreien.
Foote's Mimik, sagten sie, würde sie ganz zu
Grunde richten. Foote hatte hierüber einen spaß-
haften Einfall. Wenn die Sache so wäre, sagte er,
so sei es seine Schuldigkeit, sie zu versorgen. Statt
sie länger reimlose Verse morden, oder Könige und
Königinnen, Edelmänner und Edelfrauen verstüm-
pern zu lassen, wolle er ihnen ihre gehörigen Plätze
anweisen.

H. Quin bestimme er, wegen seiner hellen Stimme und seiner durchbringenden Manier, zum Nachtwächter. „Die Glocke hat zwölf geschlagen; zwölf ist die Glocke.”

H. Delane, von dem man sagte, daß er nur mit Einem Auge sehe, sollte als Bettler auf dem Paulskirchhofe angestellt werden. „Haben Sie Mitleiden mit einem armen blinden Manne!”

H. Ryan, der eine mißtönende, durchbringende Stimme hatte, sollte ein Scheerenschleifer werden. „Schleif Messer, Scheeren, Federmesser — schleif!”

Mistriß Woffington, die bei aller Schönheit einen unangenehmen kreischenden Ton hatte, ein Apfelsinenmädchen. „Apfelsinen, Citronenschnitte, meine Herrn und Damen! belieben Sie auch Nonpareils? belieben Sie einen Komödienzettel?”

Für Woodward war er verlegen, eine passende Versorgung zu finden. Er sprach daher folgende Stelle aus Sir Fopling Flutter, mit Woodward's Stimme und Geberden: „Wo ich gehe, da geht ein „Kavalier; — mein Seel, ein Kavalier; und wenn „ihr sagt, ein Kavalier: ei, ja, (hier nahm er eigene Stimme und Anstand wieder an,) „so habt ihr mehr „gesagt, als wahr ist.

Eben so streng war seine Satire gegen Garrick,

der leicht ins Stottern gerieth, besonders in den Ster-
beszenen, wie z. B. in der Rolle des Lothario:

„——— —— ehrt meinen Fall, und hebt mein He — He —
He — Herz im T — t — t — t — Tode.”

(„adorns my fall, and chea — chea — chea — chea —
chears my heart in dy — dy — dying.”)

Ebendas.

Der Schauspieler Frodsham *) verachtete
Rich, weil er hörte, er besitze nur oberflächliche
Kenntnisse, und verstehe weder Schauspielkritik, noch
Griechisch und Latein. Ebendas.

Eine Anekdote, worüber sich gar mancherlei Betrachtungen anstellen lassen.

Bönike, ein guter komischer Schauspieler von
der Stranitzkyschen Gesellschaft in Wien (um 1708),
pflegte zu sagen: Das Theater ist so heilig,
wie der Altar; und die Probe, wie die
Sakristei. Ein Beweis, wie ehrwürdig ehemals
den Schauspielern ihre Profession war. Chronologie des Deutsch. Th. 1775.

------

*) Er starb 1768, 35 Jahr alt. Er spielte meist zu
York.

— Von Frankfurt am Mayn fiel es der Schau-
spieldirekterin Haak ein (1711), nach Danzig zu
gehn. Es ward sogleich aufgepackt; und fort gings.
Erst vor den Thoren von Danzig fiel es ihr ein, daß
sie Erlaubniß von dem dasigen Magistrat haben müsse.
Sie erhielt sie nicht, und mußte unverrichteter Sache
zurück. Ebendas. .

1731 hielt sich die bekannte Neuberin eine
kurze Zeit in Nürnberg auf. Sie bediente sich der
Bühne ohne Dach, die den alten Meistersängern
gehört hatte, und die jetzt zum letztenmale gebraucht
wurde. Ebendas.

Als sie 1741 wieder aus Rußland zurückkam,
und in Leipzig spielte, schadete ihr Gottsched, dem
sie ungehorsam geworden war, durch sein noch nicht
ganz gesunkenes Ansehen. Um sich zu rächen, schrieb
sie ein allegorisch-satirisches Vorspiel: der aller-
kostbarste Schatz, und brachte Gottsched in
der Person des Tadlers den 18. Sept. auf die Bühne. Auch der Anzug des Tadlers sollte Lachen erregen. Er ging, gleich der Nacht, in einem Sternen-
kleide, mit Fledermausflügeln, einer Blendlaterne
in der Hand, und einer Sonne von Flittergold auf

dem Kopfe. Der Rath unterſagte, auf Gottſchebs Anſuchen, die Aufführung des Stücks. Aber die Neuberin wandte ſich an den damals anweſenden Grafen Brühl, und ſo ward es nicht allein den 18. Sept. gegeben, ſondern auch mit beſonderer hoher Erlaubniß den 4. Oktober wiederholt. Ebendaſ.

Von den Schauſpielen der Japaner.
(Nach dem Franzöſiſchen.)

Geſang, Tanz, Schauſpiel, ſind die Lieblingsvergnügungen der Nazion. Ihre Religion unterſtützt und heiligt ſie. Sie machen einen Theil ihrer Götterfeſte aus. Aber die verdorbenen Sitten der Schauſpieler ſind Schuld daran, daß ihre Kunſt doch nicht ehrenvoller iſt, als in Frankreich und in andern Ländern.

Die Theatermuſik iſt ein ſeltſames Schariwari von Flöten, Trommeln, Zymbeln und großen Klokken, das nur Japaniſchen Ohren gefallen kann. Sonderbar iſt es, daß ſich der Tanz nicht nach der Muſik, ſondern umgekehrt der Geſang nach dem Tanze richtet.

Die Maſchinen und Dekorazionen ſind wirklich bewundernswürdig. Nach den Chineſern hat ſie

kein Volk so gut, wie diese Insulaner. Unsre Opern-
dekorators könnten bei ihnen in die Schule gehn. Da
würden sie lernen, wie sie ungeheure Riesen, her-
anwandelnde Berge, bevölkerte und beseelte Städte,
Springbrunnen, und tausend andre Gegenstände
könnten erscheinen lassen, statt sie bloß auf der Lein-
wand hinzustellen.

Auch wird Geist und Ohr über diesen Dekorazionen nicht vergessen. Wenigstens haben die Japa-
ner Komödien, von welchen sie nicht weniger eingenommen sind, als wir von den unsrigen. Den Stoff
dazu liefert ihre Geschichte. Man stellt Begebenheiten ihrer Götter, und zuweilen die Liebeshändel derselben vor. Das Tragische, Komische, Lyrische, Pantomimische ist gemeiniglich in Eins zusammen geworfen. Die Stücke sind wie die Unsrigen in Aufzüge
und Auftritte abgetheilt. Ein Prolog erklärt den
Plan; aber die Auflösung darf er nicht berühren,
denn die muß allemal überraschen. Die Zwischenspiele
sind Ballets oder Hanswurstiaden; aber Trauer-
und Lustspiele enthalten nichts als ernste, feierliche
Moral, und stellen immer heroische Thaten vor. —

Die Schauspieler sind junge Leute, die man unter den Einwohnern aussucht. Die Schauspielerinnen sind Venuspriesterinnen. Die Schauspielkosten

tragen die Städte, jedes Stadtviertel der Reihe nach
ein oder zweimal des Jahrs.

· Ein sonderbarer Auftritt ist es, wenn die Schau-
spielgeber mit den Schauspielern und den Maschinen
in einer Art von Prozession einherziehn. Voran
wird unter einem sehr reichen Himmel ein breiter
Schild getragen, auf dem der Name der Straße,
oder des Stadviertels geschrieben ist, das an diesem
Tage die Schauspielkosten trägt. Umher erschallt eine
rauschende Musik, die das Volk aus den benachbarten Orten herbeizieht. Hierauf folgen die Dekorazionen und der ganze Theaterapparat. Das Schwer-
ste wird von gedungenen Leuten getragen, das Uebrige von reinlich angezogenen Kindern. Dann kommen die Schauspieler, und nach diesen alle Einwohner des Viertels in Feierkleidern. Den Zug beschließt eine Menge Volks, die Bänke und Binsen-
decken trägt, und Paarweise hertritt. · · ·

Da die Schauspiele an großen Festen gegeben
werden, und oft einen Theil des Gottesdienstes aus-
machen, so nehmen die Priester bei der Aufführung
den ersten Rang ein. Auch ist der Schauplatz in
der Nachbarschaft der Tempel, oder, wenn sie groß
genug sind, in den Tempeln selbst. Der Geistlichkeit über sitzen der Gouvernör, die Offiziers, und die

Wachten. Die letztern müssen das Volk in Ordnung halten.

Das Fest, welches jede Stadt jährlich ihrem Schutzpatron zu Ehren feiert, ist das merkwürdigste. Es beginnt sehr früh mit einem allgemeinen Aufzuge der Einwohner durch die Hauptstraßen nach dem Tempel, und von da nach dem Schauspielplatz. Den Anfang machen acht verschieden gekleidete junge Mädchen, die Blumen und einen Fächer in der Hand tragen. Zwei alte Matronen, anders gekleidet, gehen ihnen, des Abstichs wegen, zur Seite.

Ich sah die Vorstellungen an einem solchen Festtage. Die Szene stellte zuerst einen großen Blumengarten vor, in dessen Mitte eine Bauerhütte stand, woraus acht andre weiß gekleidete Mädchen hervor kamen, und Tänze begannen. Auf diese Dekorazien folgten acht Triumfwagen, die von schöngekleideten jungen Leuten gezogen wurden. Diese Wagen trugen Bäume verschiedener Art, einen mit grünen Sträuchern bedeckten Hügel, einen dicken Wald, in dessen Mitte ein schlafender Tiger lag, einen halb aus dem Wasser hervorragenden Wallfisch, und verschiedene andere Figuren in Lebensgröße.

Darauf erschien ein beweglicher Berg, ein mit Bäumen umringter Springbrunnen, eine Tonne,

und endlich ein Haus, das dem Tanze zweier Rieſen
Platz machte. Aus dem Berge kam ein dritter Rieſe
mit einem langen Schwert, und ſieben Chineſer, die
ſich mit den drei Koloſſen herumfochten. Nach geendigtem Kampfe zerſchlug ein Rieſe die Tonne. Ein
junger Knabe ſaß darin. Dieſer hielt nun mit viel
Suade und Anſtand eine Rede, und tanzte dann
mit den Rieſen. Indeſſen ſtiegen drei Aſſen mit
Fiſchköpfen aus dem Springbrunnen, hüpften um
ſie her, und äfften ihnen jede Bewegung nach.

Die übrigen Dekorazionen, die nach und nach
erſchienen, ſtellten einen chineſiſchen Triumfbogen vor,
ein Landhaus, den Zug eines japaniſchen Königs, einen Ziehbrunnen mit Spritzen und allen nöthigen
Feuergeräthen, einen ſchneebedeckten Berg.

Durch alles dies miſchen ſich Schauſpieler, Tänzer und Pantomimiſten.

————

Inhalt des Hamburgiſchen Theatervorhangs,
vom Archltekt Zimmermann verfertigt.

Man erblickt den innern, rundum offenen Tempel der Wahrheit. Nach hinten zu iſt das Bildniß
der Wahrheit, auf einem, auf Stufen erhöhten, Po-
ſtument. Ein von ihr ausgehendes Licht verliert

sich ringelnn. Ihr zur Rechten steht die tragische Muse, mit ihrem linken Arm auf das Postument gelehnt, und an der Hand ein Kind, in einem einfachen Gewande, das empfindungsvoll zu ihr aufblickt, und die Hand aufs Herz legt. Ihr zur Linken die komische Muse; an ihrer Hand eine kleine Grazie, die lächelnd und in tanzender Stellung ihren Blumenkranz zu den Füßen der Wahrheit niederlegt. Ein Satyr nickt hinter der Kleinen hervor. — Auf einer der obersten Stufen sitzt Shakespear in aufmerksamer Stellung, und sieht den Ankommenden erwartend entgegen. An den untersten Stufen des Postuments sitzt sinkend die sterbende Emilia; Odoardo hinter ihr hält sie, und will der Wahrheit seinen blutigen Dolch zuwerfen. Weiter zurück steht Götz von Berlichingen, der von dem ehrlichen Bruder Martin mit der linken Hand Abschied nimmt, und mit der eisernen Rechten andeutet, daß er kein Säumen habe. Dem Eingange näher, führt die Musik, in der Gestalt eines Knaben, ein Bauermädchen mit ihrem Körbchen voll Blumen und Früchten der Wahrheit zu. (Operette.) Ein Diener der Wahrheit zeigt einigen Dichtern den Weg zum Innern des Tempels; ein anderer weist viele Dichter hinaus, die sich auf die Menge ihrer Schriften berufen.

Die sechs freien Künste sind im Tempel zerstreut; die Bildhauerkunst sitzt bei einer Büste, u. s. w. Ein Knabe, der in den Tempel gerathen ist, starrt, auf seinen Stab gelehnt, das Monument an. Die Mahlerei verfertigt das Stadtwappen. Ein Diener der Wahrheit wirft verschiedenen fremden Plunder, der nicht ins deutsche Gebiet gehört, zum Tempel hinaus. Die Aussicht verliert sich in eine tiefe Weite; auf der einen Seite eine romantische Gegend, durch die ein reissender Strom, ein wüstes Felsengebirg entlang, sich ins brausende Meer ergießt. Von einer Felsenspitze herab, unter Blitzen, springt Ariadne in die Fluten. Zwei Genien umschweben sie mit Flöte und Leier (Melodram.). An den ersten Säulen hängen in ovalen Basreliefs die Namen verschiedener deutscher Dichter.

Auszug eines Briefs über die Spanische Schaubühne, von einem Reisenden.

(Literatur = und Theater = Zeitung 1778.)

— Das Schauspiel nicht besuchen, ist in Spanien kein Beweis von Frömmigkeit. Man sieht oft den gottesfürchtigsten Priester neben sich; und doch sind die kleinen spanischen Stücke weit geschickter,

als die Unsrigen, Anstoß zu geben. Die Ausdrücke
darin sind gemeiniglich sehr roh, die Bewegungen
sehr frei. Indeß hat Spanien von dieser Seite seit
einigen Jahren gewonnen.

Die Stücke selbst sind noch, wie zu Boileau's
Zeiten, ein Gewebe von Abgeschmacktheiten, hoch-
trabenden Ausdrücken, riesenmäßigen Bildern, wo
auch hie und da Funken von Genie durchschimmern.

Bald schwebt Sankt-Jakob auf seinem Schim-
mel in der Luft, und sieht zu, wie die Christen die
Moren schlagen. Bald verkleidet sich der Teufel
in einen Mönch, schleicht in ein Kloster, neckt die
Geistlichkeit, und kriegt gräßliche Verzuckungen, wenn
die heilige Jungfrau genennt wird.

In einem andern Schauspiele erblickt eine Mutter, im zweiten Akte, den noch blutenden Kopf ihres
Kindes in einer Schüssel, wird übel, schreit erbärmlich, ist aber die drei folgenden Akte wieder so munter und frisch, als ob ihr nichts begegnet wäre.

Die Dekorazionen sind sehr blendend und mannichfaltig. Sie beschäftigen die Sinne, und lassen
dem Geiste nicht Zeit, sich über das Schauspiel selbst
zu ärgern, oder Langeweile zu haben. Das Kostüm
der Schauspieler hat nichts Lächerliches; aber ihre
Deklamazion ist monotonisch, falsch, übertrieben,

kurz ganz abscheulich). Die Schüler, welche die Jesuiten darin unterrichteten, waren kleine Le Kain's
gegen die spanischen Theaterhelden.

Am Ende jedes Akts eines großen Stücks spielt
man eine kleine Farce, auf die wieder eine Tona-
dille *) folgt. Nach dieser etwas langen Unter-
brechung, muß man sich zu dem, ziemlich verworre-
nen, Faden des großen Drama's, so gut es gehn will,
zurückfinden. Der Held unter dessen spanischem
Mantel die Ritterstiefeln aus dem Hauptstück her-
vorguckten, legt nun seine übrige Rüstung wieder an,
und fährt in seinen Heldenthaten fort, um sie eine
halbe Stunde darauf von neuem zu unterbrechen. —
S. oben Theaterreinrichtungen.

Es giebt übrigens in Madrid zwei Schauspieler-
truppen, die mit einander wetteifern.

Im Parterr eines Schauspielhauses stand einst
ein bekannter Eisenfresser neben einem Manne, der
sehr aus dem Munde roch. Der Bramarbas ging

---

*) Eine Art wollüstiger Tänze, wobei alle Augenblicke
geküßt wird. Man plaudert dabei im Parterr so
laut, als auf der Gasse; stiehlt auch wohl Taschen-
uhren. Priester, Mönche, Einsiedler und Nonnen
sehn ernsthaft zu.

auf die andre Seite. Der Andre glaubte, man sähe
da besser, und folgte ihm. So ging noch ein Paar
Mal. „Zum Henker, mein Herr, sagte endlich der.
„Fliehende, wenn man so stark, muß man still stehn,
„und sich nicht an die Leute drängen.“ — So stinkt?
So stinkt? — versetzte der Andere, dessen Nase
an seine Atmosphäre gewöhnt war; — das ist Belei-
digung. Kommen Sie und. Ich verlange Satisfaktion. — Hören Sie, widerte der Bravo lustig, Sie beleidigen hier Alle, die nicht einen Spar-
ren zu wenig haben, oder in Ihrem Falle sind. Ich
werde sie und mich rächen, wenn sie mich dazu zwin-
gen; ich bin für keinen Hasen bekannt. — Aber nehmen Sie Rath an: Sie riechen übel; das ist
ausgemacht: bringen Sie mich um, so werden Sie
darum nicht besser riechen; bring ich aber Sie um,
so werden Sie noch schlimmer riechen. Ich dächte,
wir schieden friedlich. —

De Andre lachte, und der Streit war beigelegt.

————

In der Komödie, Scaramouche Hermite,
die 1667 auf dem alten italiänischen Theater aufgeführt wurde, steigt ein Einsiedler, als Mönch verkleidet, in der Nacht, auf einer Strickleiter, ins
Fenster einer verheiratheten Frau; erscheint drauf
                                                    von

von Zeit zu Zeit an demselben, und sagt: Questo per mortificar la carne. (Das geschieht um das Fleisch zu kreuzigen.) Dies Stück wurde bei Hofe gespielt. Ludwig XIV. scandalisirte sich ein wenig daran, und sagte zum großen Kondé: Ich möchte wohl wissen, warum die Pfaffen den Tartüff so anstößig finden, und den Skaramusch nicht. — Das kommt daher, Sir, sagte Kondé: Skaramusch greift Gott und Religion an, um die sich die Herren wenig kümmern; Tartüff aber greift sie selbst an, und das können sie nicht leiden.

Der Ritter Glück wollte im Sommer 1774 seine Oper, Orfeus und Euridize, in Paris aufführen. Er war eines Morgens mit Einigen vom Orchester bei Demois. Arnoux, um verschiedene Stellen aus der Oper zu probiren. Mitten in diesem Geschäfte tritt der Prinz de Henin ins Zimmer, damals der Arnoux Liebhaber; sehr eifersüchtig, und überhaupt von übler Laune. So viele Leute bei seiner Geliebten machten ihn gleich verdrießlich; alles war ihm anstößig, selbst Glück und seine Musik. Glück blieb indeß auf seinem Stuhle sitzen, spielte fort, und achtete auf die prinzlichen Grobheiten nicht. Dies verdroß den Prinzen noch mehr.

„Mich dünkt, sagte er, in Frankreich ist es Sitte
„aufzustehen, wenn ein Mann von Stande ins Zim-
„mer tritt." — Nun konnte sich Glück nicht
mehr halten; er stand auf, ging auf den Prinzen
zu, und sagte: „Mein Herr, in Deutschland ist es
„Sitte, nur vor Leuten aufzustehn, die man hoch-
„schätzt." Und damit ging er.

Bei der Probe des Trauerspiels, Merope,
konnte die Dümesnil mit Voltäre, der zugegen
war, über eine Stelle in ihrer Rolle durchaus nicht
einig werden. Endlich riß ihr die Geduld. „Mein
Herr, sagte sie, man muß den Teufel im Leibe haben (il faut avoir le Diable au corps), wenn
man den Sinn dieser Verse ausdrücken will." —
„Ja, ja, Mademoiselle, erwiederte Voltäre, das
„muß man auch: ohne den Teufel im Leibe ist
„man weder guter Dichter, noch guter Schau-
„spieler."

Auf einem Anschlagzettel der Wäserschen Gesellschaft in Breslau vom 4ten Februar 1779, auf
dem Galora von Venedig angekündigt wird,
heißt es, in einer Anmerkung, wie folgt:

„Im fünften Akt liegt die erstochene Galora,

„in einem schwarz ausgeschlagenen kleinen Zimmer,
„mit Kerzen erleuchtet, aufgedeckt im Sarge," u. s. w.

Der gute Mann wollte sagen: im offnen, auf-
gedeckten Sarge; allein auch das hätte er nicht sagen sollen, denn es verstand sich von selbst.

———————

Ein angesehener Mann borgte 500 Pfund von
Garrick, und gab ihm einen Schein darüber. Unglücksfälle brachten den Mann herunter; er borgte
immer mehr, und seine Freunde und Verwandten
beschlossen endlich, ihn aus der Verlegenheit zu reißen, und seine Schulden zu bezahlen. Sie veran-
stalteten deshalb eine Zusammenkunft, bei der sie
recht fröhlich seyn wollten. Garrick hörte davon,
und sein Schuldner war sehr bestürzt, als ihm am
Abend der Zusammenkunft ein Brief von Garrick
überreicht wurde. Er vermuthete, Garrick verlange
sein Geld; aber wie angenehm ward er überrascht,
als er den Brief öfnete. Sein Schein über die
500 Pfund fiel heraus, und Garrick schrieb ihm:
Er hätte gehört, daß er und seine Freunde heut lustig
seyn, und ein Freudenfeuer machen wollten; er bitte
ihn, den inliegenden Zettel mit aufbrennen zu lassen.
Memoirs of the Life of Dav. Garrick. Lond.
1780. 8.

Ein genauer Bekannter Garrick's war ein berühmter Wundarzt, ein sehr liebenswürdiger Mann. Einst, als er bei Garrick gegessen hatte, gestand er ihm, seine Finanzen wären äußerst zerrüttet, und ohne tausend Pfund sei fast kein Bleiben für ihn. — Tausend Pfund! rief Garrick, das ist verteufelt viel Geld! — Und was stellen Sie denn für Bürgschaft? — Keine andere, als meine eigne. — Ei, seht doch! Seine eigne? — Frau, hier verlangt Einer tausend Pfund, bloß auf sein ehrlich Gesicht. — Aber wohlan! Seyn Sie ruhig: ich kenne Jemanden, der Ihnen auf mein Verlangen die tausend Pfund vorstrecken wird. — Sogleich schrieb er eine Anweisung an seinen Bankier, und gab sie seinem Freunde, von dem er nie einen Schilling zurückforderte, noch wieder bekam.   Ebendas.

———

Als von Brunian um 1745, als ein Bursche von 14 bis 15 Jahren, seinen ersten theatralischen Ausflug nach Brünn that, fand er hier an der ersten Ecke einen Komödienzettel angeschlagen, der folgendergestalt lautete:

„Mit gnädiger und hochobrigkeitlicher Bewilligung werden die neuarrivirten hochdeutschen Comö-

dianten die Ehre haben, heute zum erstenmal ihren
Schauplatz zu eröfnen, und auf demselben zu pro-
duciren: Eine ganz neue, von dem Wienerischen
Theatro entlehnte, aus einer gelehrten Feder geflos-
sene, aller Orten mit ungemeinem Applaulu ap-
probirte, wegen ihres gelehrten Innhalts vor andern
distinguirte, mit Hanswurfts Lustbarkeiten gezierte,
und von Anfang bis zum Ende mit galanten Scherz
und Ernst abwechselnde

Haupt - und Staatsaction

betitelt:

Hunrich und Heinrich,

oder

Das durchlauchtige Schäferpaar,

sonsten auch genannt:

Der grausame Tyrann

und

Der verstellte Narr aus Liebe,

mit

Hanswurst:

1) einem klugen Hofnarrn,
2) einem verschmitzten Königlichen Requettenmeister,
3) einem von Gespenstern erschreckten Favoriten,
4) einem lustigen Narrnwächter,
5) einem barmherzigen Scharfrichter,

6) und letzlich einem beglückten Bräutigam seiner geliebten Traunschel.

Zu mehrerer Satisfaction macht das gänzliche

Finale:

Ein ergötiges Nachspiel,

genannt:

Die Sau im Sacke,

oder

Der betrogne Alte,

wobey Hanswurst vorstellen wird:

1) einen dummen Diener seines Herrn,
2) einen betrogenen Einkäufer,
3) eine lustige Sau im Sacke.

Und endlich einen nachdrücklichen Rückenausklopfer zweyer durchtriebener Spitzbuben, u. s. w.

Zu dieser heutigen Production wird ein hochgeneigtes Auditorium in Unterthänigkeit invitiret

von

Felix Kurz *)

p. t. Principal."

Zum Schluß hielt der Prinzenspieler, im Namen der ganzen Gesellschaft, einen Epilog, der so anfing:

„Hohes, gnädiges und hochgeneigtes Auditorium!

---

*) Der berufene Bernardon.

„Gold ist zwar das edelste Metall, welches die Men-
„schenkinder aus dem wohlthätigen Schoos der müt-
„lichen Erde herauszugraben pflegen; allein was wäre
„dieses Metall, wenn es so bliebe, wie es aus der
„Erde kommt? Es ist unrein, es hat keinen be-
„stimmten Werth, und weder Form noch Gestalt.
„Erst dann, wann es durch das Feuer vom Erzte
„geschieden, seine Unreinigkeit verloren; wann ihm
„die Kapelle seinen eigentlichen Werth bestimmt,
„und endlich die geschickte Hand des Künstlers ihm
„Form und Gestalt gegeben hat — dann erst wird
„es ein kostbares, ein edles Metall! Hohes, gnädi-
„ges, und hochgeneigtes Auditorium! Wir sind ei-
„gentlich dieses rohe und unreine Gold; Ihr Ken-
„nerauge ist das Feuer, welches uns reinigen, Ihr
„Applausus ist die Kapelle, welche unsern Werth
„bestimmen, und endlich Ihre Unterstützung ist jene
„geschickte Hand des Künstlers, die uns Form und
„Gestalt geben muß."

Brunian applizirte nachher diesen Epilog oft
selbst, bei Eröfnung des Theaters. S. Nachr. aus
von Brunian's Leben, in der Lit. und Theat.
Zeitung 1781, S. 483 ff.

———————

Mamsell Desfoix ward um 1780 von der

Schauspieldirektorin Lobreau zu Lyon, der eine brauchbare und schöne Schauspielerin abging, engagirt. Sie war an einem kleinen Orte und in den erbärmlichsten Umständen, als sie den Kontrakt von 2000 Livres Jahrgehalt bekam. Zu Fuße machte sie sich mit ihrem Amanten auf, quartierte sich in einer Vorstadt von Lyon ein, und ging dann zu Mad. Lobreau. Sie klopfte an; ein Kammermädchen öfnete. — Ist Madam Lobreau zu Hause? — Das Kammermädchen maß sie mit den Augen, lächelte über ihre schlechte Figur, über ihren noch schlechtern Anzug, und — Madam Lobreau war nicht zu Hause. Am nächsten Morgen kam sie wieder, und Madam Lobreau war wieder nicht da. Nun gab sie sich zu erkennen, und sagte, sie sei von Mad. Lobreau engagirt. Die Zofe wollte es Anfangs nicht glauben; doch ward sie gemeldet. Mad. Lobreau, der man die Dessoir als eine außerordentliche Aktrice gerühmt hatte, erschrack, als sie eine häßliche, schiefe, nicht viel über vier Fuß hohe Figur erblickte; doch bat sie sie zum Mittagsessen. Die hungrige Virtuosin kam. Sie fand große und vernehme Gesellschaft. Jedermann erstaunte über das „kleine Ungeheuer"; die abgehende, sehr schöne Schauspielerin machte sich besonders über sie lustig.

Ueber Tifche fragte Mad. Lobreau die Desfoix, mit welcher Rolle fie zu debütiren denke. — Mit der erften Liebhaberin im Peintre amoureux de son modèle. — Sie die erfte Liebhaberin! rief Mad. Lobreau und die ganze Gesellschaft mit Erftaunen aus. — Nun denn, fuhr die Desfoix fort, fo laffen Sie's die Bohemienne feyn. Man erftaunte eben fo fehr, aber Demoif. Desfoix war davon nicht abzubringen. Nach Tifche verlangte fie die Direktrice allein zu fprechen. — Madam, fagte fie, ich fehe, man hat Sie in Anfehung meiner Talente getäufcht. Hier ift Ihr Kontrakt zurück. Laffen Sie mich nur die gewählte Rolle fpielen, und geben Sie mir dann ein kleines Reifegeld, fo bin ich zufrieden. — Wer war froher als Madam Lobreau. Sie nahm den Kontrakt zurück, und gab fich noch die Mühe, überall in Lyon herumzufahren, und zu bitten, man möchte doch das kleine Ungeheuer beim Debüt nicht befchimpfen. Der Tag der Vorftellung erfchien. Demoif. Desfoix kam zur Repetizion. Hier machte der Mufikdirektor einen Fehler, den fonft Niemand bemerkte; das kleine Ungeheuer aber fagte: Mein Herr, wenn Sie diefen Fehler bei der Vorftellung machen, fo werd' ichs öffentlich fagen. Der Mufikdirektor ftutzte. Nach

der Repetizion ging er zu Madam Lobreau, die
ihn fragte, wie es gegangen sei. Wahrhaftig, sagte
er, ich habe nichts verstanden; sie murmelte etwas
zwischen den Zähnen her: doch gab sie mir einen
Verweis. — Jetzt kam die größte Schwierigkeit:
Demoisell. Dessoir hatte keine Kleider, als die sie
am Leibe trug. — Wie wird das werden? fragte
Madam Lobreau; in meiner Garderobe sind keine, die Ihnen passen. — Lassen Sie mich nur
hinein, Madam; ich will mich schon arrangiren. —
Man ließ sie hinein; sie nahm, was ihr gefiel, und
nun erschien sie, mit dem Tamburin in der Hand,
auf der Bühne. Das kleine Ungeheuer war verschwunden; die kleine, häßliche, schiefe Person, war
in ein schönes, junges, wohlgewachsenes Frauenzimmer verwandelt. Alles erstaunte. Man dachte an
Zauberei oder Betrug. Endlich überzeugte man sich
doch, daß es dieselbe Person sei, die man bei Madam
Lobreau gesehn hatte, und nun empfing sie ein
allgemeines frohlockendes Händeklatschen. Jetzt fing
sie an zu singen. Neues Entzücken! Sie fuhr
fort, und es stieg. Man erhob das kleine Ungeheuer
bis an den Himmel. Nach geendigter Vorstellung
umarmte Madam Lobreau die Zauberin, und
wollte ihr den Kontrakt wieder zustellen. Nein,

Madam, sagte sie; nun nicht mehr; ich hätte Ihnen für 2000 Livres gedient, nun aber nicht unter 10000 Franken. Madam Lobreau bewilligte ihr Alles, und war noch froh, daß sie blieb. Am folgenden Tage war Demoif. Desfoir wieder bei ihr zu Tische. Die abgehende stolze Schauspielerin war auch wieder da. Mademoifelle, sagte die Desfoir zu ihr, ich höre, Sie wollen fort. Bleiben Sie noch ein halbes Jahr; laſſen Sie ſich von mir unterrichten, und ſeyn Sie dann froh, wenn man Sie nicht auspfeift. Lernen Sie von mir, daß man nicht nach dem äußern Anſehn urtheilen müſſe, und daß Kunſt und unermüdeter Fleiß Wunder thun.

Einige Jahre darauf berief Katharina die Künſtlerin nach Petersburg, mit 22000 Livres Gehalt.

Ein Schauspieler zu Mannheim, kündigte 1782 aus Versehen, ſtatt der Samnitiſchen, die Sodomitiſche Hochzeit, an.

Im Nazionaltheater zu Wien ward Gianetta Montaldi aufgeführt. Ein Zuſchauer, der einige Rollen in Hamburg und an andern Orten weit beſſer hatte ſpielen ſehn, ſchüttelte öfters den Kopf, und murmelte ganz laut dagegen. Als die Stelle im dritten Akt: „Rächer dort oben, du wirst's rächen," hergesagt wurde; drehte er sich um nach Schink (der grade seine dramaturgischen Fragmente herausgab, und auf der dritten Bank, in seinen Mantel gehüllt, hinter ihm saß), und rief ihm zu: Rächer dahinten, du wirst's rächen!

Jemand, der gedungen war, de la Motte's Trauerspiel Jnes auspfeifen zu helfen, ward in der Szene, wo die Kinder kommen, so gerührt, daß er, mit Thränen in den Augen, seinen Nachbar bat: „Pfeifen Sie für mich; ich bins nicht vermögend."

Der Herzog von Nivernois befand sich einst zu London in der Oper. Man zog den Vorhang, aber durch die Unvorsichtigkeit der Maschinisten ging er kaum halb in die Höhe. Sogleich rief ein Altbritte, der neben dem Herzog stand: „Da habt „Ihrs, Gentlemen, wie's in Frankreich ist! Eine „Menge Füße, aber nicht ein einziger Kopf!"

Als 1783 Agnes Bernauerin in Salzburg aufgeführt wurde, faßte das Publikum einen solchen

Haß gegen den Vizedom, daß der Schaufpieler, der ihn machte, auf keiner Gaffe mehr ficher ging, und im Wirthshaufe wirklich angefallen wurde. Schikaneder, der Prinzipal, wußte dies treflich zu benutzen. Er ließ auf den letzten Anfchlagzettel mit großen Buchftaben drucken:

Heute wird Vicedom über die Brücke gestürzt.

Die ganze Stadt lief hinzu. Der Hinabfturz gefchah unter allgemeinem Jauchzen und Händeklatfchen, und des Direktors Kaffe befand fich fehr wohl dabei.

————

Mamfell La Guerre, die bekannte Theaterprinzeffin *), war vielleicht eine größere Beutelfegerin, als Lais und Phryne. Einft erfchien fie mit einem Halsfchmucke von Brillanten, der ihr faft über den Gürtel hing. Petite, rief der Prinz Henin, ton collier tend à fa fource. — Die Dialettica delle Donne muthmaßt doch nur den Sitz der Seele bei den Schönen; Prinz Henin

————

*) Sie ftarb 1783.

wußte sogar, wo der La Guerre Diamanten-
grube lag.

———

Crebillon der Aeltere bekam ein hitziges Fieber, während er am Katilina arbeitete.   Sein
Arzt, ein christlicher Mann, wie es scheint, entdeckte
ihm, er laufe Gefahr, und bat sich, falls er stürbe,
die fertigen Akte des Trauerspiels, als ein Vermächt-
niß, aus.   Crebillon antwortete mit dem Verse
aus Rhadamist:

Ah! doit on hériter de ceux qu'on assassine?
(Die wen gemordet hat, ists Recht, die zu beerben?)

———

Engagementsbrief.

Großmann erhielt einmal folgenden Brief.

Insonders Hochzuehrender Herr
und Gönner!

Schon lange trieb mich die Lust an, bey Ihnen
mein Fortuén zu machen, doch nie so stark als itzo.
Täglich wollte ich an Ihnen schreiben, doch nicht
dachte mir solge Freuheit zu; weil ich die Ehre nicht
besitze daß Sie mich kennen.

Dencken Sie wol einen Menſchen ꝛc: in der
Blüte ſeiner Jahr von mitleren Größe, und dem
nicht anderſt ſein Beruf iſt alz bey Ihne? Come-
diant zu werden, Und der in ſeinem Gewiſſen weis
(nicht ſchmeigelnd) daß er dieſes Amt wohl verträ-
ten würde anzunehmen?... O! mit welchem Vergnügen erwarte ich den Tag Stunde nd Minute
an welchem ich daß ja Wort von Ifer ſo weten
und ſchetzbahren Hand erhalten werd, und zwar
ſchrifftlich worauf ich ſchon lange zähl Schlaf loſe
Nächte alwoh ich gehe iſt mir der O: zuwieder und
mein Kopf iſt mit Gedanken an groſt, doch in
Hofnung daß der Tag meiner Abiſe bald heran
nahet wird dießes wohl zu übertran ſeyn. Glücklicher Tag komme ich erwarte D mit Sehnſucht.
Denn was für eine Plage iſt di nicht an einem
Ort, wo mann nicht zufrieden iß y. Und dann —
Dann Mainz lebe wohl. Schiben Sie mir bald
dann ich halte es nicht mer lang aus. Nebſt bal-
diger Erwartung der Antwort rzeien Sie dem die
Freuheit der ſich Ihren treu 1d gehorſam unter-
werfendem Diener. Den Lief adreſiren ſie
an mich, und ſchließen Sie in Cuwert darie-
ber mit der adreſe a monſur Dram in Con-

tition bey Pariquer Werner auf Leichthoffe in
Mainz.

Mainz den 5. Merz 1785.

Georg Paßa.

————

Folgende possierliche Briefe bekam Schröder,
vor zehn bis völf Jahren.

(S. Ephemeriten der Liter. und des Theat. 1786.)

I.

mein Hoch-Edel Wärtester Herr,

Es werd ihm nicht unangenehm seyn, daß ich
mich unter stehe ihnen mit einigen Wohrten be-
schwerlich zu falle. Ich habe mit wider willen hören müssen, daß werden nach Berlin Reisen, ye-
doch Glaubte ich d'unwahrheit Weß wägen ich mich,
unter thänigst beyhnen erkundigen wollen, mein
Endzweck ist, weil h ein ganz gutes Stück in Ver-
fassung genommen, und selbiges nicht einer Schwachen Gesellschaft, soern ihnen zu über bringen willens bin. Es ist ein Römische Geschichte, und
habe es be-Tittelt, der Zwiling, oder der sich
selbst nicht wißende Prinz, welcher eine Artige,
oder Hönische Rolle mit den Hof-Leuten oder Mi-
niste-

nisterio seines einfältigen Vaters Spielt, und von
einem sorgfältigen Manne, von Kindan solange ver-
stäckt behalten worden, bis seym kluger Verstand
entlich genungßam bey ihm aufbrach, seines Saum-
seligen Vaters Reich, wieder Empbor zu bringen;
Rächnet auch bald an den Uhr-Häbern das Elend
seiner Mutter, und Hauset ein wönig übel, allein
er findet sie, als sie zu vor in der Irre herum gewan-
dert, als Leutenant unter des Keisers-Leib-
Wächtern wider, ob er schon geglaubt das sie längst
vermodert seyn müße, lest auch in einer Nacht den
Schuldigern allen ihren rechten Lohn aus zahlen, seine Role ist durch gehens Hönischer Auf-dricke voll,
ferrner bitte ich um Verzeinng daß ich abbreche, den
ich kan die eugen schafften nicht alle erwähnen da
immer eine auf die andre folget, Es ist also ein
Trauer-Spiel in fümf Aktusen getheilet, und sind
viel Personen dazu nöthig, laße mirs auch einen guten Freund noch einmal ins reine bringen, weil ich
sehr wönig Stunden dazu übrig habe, wo auch zu
der Verfärtiung wohl noch zwey Wochen vergehn
kennen, wen sie es also begehren zu sehn, so werde
es ihnen allemal auf meine Kosten zu bringen lassen,
ich habe zwar sonst nur Studenten-Actus verfärtti-
get, und muß gestehen, daß dieses mein Erstes Dea-

ter Stück iſt. Jedoch finde ich gefallen noch mehr zu machen, Wolte alſo meinen Wärteſten Herren, wie ich eben benennet, erſucht haben, mit der unterthänigſten Dienſtfärtigkeit, ihnen zu empfählen

Hannover den 8ten Febru:
      Anno 1778.

                der ihnen ergäbenſte
                Diner
      Johann Gotfried Rehhorn.

2.

(Noch luſtiger.)

Ehr=Liebender=Herr;

Ich erſuche ſie, zwar ſehr unbekenter Weiſe, bitte aber mit der gröſten Devotion, mir dieſen Fehler zu Bardoniren, daß ich mich nochmals unterſtanden ihnen beſchwerlich zufallen, da ſie ſchon in meinem Nahmen, ein Schreiben unter den 8ten Febru: erhalten wäre mir aber weit angenehmer, wo ſie yenen ſo zerſtreiheten zu ſammenhang nicht erhalten, weil es ohne meinen bewuſt und Willen geſchen, von meiner Liebhaberin. wo ſich auch dieſe Galantlee ſehr auf meine Hand bemühet ohne zu wiſſen warum ſie es gethan, bitte unterthänigſt die=

ſen Fehler Zu Exculiren ſie wiſſen ſelbſt wie albern
manchmahl ein ſo Junges-Mädchen ohne fereners
überlegen handelt, wo ſie ſonſt ſuchen ihrem Liebhaber eine Freude zu machen, oder einer Mühe zu über
häben.

Fernner, haben ich, und meine Galantdee ſehr
groſe Luſt unter ihrer Direction, als welcher den
Ruhm eines berühmteſten hat, unter thänigſte Acder
zu werden, wo ſie ſich die Mühe nehmen wolten uns
etwaß zu belernnen, ſoll es an unſerem Gehorſam
und erlernnen nicht fehlen, ich hoffe daß meine Liebhaberin eine gute Actriſe werden kan, weil ſie ein
gut gewachſen, und ſehr abgefeintes Mädgen iſt.

Fernner, es iſt wahr daß ich ein ganz neues
Stück wie dort benennet worden überſetzet habe, mit
dieſem, habe von etligen Perſonen welche auch ein
etwaß gelernnet dieſen Wunſch zu ruhm erhalten, dieſes einmahl auf geführt zu ſehn, ich will mich nicht
damit heraus ſtreichen, als ob ich alles erlernnet, ſondern ihnen einmahl die Wahl davon über laſſen, wenn
ſie es den zu überſehn verlangen, ich aber glaube
genzlich daß auch nicht allemahl groſe Profeſſorum
ein ſo etwaß verfertigen kennen, wo ſie nicht ſchon
zum voraus, ſich, bey yeder Strove auch die dazu
gehörige Perſonen geberden in ihrem Kopfe wiſſen

ver zu stellen, ich über lasse mich aber bloß ihrer wohlmeinung, und bitte mich in ihre Bekanntschafft auf zu nehmen wo für ich mühsam suchen will, ihnen Dankbahr zu werden, und ihres bezeugens, über mein betragen willich suchen nach zu kommen, und fehler zu verbessern bitte mir also von meinem Ehr libenden Herren seyn mir wohl meinendes bezeigen nechsten Post-Tag aus, und empfehle mich gehorsamst in meines Wehrtesten herren wohl gewogenheit

Hannover den 9. Merz;
    Anno 1778.
              Monsieur: Rehhorn.

3.

Hoch-edler Herr,

Ich habe ein neu Manuscript verfertiget, welches am vergangnen Winter in Kopenhagen guten Beifall erhalten, und mir reichlich bezahlt worden ist, und sechsmal auf geführt worden, es ist ein Schauspiel in Vimf aufzügen ein Milidärs Stück, ich machte es zu erst in der deutschen Sprache ehe ich den Plann in daß Dänische übersetzte weil die Deutsche Sprache Wörtreicher ist, ich bin willens ihnen mit disem Stücke vor Bezahlung damit zu dienen, und

wen ich eine Verſicherung bekomme, ſo werde es
ihnen zuſenden, aber ich werde nicht zu verdenken
ſeyn, wen ich es nicht lenger als drey Tage erlaube
durch zu läſen, ferner werde ich ihnen mit noch mehr
neuen Stücken dinen kennen, wen wir uns beſſer
kennen werden, ſie werden vor diſesmal nicht übel
nehmen, daß ich mich auf dergleichen vorfrage, ihm
übrigen werde mich nach dem Beantworten richten,
auf meiner Seite ſoll nicht ermangeln einen Fehler
zu verbeſſern, wozu ich demnach verbleibe Dero er-
gäbenſter

Weyle den 1. Auguſt.

Anno 1780. Dinner

J. G. Rehhorn.

P. S. Die Addreſſe an mich kan alſo ein gerichtet werden an Hrn. Rehhorn Fabriquer bey der
Potaſche-Siderey ich bitte mir eine baldige Reſolution zu vergennen.

———————

— Mrß. Dally, eine in Irrland beliebte Schauſpielerin, ſpielte auf dem Theater zu Dublin eine Fa-
voritrolle. Die Verſammlung war ſehr mit ihrem
Spiele zufrieden; nicht ſo drei Damen von Stande,
die in der nächſt am Theater befindlichen Loge ſaßen,

und laut über die Schauspielerin spotteten. Sie trie=
ben dieses so arg, und bedienten sich dabey so beleidi=
gender Worte, daß, da keins derselben bey der ar=
men Actrice verloren gieng, sie nothwendig aus ihrer
Fassung kommen mußte.   Ihre Verlegenheit war
sichtbar, sie stotterte, sie stockte, und endlich brach sie
in einen Thränenstrom aus, verneigte sich und trat
ab.   Die drei muntartigen Damen aber genossen ihren
Triumf nicht lange.   Man rief von allen Seiten,
daß das Stück fortgespielt werden sollte.   Unter die=
sem Toben trat ein junger irrländischer Edelmann, der
sich im Parterr befand, auf eine Bank, und zeigte
keinen Vorsatz, die Versammlung anzureden.   Alles
war nun stille, und der Redner sagte: „Ich und meine
„neben mir sitzenden Freunde werden nicht eher die
„Fortsetzung des Stücks gestatten, bis die drei besof=
„fenen Kerls, die hier in der Theaterloge in Weibeklei=
„dern sitzen, das Haus verlassen haben." Dieser Vor=
schlag wurde mit lautem Beyfall aufgenommen; ein
Hagel von Orangen, Aepfeln u. s. w. fiel auf die aus=
gezeichnete Loge; so daß die Spottdamen sich in der
größten Geschwindigkeit retten mußten.   Die gerächte
Actrice erschien nunmehr unter Vivatgeschrei, und
das Stück wurde ruhig ausgespielt.   S. Archen=
holz's Liter. und Völkerk. 1786.

Vor zehn bis zwölf Jahren spielte zu Hermann-
stadt in Siebenbürgen eine Schauspielergesellschaft
aus Sachsen, mit großem Beifall: Acht sehr schöne
Frauenzimmer gehörten dazu, und Eins davon, eine
getaufte Jüdin übertraf alle an Schönheit, Theater-
anstand, guter Darstellung, und Sittsamkeit. Sie
lebte außer dem Theater ganz einsam und in sich verschlossen; und alle männliche Besuche hatte sie gleich
Anfangs verbeten. Man nannte sie allgemein die
Königin des Theaters.

Auf ihr Verlangen wurde einst ein gewisses
Trauerspiel aufgeführt, und sie spielte die erste Liebhaberin meisterhaft, und so natürlich, als wohl nie
eine Schauspielerin gespielt hat: denn sie erstach sich
wirklich. Ihre letzten Worte waren: „Ferdinand!
ich folge Dir!" und so verschied sie in wenigen Minuten. —

Nach ihrem Tode fand man auf ihrem Schreib-
tische einen Brief, worin ihr die Ermordung ihres
Geliebten in einem Zweikampfe gemeldet war.

Die wegen ihrer Bonmots berühmte Schauspielerin Arnoux hatte einen Hund, aus dem sie sich
mehr machte, als aus manchem Liebhaber. Dieser

Hund ward krank. Sie schickte ihn zu Mesmer. Mesmer — magnetisirte ihn; der Hund genaß, und Dem. Arnoux gab dem Magnetisten ein Attestat dieser Hundekur. Den Tag darauf starb der Hund. „Ich habe mir nichts vorzuwerfen, sagte sie: der Hund ist bei vollkommener Gesundheit gestorben."

Diese Demoiselle hat eine Tochter (die Frau des Schriftstellers Murville), die eben so witzig, als ihre Mutter, und dabei frappant blond (das heißt auf deutsch: rothhaarig) ist. Mutter und Tochter finden viel Spaß darin, sich zu necken. Einst hatte die Mutter einen Liebhaber; den Schauspieler Florence, verabschiedet. Dies freute die Tochter sehr; allein ihre Freude war kurz: ehe sie sichs versah, traf sie ihn eines Morgens wieder bei ihrer Mutter. Florence ging bald, und Madam Murville äußerte ihre Verwunderung, ihn hier getroffen zu haben;

„Er war — sagte die Arnoux — in Geschäften hier, denn ihn lieben — daran denk' ich nicht mehr."

Aha! ich verstehe — antwortete die Tochter — jetzt schätzen Sie ihn.*)

*) Eine Anspielung auf eine bekannte französische Er-

Dem. Arnoux konnte diesen Stich nicht verschmerzen. Als sie einige Tage darauf gefragt wurde: ob es wahr sei, daß Mad. Murville sich einem Engländer ergeben habe; sagte sie: „das glaube „ich nicht, denn ich habe nie gehört, daß es Englän„der waren, die das goldene Fließ eroberten." Eine Anspielung auf die frappante Blondheit ihrer Tochter.

___

Theodore, die aufgeweckte französische Operntänzerin, liebte einen Marki mit romantischer Innigkeit, so lange, bis sie einen Chevalier lieber sah. Aber ihr Herz sehnte sich bald nach dem ersten Liebhaber zurück. Sie entließ den Ritter, und schrieb an den Marki:

„Ich, Deine Ungetreue, (wenn ich das war) „schreibe Dir. Hast Du nicht bemerkt, daß der „Chevalier Dir ganz ähnlich ist? Die nämlichen „Augen, das nämliche Lächeln, aber Dein Herz fehlt „ihm. Das wußte ich nicht. Du warst es, den „ich in ihm verehrte: ich liebte ihn, um zwiefach

___

zählung, worin eine Tochter ihre Mutter über einen jungen Herrn, sehr naiv fragt: Combien de fois Vous a-t-il estimée? Die Mutter hatte ihr nämlich gesagt, der junge Herr denke nicht an Liebe, sondern estimire sie bloß.

„Dich zu lieben. Dich allein will ich nun ewig
„lieben. Willst Du mich wieder sehn? Habe ich
„eine Nebenbuhlerin? — Keine Antwort? — Du
„kommst zum Souper, oder ich hasse Dich auf ewig.
„Du weißt, daß ich Wort halte." Der Marki
kam.

————

Eine reisende Schauspielergesellschaft führte Agnes
Bernauerin auf. Herzog Ernst ließ sich einfallen, am Schluß die Worte: „Was ist dann
mein Trost?" statt Albrechts zu sagen. Der Direktor, der den Albrecht spielte, gab ihm schnell und
laut zur Antwort: daß Du morgen abge-
dankt bist! und dabei blieb's auch.

————

P...., ein italienischer Sänger debütirte in der
Oper König Theodor, als Gaforio. Er sang und
spielte schlecht, und ward gleich bei der ersten Arie
ausgepfiffen. In der Garderobe beklagte er sich
darüber gegen die Mitspielenden, verwünschte sein
böses Schicksal, und äußerte, das Schlimmste bei der
Sache sei, daß er Einen Feind habe, der ihn mit
Gewalt stürzen wolle. Man fragte ihn, wer das
sei; man drang in ihn. „Ach, sagte er endlich, es

„ist eben der, der mir von Ort zu Ort nachreist, um
„mich. überall auszupfeifen."

Ein bekannter Schauspieler machte den Zepor
im Renegaten. Als er sich am Ende todtstechen
sollte, merkte er, daß er den Dolch in der Hitze des
Affekts verworfen hatte. Er entschloß sich kurz: er
ergrif den Fiedelbogen, den ein Musikus des Orche-
sters auf den Suffliörkasten gelegt hatte, und nahm
sich ohne Umstände mit diesem Instrumente das
Leben.

Im Jahr 1788 gab die D....sche Gesellschaft
in D..... Hamlet. Bekanntlich sagt Lucio in dem
Zwischenspiele, als er den Herzog vergiften will:
„Komm, du fatale Mixtur, aus mitternächtlichen
„Kräutern gezogen, und mache einem mir verhaßten
„Leben ein schleuniges Ende." Diese Worte ver-
besserte der Schauspieler, der den Lucio machte, so:
„Komm, du fitale Marxur, aus niederträchtigen
„Kräutern gezogen, und gieb mir ein seeliges Ende."

Die Dietrichsche Gesellschaft wollte einst in Nim-
wegen die schöne Arsene geben. Madam R... bekam die Rolle der Fee. Da die Zettel in holländi-

scher Sprache gedruckt wurden; so stieß der Setzer bei dem Worte: „Fee" an. Er hielt es für nicht gut holländisch, sondern für einen klevischen Provinzialismus, und verbesserte also „een Beest." Auf allen Zetteln stand daher Een Beest — — — —
Madam R.

Noch ein Paar Engagementsbriefe.

I.

Cöllen: d. 14ten january 1794.

Hochwohlgebohrne madame.

Sie werden Verzeihen daß ich Ihnen gantz unbekannter? so frey Bin und schreibe an sie,

Die ursache Meines schreibens ist Dieße ' Ich hörte Neulich von herrn J*** Daß sie Leutte zu wenig unter ihrer gesellschaft hätten, ich wolte mich also bey ihnen erkundigen, ob sie mich', und ein frauenzimmer bey ihrer Gesellschaft wolten Aufnehmen, wir haben Beyde lust zur schauspieler gesellschaft.

Ich will also Der madame Directrice einige örter Nennen, wo wir Beyde uns wohl für im stande finden,

Die jndinjaner in England,

Da will ich den vacier, und sie die thurle in Machen,

Daß Kind der liebe?

Da will sie die amalia, und ich den fritz Refeld in Machen.

Die argadne auf Naxos,

Da will sie die argadne und ich den theseus in Machen,

Wen wir also der Madame Directrice Dienen können, so haben sie Nur die Güthe und schreiben uns so balth es ihnen möchlich ist, bin in erwartung einer baldigen antworth, madame.

Dero Ergebenster Diener
p. B.

Die adres machen sie an der Mademoiselle ihr Hauß,

à Mademoiselle: Sibilla *** etc.

2.

Herr Schmieder in Düsseldorf an Hrn. Kniep in Koblenz.

Servus! Herr Director,
Regisseur, Inspector!

IV. Miszellaneen.

oder was er ist.

Hat da in der Zeitung
geben eine Deutung
Jedem, dem's gefällt,
sich zu engagiren,
soll sich addressiren
gradezu an Kurz;
reißt ihn nun der Bettel
(ich meine meinen Zettel),
an, so ist mirs lieb.

Bey uns ließ sich reißen
Satan unterm Weizen
Unkraut auszusä'n,
und Thaliens Priester
packen die Tornister,
müssen weiter gehn.
Unter diesen Sündern
bin, mit Frau und Kindern,
ich zum Unglück auch.
Fehlts an meiner Sorte,
steh ich zu Gebote
ganz mit Kopf und Bauch.
Die Woche zwanzig Gulden,
wenn ich frey von Schulden,
seyn soll, giebt er mir.

Kann er die nicht missen,
Thu' er mir's zu wissen,
Alsdann bleib ich hier.
Vier Kar'lin zur Reise
ist nach alter Weise
billig und gerecht.
Ist ihm das nun sinnig,
gut, mein Herr, so bin ich.
sein ergebner Knecht

Schmieder
Schauspieler der Koberweinschen Gesellschaft.

———

Ein Schauspieler, der aus Schlesien nach Sachsen reiste, traf auf einem Postwagen unter andern mit einem Bürger zusammen, der sich lebhaft mit ihm unterhielt. Um aber doch zu wissen, mit wem er eigentlich zu thun habe; fragte der Bürger: Um Vergebung, mit wem habe ich denn die Ehre zu sprechen? — Ich bin ein Aktör. — Aha! — Bei uns zu Lande nennt man das einen Aktuar.

———

„Ich bin in großer Verlegenheit!" — sagte ein Schauspiel=Direktor, als es einmal nicht recht ging, wie es gehen sollte. — „Das ist kein Wunder, sagte ein Anderer; Sie haben ja lauter verlegene Waare auf Ihrem Lager."

Bei einer Vorstellung des Landmädchens von Wicherley versäumte der Schauspieler, der die Rolle des Bedienten spielte, seinen Auftritt, und kam so spät, daß Herr Muth (der Direkter) lange extemporiren mußte. Als er endlich kam, empfing ihn der Direktor, wie billig, mit einer derben Ohrfeige. In der Garderobe fragte der Bediente seine Mitschauspieler kaltblütig, ob diese Ohrfeige vom Autor vorgeschrieben sei. — Sie bejahten es. — Ei, sagte er, hätte ich das gewußt; so hätte ich wenigstens die Hand vors Gesicht gehalten. In meinem Leben hab ich keine derbere Maulschelle bekommen, und doch soll's ein bloßes Theaterspiel seyn.

Ein Fürst wohnte der Vorstellung Doktor Faust bei. Der Lustigmacher, der Fausts Bedienten spielte, hatte immer: Berleki, Berloko zu rufen, um dem Teufel zu entgehn. Auf einmal vergaß er das letzte Wort. — Der Fürst flüstert' es ihm aus der Loge zu. Ich danke unterthänigst, Ihro Durchlaucht, sagte der Lustigmacher, daß mich, durch Höchstdero Hülfe, der Teufel nicht geholt hat.

Schö-

Schönes Beispiel.

In Minna von Barnhelm sagte einst der Schauspieler, der den Wirth machte, als Franziska ihn fragte: Was haben wir zu essen? — „Ich „habe geschnittene Nudeln und Sauer„kraut." Ein lauter Pfiff geschah im Parterr, und im Augenblick war Seipp (der Direktor) auf der Bühne. Wissen Sie, wer gepfiffen hat? — Ich! ich! — Wenn Sie nicht mehr Ehrfurcht vor Lessings Werken haben; so will ich Sie's mit Beschämung lehren!

———

Die Entführung wurde einstudiert. Bei der Probe vermißte der alte Sachau seinen Bedienten, grade als er zu sagen hatte: „Wo wird denn der Esel den Schlüssel hingesteckt haben?" und fragte in der Geschwindigkeit: „Wer ist denn der Esel?" — Plötzlich erschien der Bediente, mit der Antwort: „Ich bins!"

———

In einem Ritterstücke hatte ein Schauspieler zu sagen: Kennst Du denn Deinen alten Feldherrn nicht mehr? Der Sufflör las aus Versehn Feldwebel, und der Schauspieler deklamirte ganz pathetisch: Kennst Du denn Deinen alten Feldwebel nicht mehr?

————

Bei der ehemaligen F**schen Gesellschaft wurde in B—— Romeo und Julie aufgeführt. Der Requisiter hatte unter andern auch von einer Bürgersfrau eine Laterne geborgt. Beim Uebersteigen der Kirchhofmauer verlor Pietro das Gleichgewicht; er fiel, und die Laterne brach in Stücken. Sogleich drängte sich die Bürgersfrau, die an diesem Abend freien Eintritt hatte, wie eine Furie vom letzten Platze hervor, und gerade aufs Theater. — Ihr lüderliches Pack! schrie sie, wer bezahlt mir nun meine Laterne? — Das Publikum wollte vor Lachen bersten; Pietro stand dumm da; und Madam F** brachte mit vieler Mühe die Frau zum Schweigen.

————

Zwei Komödienzettel zur Kurzweil.

a)
Großes bürgerliches Trauerspiel.

Mit gnädigster Erlaubniß wird heute Sonntags den 4ten Octobr. 1789 von der W*** Gesellschaft deutscher Schauspieler ein vortrefliches, hier und aller Orten sehr berühmtes, von dem berühmten Herrn

Schüller neu bearbeitetes, mit Verzierungen und
schönen Abwechselungen versehenes großes bürgerliches Trauerspiel in 5 Aufzügen auf vieles Nachfra-
gen aufgeführt werden, genannt:

Der Fall des Moorischen Hauses
oder
die Räuber.

Nach dem Personalstand
NB.

Alles, was in einem Trauerspiele Vergnügen,
Mitleid, Bewunderung erregen kann, was man
großes, schönes und moralisches in vielen Stücken
einzeln findet, ist in dem heutigen allein enthalten;
das Laster nimmt den Ausgang, der seiner würdig
ist, der Verirrte tritt in das Geleiß der Gesetze und
die Tugend geht siegend davon: es treten dabei
über 60 Personen auf, die vielen Hunde, die
aber an Stricken gebunden und geführet werden, die
lebendigen Pferde, worauf die Räuber geritten
kommen; wo sie ihre Kammeraden von dem
Galgen befreyt, der Räuberberg, die Räu-
berhöhle, das in Brand gesteckte Schloß, und
andre Verzierungen des Theaters, werden heute ein

G 2

herrliches Trauerspiel vor Aug, Herz und dem Geist,
vorstellen.

———

b)

Neues Lustspiel, Beleuchtung, lebendiges
Schaaf und Geld Preis gegeben.

Heute Montags den 26. Julius 1790, wird im
landschaftlichen Schauspielhause von der W... Gesellschaft unter Beleuchtung des Schauplatzes, ein
ganz neues, aller Orten sehr berühmtes, mit Beifall
dargestelltes, sehr unterhaltendes von den vortreflichen Herrn von Kotzebue Verfasser von Menschenhaß und Reue verfertigtes Lustspiel in 3 Aufzügen,
zum erstenmal aufgeführt werden:

Die Indianer in England.

———

Nach dem Personalstand noch:
NB.

Heute wird zu Ehren aller Nannerl (Anna
stand heute im Kalender), wie sonst gewöhnlich, ein lebendiges Schaaf mit einem
großen Stück Geld, Preiß gegeben, jede ein-
tretende Person erhält unentgeldlich eine Nummer,
wer mehrere verlangt, zahlt für jedes Extra 7 Kr.,

nach dem Ende des Lustspiels geschieht die Ziehung und wer die Nummer hat, erhält den Preiß.

Bei Vorstellung von Menschenhaß und Reue zu L..., sprach man in einer Loge über den Ausgang des Stücks. „Mir ist gar nicht bange, sagte eine Dame, sie versöhnen sich gewiß, denn es hat es ja ein Mann geschrieben.

Ein Schauspieler von geringen Kenntnissen und großem Dünkel, debütirte im Barbier von Sevilla als Doktor Bartholo, und bat bei der Probe den Schauspieler, der den Figaro spielte, statt des Ausdrucks: „Setzen Sie sich an meine Stelle," zu sagen: „Setzen Sie sich in meine Haut," indem er ein Bonmot anbringen wolle. Figaro, um nicht der Schikane beschuldigt zu werden, bequemte sich, diese Undeutschheit zu sagen, und der Doktor erwiederte: In Seine Haut? Da hätt' ich ja eine Eselshaut. — Wie? das wissen Sie noch nicht? fiel ihm Figaro schnell ins Wort; sie kleidet Sie allerliebst. Das Gelächter war nicht auf des Doktors Seite.

Zu L. wurde Fiesko aufgeführt. Bei der

Stelle, wo Fiesko dem Mohren einen so sonderbaren
Galgen verspricht, stand ein Landfräulein hastig auf,
und wollte fort.   Man fragte nach der Ursache.
„Ach! versetzte sie, ich kenne den Fiesko; er
hält Wort, und ich kann nicht hängen
sehn."

———

Als dagegen zu Hof die Meddoxische Gesellschaft
die Räuber gab, kam eine Frau vor die Thür,
und verlangte, zuzusehen — nur bis der Räuber gehangen sei; alsdann wolle sie gleich wieder nach Hause gehn. S. Uebersicht der Stadt
und Landhauptmannschaft Hof, 1787. II.
Abth. S. 42.

———

Bei der Stelle in den Indianern in England, wo gesagt wird, Kaberdar habe eine besondere Ehrfurcht vor den Ochsen, rümpfte eine Dame die Nase, und tadelte Kaberdars Geschmack.
„Hm! sagte eine Nachbarin, wenn der Herr
nun Passion dafür hat!"

———

Mad. * *, die Frau eines Direktors, wurde von
einem Durchreisenden gefragt: ob sie nicht auch mit-
spiele? — Sie wollte recht witzig antworten, und

sagte: „Ach nein! ich spiele bloß hinter den Kulissen."

Eine Gesellschaft gab das Stück Haß und Liebe. Die Rolle des Fähnrichs Dollstein fiel wegen Mangel an Personen auf den Sufflör, eine große, hagere, unbehülfliche Figur, die noch dazu in dem erbärmlichsten Anzuge herstolperte. Nach Endigung des Stücks, sagte ein witziger Kopf: Ein vortrefliches Stück! vorzüglich gut wars, daß der Oberst den Fähnrich gleich Anfangs arretiren ließ; sonst hätten wir ihn arretiren lassen.

„Sie spielt unerträglich steif!" sagte Jemand von einer Aktrice. — „Ach! lispelte ihm ein Anderer ganz vertraut zu: — das ist lauter Verstellung; sie will's nicht so öffentlich wissen lassen, wie gelenk sie eigentlich ist."

Noch ein Komödienzettel.

„Mit hoher Erlaubniß wird heute Sontag den 24sten Nov. die anwesende Schauspielergesellschaft unter der Anführung des Hr. Franz D — — auf zu Klasy, zwischen den Peterwardeiner und Siebenbürger Thor vor der Stadt öffentlich produzirt werden. — Das so sehr berühmte und bekannte, auch aller Orten mit ungemeinen Beifall oft begehrte, und wiederholte, mit gutem Erfolge gespielte große militairische Schauspiel in 5 Abtheilungen, betittelt, Graf von Waltron, oder: er hat Pardon. — Vorkommende Vorfälle. — 1ſtens wird ein ganzes Lager zu ſehen ſeyn. 2tens preſentirt ſich das marketender Zelt, wo eine Unterredung von die Offiziers vor ſich geht. 3tens wird die Marketänderin rechtſchaffen heruntergeputzt. 4tens ſagt Graf von Waltron viele ſchöne Sachen. 5ten ſieht man öffentlich den Graf von Waltron und den Obriſten rauffen, worüber er eingeführt wird. 6tens kömmt die Gräfin Waltron gefahren. 7tens reitet der Lieutenant Wille ins Hauptquartier. 8tens faßt der Lieutenant Kronenburg eine ſchnelle Reſolution. 9tens wird durch 80 Mann *) ein Standrecht gehalten. 10tens folgt die Erekution. 11tens kömmt der Kronprinz, und bringt Pardon nebſt einen ganzen Pack Belohnungen vor den Waltron. 12tens folgt zum Vergnügen und Satisfaktion aller Zuſchauer das Ende.

---

*) Gegen alle militäriſche Regel.

Bei der F — fchen Gefellfchaft fpielte einmal ein gewiffer Hr. A — n den Oldenholm im Hamlet, und zwar, durchaus erbärmlich. Als ihn Hamlet endlich, zum Vergnügen aller Zufchauer, erftochen hatte, und nun forttrug; drohte der Hut den Kopf des Herrn Kämmerers in effigie zu verlaffen. Was that der todte Oldenholm? Er grif eilends nach dem Hute, drückte ihn feft auf, und blieb fich fo im Tode noch gleich.

Zu K. — in Ungarn wurde Medea aufgeführt. Als der Wolkenwagen herunter kam, trat ein Zimmermann aus der Kuliffe, um der Medea herauszuhelfen. Die Aktrice war beftürzt, und winkte ihm, zurückzugehn. Er ließ fich aber nicht ftören, fondern fagte: — Ei, bewahre, Sie könnten fich Schaden thun; faßte fie um den Leib, hob fie, noch ehe die Wolke am Boden war, heraus; und ging dann langfam wieder in die Szene, mit der Bitte, ihm nur zu winken, wenn fie wieder einfteigen wolle.

La Fontaine, Boileau, Moliere, und einige andre fchöne Geifter, fprachen eines Tags über das bei Seite Reden auf dem Theater. Einige verthei-

digten es; La Fontaine aber schalt es unnatürlich
und abgeschmackt; weil man das bei Seite Gespro-
chene ja sogar im Parterr, geschweige auf der Bühne, verstehen könne.   Während er sehr hitzig stritt,
sagte Boileau, der neben ihm stand, beständig überlaut: der abgeschmackte La Fontaine! der Einfaltspinsel! der Narr! u. s. w.   Alles fing an zu lachen,
und La Fontaine fragte nach der Ursache.   „Sie predigen, sagte Boileau, wider das bei Seite Reden,
und ich belege Sie doch schon seit einer vollen Stunde mit allen möglichen Schimpfnamen, ohne daß Sie
ein Wort davon wissen.‟

* * *

Voltaire’s Nanine erhielt zu Paris sehr
großen Beifall.   Ein Mann von Stande, der eine
ansehnliche Stelle bekleidete, ward so sehr davon gerührt, daß er bei seiner Nachhausekunft dem Thür-
steher befahl, künftig Niemanden abzuweisen, und
wenn es der zerlumpteste Bettler wäre.   Der Thür-
steher erstaunte über diese Herablassung.   „Wenn ich
nicht, sagte er zum Kammerdiener, Mamf. ! D...
bei dem Herrn im Wagen gesehn hätte; so wollte ich
schwören, daß er aus der Beichte käme.‟

* * *

Ein deutscher Schauspieler, der in einer Tragödie

einen Todten auf dem Paradebette vorstellte, befand
sich in dieser Lage, unglücklicher Weise unter einem
Kronleuchter mit Wachslichtern, von deren einem
das siedende Wachs ihm grade ins Gesicht tröpfelte.
Er hielt diese Pein einige Minuten lang standhaft aus,
dann suchte er sich durch allerlei wunderliche Gebärden
zu helfen, und zuletzt fing er an, die umstehenden
Schauspieler, erst leise, dann sehr laut und nach-
drücklich, um Beistand anzuflehn. Keiner that, als
ob er höre. Der Todte entschloß sich also kurz: er
stieg in die Höhe, putzte das Wachslicht aus, und
legte sich dann wieder hin, zum großen Vergnügen
aller Zuschauer über diese Auferstehung.

***

Bei der ersten Vorstellung von Poinsinet's
Tom Jones zu Paris, befanden sich im Parterr
zwei Personen, wovon die Eine von Zeit zu Zeit die
Andre fragte: Soll ich schneiden? Soll ich
schneiden? Die Umstehenden, die dies so oft wiederholen hörten, argwohnten eine Beutelschneiderei,
und meldeten es endlich der Wache, welche die Personen festnahm, und ins Gefängniß führen wollte.
„Ei! rief der Eine, wir sind ehrliche Leute. Ich bin
Schneidermeister, und der ist — mein Geselle. Herr
Poinsinet, dessen Schneider ich bin, hat mir gesagt,

ich soll ihm ein Kleid machen, worin er vor dem Publikum erscheinen kann, wenn man ihn, wie er hofft,
bei der zweiten Vorstellung heraus ruft. Ich verstehe mich nun nicht auf den Werth theatralischer
Arbeiten: also habe ich meinen Gesellen mitgenommen, der ein gar gescheidter Kopf ist, und frage ihn
von Zeit zu Zeit, ob er mir räth, das Kleid zuzu-
schneiden, weil ichs von der Einnahme des Stücks
bezahlt kriege." Poinsinet selbst erzählte diese Anekdote sehr oft.

———

Voltaire fand, nach der ersten Aufführung der
Zayre, verschiedene Erinnerungen der Zuschauer so
gegründet, daß er darauf dachte, sie zu nutzen. Man
weiß aber, wie ungern die Schauspieler Veränderungen einstudieren, und wie schwer es ihnen wird.
Düfresne weigerte sich am meisten. Täglich fand
sich der Dichter bei ihm ein, und bat ihn, seine Verbesserungen anzunehmen. Umsonst! Düfresne nahm
ihn endlich gar nicht mehr an, sondern ließ sich verleug-
nen. Voltaire steckte seine Verbesserungen durch die
Thürritzen; Düfresne ließ sie stecken, und las sie nicht.
Endlich fiel der Dichter auf eine List. Er wußte,
daß Düfresne einen Schmaus geben würde, und
schickte ihm an dem Tage eine große Rebhünerpastete.

Der Bote durfte nicht sagen, von wem sie kam. Düfresne nahm sie dankbarlich an, und versparte es auf eine andere Zeit, seinen unbekannten Gönner ausfindig zu machen. Man schnit die Pastete auf, unter dem fröhlichen Jauchzen aller Gäste: aber welch Erstaunen bemächtigte sich ihrer, als sie zwölf Rebhüner darin erblickten, deren Jedes verschiedne Zettel mit Veränderungen in Düfresnes Rolle, im Schnabel hielt. Es war nun nicht schwer, den sinnreichen Sender des Geschenks zu errathen, und das Publikum fand bei der zweiten Vorstellung der Zayre seine Bemerkungen genutzt, ohne zu ahnden, daß die Vollkommenheit den Stücks die Wirkung einer Rebhünerpastete sei.

———

In Gotha spielte einst Großmann den Juden Pinkus in den abgedankten Offizieren mit großem Beifall. Als das Stück aus war, fragte Jemand einen Juden, wie es ihm gefallen habe? „Gar schün, antwortete der Hebräer, nur den Wechsel hätt' er nit raußergäbe sulle, dann das thut kein Jüd!"

———

Ein junger dramatischer Schriftsteller bot Garrick ein Trauerspiel in fünf Akten an. „Mein Werk,

sagte der bescheidene Autor, ist ein Meisterstück, vollkommen im Geschmack meiner Nazion.   Es ist so
tragisch, daß am Schlusse des dritten Akts keiner von
meinen Helden mehr lebt. — „Und wer spielt denn
in den beiden letzten Akten?" — Die Geister der
Getödteten.

Der berühmte Graf Grammont, brachte Moliere auf die Ioee von seiner erzwungnen Heirath. Während seines Aufenthalts am englischen
Hofe verliebte er sich in Miß Hamilton. Sie liebte
ihn gleichfalls. Ihr Verständniß machte viel Gerede;
allein — Grammont reiste endlich bei Nacht und Ne-
bel davon, ohne sie zu heirathen. Die beiden Brüder
der der Miß Hamilton setzten ihm nach, um Kugeln
mit ihm zu wechseln. Bei Dover holten sie ihn ein,
und riefen ihm schon von weitem zu: „Graf von Grammont! Graf von Grammont! haben Sie nichts in
Londen vergessen?" — „Verzeihen Sie mir, antwortete Grammont, der ihre Absicht errieth, ich vergaß,
Ihre Schwester zu heirathen. Aber ich kehre mit
Ihnen um, mein Versehn wieder gut zu machen.

Als Dancourt zu Paris ein Stück ankündig-
te, verlangte das Parterr statt dessen Corneille's

Ariadne. Ariadne war der Triumf der Mamsell Duclos; aber unglücklicher Weise befand sich diese in gewissen Umständen, in welche sie ohne Hymens Ver= schulden gerathen war. Es kam darauf an, dies dem Publikum bekannt zu machen, ohne den Anstand und die Delikatesse der Schauspielerin zu beleidigen, die, wie Dancourt wohl wußte, in der Nähe war. Als sich das Rufen etwas gelegt hatte, trat Dancourt näher, schützte eine Unpäßlichkeit der Mamsell vor, und bezeichnete mit einer geschickten Gebärde den Sitz der Krankheit. In dem Augenblicke schoß Mamsell Duclos, die ihn beobachtete, aus dem Flügel hervor; gab ihm eine derbe Ohrfeige; wandte sich dann mit eben der Hitze an das Parterr, und sagte: „Mor= gen Ariadne!"

Als Eckhof einsmals zu Lüneburg im Wuche= rer ein Edelmann den Bauer spielte, fragte ein Bauer überrascht und treuherzig seinen Nachbar: „Wu in aller Welt hebben doch de Lüde den Buren hernahmen?"

Vor diesem hatte man auf der Londner Bühne, wie auf so vielen andern, keine Frauenzimmer. Als Karl II. einst ungeduldig wurde, daß das Schauspiel

nicht anfing, entschuldigte sich der Direktor damit:
daß die Königin noch nicht rasirt sei.

Ein deutscher Schauspieler, der von einer Truppe
zur andern zog, hatte es sich in den Kopf gesetzt,
überall mit Orosman in der Zayre (einer Rolle,
die er am schlechtesten machte,) zu debütiren. In
Magdeburg spielte er ihn einst, und ward ausgepocht.
Als er in die Kulisse zurück kam, sagte er zu einem
Bekannten: Das hiesige Publikum hat
mehr Geschmack, als das Hamburgische.
— „Wie so? fragte Jener.“ — Dieses pocht
nur; Jenes pfiff, antwortete der * * *.

Bond, ein vornehmer Engländer, war von
den Schönheiten des Voltairischen Trauerspiels,
Zayre, aufs empfindlichste gerührt. Er ließ es von
einem berühmten englischen Dichter in seine Sprache
übersetzen, und als Kabale die öffentliche Vorstellung
verhinderte, miethete er den großen Saal York
Buddings, um es daselbst mit einigen Freunden
aufzuführen. Die Versammlung war äußerst zahl-
reich und glänzend; Bond selbst, ein Mann von
60 Jahren, spielte den Lusignan, und alle Herzen
wurden, bei dem bloßen Anblicke des ehrwürdigen

Grei-

Greiſes, bewegt. Doch er ſelbſt war es mehr als jeder Andere. Er überließ ſich der Stärke ſeiner Einbildungskraft und der Heftigkeit ſeiner Empfindungen ſo ſehr, daß er endlich erlag: in dem Augenblicke, wo Luſignau ſeine Tochter erkennet, ſtürzte er ohne Gefühl zurück. Jedermann hielt dies für ein Theaterſpiel, und bewunderte die Natur der Darſtellung. Allein da er nicht wieder aufſtand; ſo erinnerten ihn einige Mitſpieler, ein Ende zu machen. Der ohnmächtige Greis ſchlug einen Augenblick die Augen auf, ſchloß ſie wieder, fiel von ſeinem Lehnſtuhle ſprachlos herab, ſtreckte die Arme aus, und war nicht mehr.

Bei einer Vorſtellung des Mannes nach der Uhr, glitt dem Magiſter, in dem eifrigſten Geſpräche mit Orbil, der Degen aus der Scheide. Da der Magiſter es nicht merkte, ſo unterbrach ihn Eckhof, der den Orbil machte, ſchnell mit den Worten: Ei, Herr Magiſter, ein ordentlicher Mann ſteckt auch ſeinen Degen feſt! und zugleich befeſtigte er den Degen.

Ein ſchöner Geiſt in Paris glaubte, der kürzeſte Weg, berühmt zu werden, ſei die Satire. Kein

Mensch war vor seinen Hieben sicher, und besonders mißhandelte er die Schauspielerinnen des komischen Singspiels. Diese dachten auf Rache, und Eine darunter übernahm sie. Sie setzte sich einst im Schauspiele neben unsern aufgeblasenen schönen Geist, und überhäufte ihn mit Höflichkeiten. „Sie haben mich nicht geschont, sagte sie, aber ich bin eine gute Prinzessin; ich verstehe Spaß, und wenn er nur richtig ist, so lache ich selbst mit. Es fehlen mir noch einige Strofen von Ihrem letzten Liede. Wären Sie wohl so gütig, und kämen mit in meine Loge, um sie mir abzuschreiben? Ich möchte gern selbst meine Kameraden damit plagen.” Als das Stück aus war, folgte ihr der entzückte Dichter. Allein kaum trat er in die Loge, als alle Aktriecen, mit großen Ruthen, über ihn herfielen, und ihn jämmerlich zerpeitschten. Er schrie erbärmlich; der wachthabende Offizier kam herbei, allein es währte lange, eh' er vor Lachen der Züchtigung Einhalt thun konnte. Kaum sah sich der Poet in Freiheit, als er durch das versammelte Volk, so wie er war, blutig und zerfetzt, und von allen Jungen verfolgt, davon sprang. Drei Tage darauf ging er nach den Kolonieen ab, und ließ nie wieder etwas von sich hören.

———

Pradon, den Boileau's Spöttereien ver=
ewigt haben, verfertigte ein neues Schauspiel, von
dem er sich viel Gutes versprach. Um sein Stück
unpartheisch beurtheilen zu hören, drängte er sich, am
Tage der Aufführung, in einen Mantel verhüllt, un=
ter den dicksten Haufen des Parterrs. Ein Freund
war bei ihm. Schon beim ersten Akt ward gepfiffen.
Pradon, überrascht, wollte Lerm machen; allein
sein Freund rieth ihm, still zu seyn, und lieber selbst
mit zu pfeifen. Pradon fand den Rath gescheidt,
und pfif trotz Einem. Aber kaum hatte er angefan=
gen, als ein Musketär ihn hart anstieß, und zornig
fragte: „Was pfeifen Sie, Herr? das Stück ist
„schön; der Verfasser ist ein guter Kopf, und bei Hofe
„in Ansehn." Pradon ward hitzig, stieß den
Musketär zurück, und schwur, er werde bis ans Ende
fortpfeifen. Der Musketär riß ihm Hut und Perücke
ab, und warf sie aufs Theater. Pradon erwiederte
dies mit einer Ohrfeige. Nun zog der Musketär,
gab ihm ein Paar Querhiebe ins Gesicht, und wür=
de ihn umgebracht haben, wenn Pradon nicht da=
von gelaufen wäre. So kam er, ausgepfiffen, ohne
Hut und Perücke, und seines eigenen Besten wegen
verwundet, zu Hause an.

Reibhand, der Schandfleck der deutschen Büh, ne, spielte einst den Orosman. Als er sich erstochen hatte, rief ein lustiger Kopf: Ancora! und Pinsel Reibhand stand rüstig auf, und erstach sich noch einmal.

* * *

Als Ines de Castro zum ersten Mal in Paris aufgeführt wurde, spottete das Parterr bei der Kinderszene. Mamsell Dúclos (Ines) hielt inne, und rief im Gefühl ihrer Kunst, und durchdrungen von der Schönheit der Szene: So lache denn, einfältiges Parterr, bei der schönsten Stelle! Hierauf fuhr sie fort, die Kinder wurden beklatscht, und das Stück fiel sehr gut aus.

* * *

Ein deutscher Schauspieler machte einst in Hamburg den Zamor, als Gastrolle. Vor der Aufführung ermahnte er die Statisten, die ihn in einem Auftritte von der Bühne wegbringen müssen, ja wohl zuzureißen, weil er sich tüchtig sträuben würde. Ein Paar lustige Köpfe hörten dies, und als der Schauspieler fort war, traten sie zu den Statisten, wiederholten die Ermahnung des Schauspielers, und setzten hinzu: er sei ein wilder tückischer Mann; wenn sie sich nicht vorsähen: so könnten sie leicht übel wegkommen. Die

Statisten, Soldaten von der Garnison, merkten sich den Wink, und als die Stelle kam, packten sie den Schauspieler so handfest, daß er kein Glied regen konnte, und, troß allem Schreien und Betheuern, daß seine Rolle noch nicht zu Ende sei, wie der Wind in der Kulisse war.

———

Gautier.de Bomault, französischer Gesandter in Spanien, wohnte einer Vorstellung der Schlacht von Pavia bei. Als der spanische Schauspieler denjenigen, der Franz I. machte, zu Boden warf, und ihn nöthigte, demüthig um sein Leben zu bitten, sprang Gautier auf das Theater, und stieß ihm den Degen durch den Leib.

———

Einst, als Mamsell Dümenil, im fünften Akt der Rodogüne, nach den schrecklichsten Verwünschungen ihres Schicksals und ihrer selbst, in die Worte ausbrach:
Je maudirais les dieux, s'ils me rendaient le jour!
bekam sie von einem alten Offizier, der hinter ihr auf dem Theater stand, einen derben Faustschlag, wobei er rief: Geh zu allen Teufeln, Bestie!. Man kann leicht denken, daß dies Intermezzo sowohl das Schauspiel, als die Aktrice störte. Als

das Stück aus war, bedankte sich Mamsell Dü me-
nil bei dem Kriegsmann aufs verbindlichste für den
Faustschlag, als für das größte Lob, das sie je in dieser Rolle erworben habe.

Fast ein Gleiches erfuhr einmal Brückner als
Marinelli.

Eine bejahrte Dame, die auf ihren Gütern lebte,
hatte einen Sohn, der äußerst lüderlich, und dem
Spiele ergeben war. Sie verbot ihm endlich ihr
Haus, und er wurde Schauspieler. Zufälligerweise
spielte einst seine Gesellschaft den Winter über in einer Stadt, die dem Schlosse der Dame ganz nahe
lag. Man erkannte gar bald ihren Sohn, und gab
der Mutter Nachricht. Erwachende mütterliche Liebe, und die Neugier, zum erstenmal in ihrem Leben
ein Schauspiel zu sehn, bewogen sie, inkognito nach
der Stadt zu fahren, und eine Loge in dem Schauspielhause zu miethen. Sie ging mit Einigen ihrer
Bekannten hinein. Man spielte gerade den englischen Spieler, und ihr Sohn war Beverley. Die genaue Uebereinstimmung zwischen seiner
Rolle, und seiner ehemaligen Lebensart, machte auf
die Mutter den stärksten Eindruck. Bei jeder frap-
panten Stelle murmelte sie: — Er ists, wie er

leibt und lebt! — der Bettler! — der
Nichtswürdige! — Er hat sich nicht ein
bischen gebessert! — Je näher das Stück der
Entwickelung kam, je größer ward ihr Antheil. Im
fünften Akt, als Beverley die Hand ausstreckte,
sein Kind zu tödten, wirkte die Natur so heftig auf
sie, daß sie ihm mit fürchterlicher Stimme zurief:
Halt ein, Unglücklicher! halt ein! ermor-
de nicht Dein Kind! ich will es zu mir
nehmen!

———

Madame Vanhove debütirte im August 1780
zu Paris als Phädra. Sie hatte eine mächtige Kabale wider sich, und der Tumult war schrecklich.
In der sechsten Szene des vierten Akts, bei den
Worten:

> Pardonne! un Dieu cruel a perdu ta famille:
> Reconnais sa vengeance aux fureurs de sa fille!

wagte sie es, den letzten Vers so umzuändern:

> Reconnais sa vengeance *aux fureurs du parterre*!

Diese Kühnheit wurde besser aufgenommen, als sie
vermuthen konnte. Ein starkes Händeklatschen de-
müthigte ihre Verfolger, und billigte ihre Empfindlichkeit.

———

: Volange, der, als Jeannot, in der berühmten Posse vergötterte Volange, die delice aller soupers und diners in Paris, wurde einst von einem vornehmen Herrn zum Abendessen gebeten. Meine Damen, sagte der Wirth, als er eintrat, hier ist Jeannot, den ich die Ehre habe, Ihnen vorzustellen! — Herr Marki! unterbrach Volange ihn stolz, als ich noch *aux boulevards* spielte, war ich Jeannot; jetzt bin ich Herr Volange! — Gut, antwortete der Marki, aber wir haben Jeannot haben wollen: vor die Thüre mit dem Herrn Volange! — —

Dieser Volange hatte seine theatralische Laufbahn in Westindien angetreten. Als er zu St. Domingo, auf dem Kap spielte, ward er ausgepfiffen. Voll Aerger nahm er einen Plaster, warf ihn ins Parterr, und fragte seine Kritiker; wer von ihnen das Silberstück ihm zubringen wolle. Das hätte ihm sehr übel bekommen können. Man mußte ihn eilig nach Europa einschiffen, um ihn der Wuth des Publikums zu entziehn.

———

Zu B — — n wurde die große Batterie abgekündigt, unter dem Titel: „Der grausame Herr

„Fähnrich), oder die große Batterie von 100 Kano-
„nen.” Tags darauf schickte eine bejahrte Dame zu
dem Direktor, und ließ sich erkundigen: ob die Kanonen alle abgefeuert würden, und ob
auch nicht Feuersgefahr zu besorgen sei?

Vom Hanswurst Stanitzky *) mochte vermuthlich das Stück seyn, das Lady Montague 1716
in Wien sah, und also beschreibt:

„Es sollte Amphitruo's Geschichte vorstellen. Es
fing damit an, daß der verliebte Jupiter aus einem
Guckloche in den Wolken herabfiel, und endigte
mit Herkule's Geburt. Das Allerlustigste war der
Gebrauch, den Jupiter von seiner Verwandlung
machte. Statt zu Alkmenen zu eilen, schickt er
nach ihrem Schneider, betrügt ihn um ein besetztes
Kleid, so wie einen Bankier um einen Beutel Geld,
und einen Juden um einen Demantring. Ueberall
die unanständigsten Ausdrücke, und Grobheiten, die
der brittische Pöbel kaum einem Marktschreier vergeben würde. Unter andern ließen die beiden Sosias
ihre Hosen, im Angesicht der Zuschauer, recht treu-

---

*) S. oben Theatergeschichte.

herzig nieder, und die Leute nannten es ein Meisterstück."

———

Bei einer Vorstellung von Lanassa, im Gefecht,
fiel ein vierschrötiger Indier einem Andern auf den
Fuß. „Christian, sagte dieser, rück' fort; du quet-
schest mir das Bein!" der Dickwanst versuchte es,
rief aber bald ganz laut: „Zum Teufel! habe Geduld! jetzt kann ich nicht; ich bin ja todt!"

———

In einer gewissen Reichsstadt, wo man erst seit
kurzem erlaubt hat, Schauspiele aufzuführen, ward
1781 der Deserteur gegeben. Während der
Vorstellung läuft ein Zuschauer hinters Theater, läßt
den Direktor rufen, und sagt ihm ins Ohr; daß die
meisten Damen sich sehr beleidigt fänden, weil —
der Deserteur rothe Strumpfbänder unters
Knie gebunden habe. Der Direktor wendet ein,
daß ein französischer Soldat, der auf Urlaub sei, und
sein Mädchen besuchen wolle, sich wohl so kleide.
Nichts! — die Strumpfbänder mußten herunter,
denn der Kunstrichter war ein mächtig — seyn wol-
lender Mann. Wie Alexis im Gefängnisse ist, und
der Kerkermeister ihm einen Krug Wasser hinsetzt,
läuft der Kritikus abermals zum Direktor. „Das

„ist ja schon wieder ein garstiger Fehler! Da ist
„der Wasserkrug dem Gefangenen zur linken Sei=
„te gesetzt worden, und er muß doch zur rechten
„stehn!!" —

―――――

Nicht lange nach Bruks Tode kam ein reisen=
der Franzose wieder durch Leipzig, wo er Bruks oft
den Schuster hatte machen sehn. — „Was mak
„sich denn der Monsieur Bruks?" — Bruks ist
todt. — „Todt? O weh! — er war ein lustik
„Mann — Unser lieb Err Gott wird sick sein tau=
„send Spas mit ihm abe."

―――――

Ein gewisser deutscher Schauspieldirektor gab in
B—g, die abgedankten Offiziere. Da, wo
die beiden Offiziere bei dem Minister sind, und der
Jude dazu kommen soll, blieb dieser aus. Man
rufte in die Kulisse: Pinkus! — Pinkus! — Allein
Pinkus kam nicht. Der Direktor schalt und fluchte
auf den Schauspieler, und lief allenthalben herum;
endlich auch in die Garderobe, wo schon Einige im
Ausziehn begriffen waren. Aber auch hier war Pin=
kus nicht. Schon wollte er wieder fort, als ihm Ei=
ner einen Spiegel vorhielt. Nun sah der gute Mann,

zu seinem Schrecken, an dem großen Barte, daß er sich selbst gesucht und gescholten hatte.

Bei einer Vorstellung des Hamlet mußte sich auch der Theaterfriseur zu einem Statisten anziehn. Kurz vor der Komödie schickte ein Kunde zu ihm. — „Ich kann unmöglich kommen, ließ er zurücksagen, ich muß den Hamlet spielen!"

In F... spielte ein Schauspieler die Rolle eines Juden ziemlich gut. Von ohngefähr aber fiel ein großer Lehnstuhl um, und ihm auf den Fuß. Da vergaß er vor Schmerz seine Judenrolle, hüpfte einigemal, den Fuß haltend, auf der Bühne herum, und schrie: Ach, Herr Jesus! Herr Jesus!

Vor zehn bis zwölf Jahren trug sich zu Metz ein sonderbarer Vorfall zu. Ein Soldat von der dasigen Besatzung, der auf dem Theater Schildwacht stand, ward so entsetzlich verliebt in eine Aktrice, daß er in eine schwere Krankheit verfiel, und man ihn ins Hospital schaffen mußte. Wenige Stunden vor seinem Ende entdeckte er dem Feldscherer die Ursache seiner Krankheit. Dieser benachrichtigte den Kommandanten des Regiments davon, und der Kommandant fuhr

zur Aktrice, und überredete sie, den Kranken zu besuchen. Sie that es. Als sie an sein Bette trat,
erkannte sie der Sterbende, ergrif ihre Hand, drückte
sie, und verschied.

———

Eben so starb vor etwa vierzig Jahren in Paris
ein junger Mensch zu den Füßen einer Aktrice, und
zwar nicht aus Verzweiflung über unerhörte Liebe,
sondern vor Uebermaaß seines Glücks.

———

In einem Städtchen führte ein Hof Elysium
auf. Die Spielenden hatten aber ihre Rollen so
schlecht gelernt, daß der Sufflör die größte Mühe
hatte. „Natürlicher hätte das Stück nicht können
„gegeben werden, sagte eine Dame beim Hinausgehn;
„die Schauspieler haben sogar aus dem Flusse der
„Vergessenheit getrunken, um Elysium recht treu dar-
„zustellen."

———

In einer gewissen großen Stadt wurde dem Manne, dem von dem Monarchen die Aufsicht über Sitt-
lichkeit und Polizeigebrechen der aufzuführenden Stücke übertragen war, Schillers Meisterstück, Don
Karlos, zur Approbazion vorgelegt. Er schickte
es dem Direktor der Truppe zurück, mit folgendem

Handbillet: „Das Stück ist recht schön; nur eine
„Kleinigkeit ist zu ändern: Der Prinz darf
„durchaus nicht in seine Schwiegermut-
„ter verliebt seyn."

***

Als einst die Signuerische Truppe zu Altona spielte,
ward unter andern Julius von Tarent gegeben.   Der Direktor machte den Fürsten, konnte
aber, wie gewöhnlich, kein Wort, und war zum
Ueberfluß stark betrunken.   Ein Kaufmann, der im
Parterre war, sagte zum Professor Unzer: der Mann
spielt den Vater mit ungemein viel Natur. — Den
Henker auch, sagte Unzer, hören Sie nicht den Sufflör schreien? er kann ja kein Wort. — Eben deswegen, erwiederte Jener, denn alte Leute verlieren
das Gedächtniß.

***

Bei einer gewissen Gesellschaft sollte ein Stück
gegeben werden, worin ein Jude vorkam.   Der Direktor war wegen Besetzung dieser Rolle sehr verlegen.
Endlich sagte ein Schauspieler, aber gerade der
Schlechteste von Allen: Herr **, ich will den Juden spielen! — O, erwiederte der Direktor: spielen Sie nur Christen.

Als Voglers Monodram, Lampedo, am
Darmstädtschen Hofe aufgeführt wurde, sagte ein
Grenadier, der im Schauspielhause Schildwacht
stand: „Man macht hier einen erstaunlichen Lerm
„von der Musik; mir gefällt bloß der Marsch, denn
„ich finde, daß er sich gut marschiren läßt."

Ein fahrender Schauspieler sollte im Koriolan
die Rolle des Markus Minuzius machen, hatte
aber beim Auftreten seine Rolle rein vergessen. Er
kniete also an Koriolans Tribune hin, und sagte: —
„Cajus, Marzius, Koriolanus, — es ist
schon gut, Du sollst nur wieder nach Hause kommen,
es soll Dir alles vergeben und vergessen seyn."

In M... lebte ein frommer wohlthätiger Herr
von Adel, der seinen Vettern den Besuch des Schauspiels immer als einen gottlosen Zeitvertreib wider-
rieth. Einst, auf vieles Zureden, entschloß er sich,
Lessings Freigeist zu sehn. Er blieb das ganze
Stück über in voller Andacht, und seine Freude über
die Demüthigung des Gottlosen, auf die er besonders
aufmerksam gemacht war, offenbarte sich immer sichtbarer. Beim Schluß war er so vergnügt, daß er
den Schauspielern 100 Dukaten schenkte, mit dem

scharfen Befehl: Dem schelmischen Freigeist keinen Kreuzer davon zu geben.

———

In einer Reichsstadt wurden die Räuber aufgeführt. Der Schauspieler, der den Spiegelberg vorstellte, und im vierten Akt erstochen war, erschien im fünften Akt wieder als Spiegelberg. — Ei, rief ein anderer Räuber hitzig aus, Bruder, was machst Du? Du bist ja todt! — Bruder, hätts bald vergessen! — sagte der Andre, und — legte sich eilig als Erstochener wieder an die Kulisse.

———

In eben der Stadt wurden die Räuber wiederholt. Als im letzten Akte der alte Moor dem Felsen gegen über erschien; so eilte der Räuber Moor nach dem Felsen, der vorn angebracht war, und schleppte ihn hurtig zu seinem Vater, um ihn darauf sitzen zu lassen. So stark ist die kindliche Liebe!

———

Als Herr *.* den Franz Moor zum ersten Mal in Frankfurt spielte, erschien er mit einem starken Buckel, schief gewachsenen Beinen, rothem Haar, und sehr starken, roth angestrichenen Lefzen und Augenbraunen. Einige Personen gaben laut ihr Mißfallen

fallen zu erkennen. Vermuthlich hatte dies auf den Schauspieler Eindruck gemacht: denn als er seinen für todt ausgegebenen Bruder betrauerte, so erschien er ohne Buckel.

—

In eine kleine Stadt verirrte sich, eine armselige Schauspielergesellschaft. Sie bat um Erlaubniß zu spielen, und erhielt sie. Der Magistrat nahm gravitätisch den besten Platz ein, und hörte einige Szenen hindurch ruhig zu, wie Lessings Minna verhunzt wurde. Auf einmal erblickte der Bürgermeister den Sufflör, und sagte zu den umstehenden Gerichtsdienern: Ja, das ist eine Kunst! so kann ich auch Komödie spielen; der sagt ihnen ja Alles vor. Geht geschwind hin, Peter, und sagt ihm, er soll sein Maul halten, sonst wollte ich ihm was Anders sagen. Peter ging hin, kam aber bald wieder, und referirte, die Komödianten hätten gesagt: sie müßten solch einen Menschen haben; das sei überall Gebrauch. Potz Sapperment, rief der erzürnte Monarch, wer ist denn hier Herr? Gleich nehmt den halsstarrigen Kerl in Arrest. Dies geschah, und die Schauspieler mußten schließen. Jetzt führten sie ohne Sufflör einige

Burlesken auf, die dem hocherleuchteten Magistrat
gar sehr gefielen.

Herr N.... gab einst Rhynsolt und Sap-
phire. Danfeld erschien, in Ermangelung von
Ketten, mit Bindfaden gebunden, und erregte allgemeines Gelächter. Nach dem Stücke trat der Direktor auf, und sagte; der Schauspieler habe kürzlich
das Fieber gehabt, und sei zu schwach gewesen, Ketten zu tragen.

Ein bekannter Direktor gab ein Ballet von seiner eigenen Erfindung, die gewöhnlich herzlich schlecht
war. Unter andern kam ein Esel darin vor. Ein
Anfänger sollte ihn machen, weigerte sich aber. Der
Direktor bedeutete ihm; es sei die beste Rolle im
Stück. Er übernahm sie nun selbst, und spielte sie
meisterhaft.

Der nämliche Prinzipal gab einst Hamlet.
Ein erbärmlicher Tropf spielte den Oldenholm. Er
wußte kein Wort von seiner Rolle. Der Schauspieler, der den Hamlet spielte, ward endlich ungeduldig, und sagte: ich muß Sie nur gleich im

erſten Akt erſtechen; ſonſt verderben Sie
uns das ganze Stück.

———

Als im bretternen Tempel Thaliens zu R — ein
gewiſſes Stück aufgeführt wurde, regnete es ſo ſtark,
daß alle Zuſchauer ihre Plätze verlaſſen mußten. Ein
witziger Kopf rief: „Daß auch noch der Him-
„mel das Stück wäſſern muß! es hat ſo
„ſchon Waſſers die Fülle.“

———

Eine elende Directrice, die ſehr ſtark von Leibe
war, verhunzte Agnes Bernauerin jämmerlich. Zu ihrer und des Publikums Freude ward ſie
endlich von der Brücke geſtürzt. Sie fiel ſo hart
auf, daß ſie in der Kuliſſe ſchwur, dieſe Rolle nie
wieder zu ſpielen, weil ſie dafür zu ſchwer ſei.
Da rief Einer aus dem Parterr: „Madam, für
dieſe Rolle waren Sie zu ſchwer; die übrigen alle
ſind für Sie zu ſchwer: bleiben Sie doch alſo vom
Theater!“

———

In * * * fragte ein Banko (im Macbeth) bei
der Probe, auf welcher Seite des Theaters das
Korn ſtehen würde, auf das er bei der Stelle:
Wenn ihr im Stande ſeid, vorher zu ſa-

gen, dieses Korn wächst, und jenes nicht, u. s. w. hinzeigen müsse.

———

Eine Aktrice wollte sich heimlich von einer Gesellschaft zu einer andern begeben. Um nun ihrem neuen Direktor keinen Zweifel über ihr gegebenes Wort zu lassen, gab sie ihm Folgendes zum Unterpfande: 1) ein Paar Tanzschuhe, die sie von einer Trödlerin für 5 Sous erkauft hatte. 2) ein Paar alte Peschen. 3) ½ Pfund Bleiweis. 4) Etwas Kugellack, und 5) eine ungewaschene Dormöse. Vermuthlich ihre ganze Garderobe.

———

Ein gewisser B... spielte den Hamlet, und trat bei dem Monolog: Seyn, oder nicht seyn — mit einem zwei Ellen langen Zwirnsfaden auf, den er, während dieser Rede, auf den Fingern auf- und abwickelte.

———

Zu Eger wurde Emilia Galotti aufgeführt. Madam ** als Klaudia Galotti hatte sich falsche Locken eingenadelt, die sie sich in der letzten Szene mit entsetzlichem Gebrülle vom Kopfe riß. Nach dem Stücke kamen ein Paar Offiziere aufs Theater, und sagten zu ihr: „Ei, ei, Madame, Sie haben sich heute sehr angegriffen." — O, das ist noch nichts, erwiederte sie, in der Medea sollten Sie mich erst schreien hören.

Eine Aktrice, die in dem Rufe einer großen Schauspielerin und Sängerin stand, wurde verschrieben, debütirte und mißfiel. Der Direktor gab ihr eine Vergütung, und bat sie, baldigst wieder aufzubrechen. Was, rief sie, aus Einer Rolle wollen Sie mich beurtheilen? Sie haben meine Stärke noch nicht gesehn. — Aber Ihre Schwäche! sagte der Direktor.

Madam .... sang die Elise. Bei der Probe klang eine Flöte nicht rein. — „Uns Himmels willen, was ist das für eine Musik! rief die Sängerin, die Flöte klingt ja hohl!" — Ich soll Ihre Stimme akkompagniren! versetzte der Flötenspieler.

Eine Beate kam zum ersten Mal in ein Schauspielhaus, als grade Waltron gegeben wurde. Als Waltron fortgeführt wird, um erschossen zu werden, rief sie ganz laut: „Ach, nun weiß ichs, warum er

keine Gnade verdient: 's ist ein Ketzer; es geht ja
kein Geistlicher mit ihm.   VI.

Eine Aktrice, welche die Göttin der Freude
machte, hatte in einem Rezitativ die Worte zu singen: „Und nun erscholl von griechischen Kamönen Ein Lustgesang," u. s. w. Dafür sang sie bei der
Probe: und nun erscholl von griechischen
Kanonen. Ein Schauspieler verbesserte: Ka-
meelen. Die Aktrice versetzte aber, sie habe nie
gehört, daß Kameele gesungen hätten; Kamönen
sei ein Schreibfehler. — Und so bliebs bei den
Kanonen.

Einem angehenden Schauspieler war im lustigen Schuster die Rolle des Zauberers zu Theil
geworden. Als er die Geister beschwören sollte, verließ ihn sein Gedächtniß. Er sang also:

Auf! naht euch ihr dienstbaren Geister herzn!
Herr Jesus! Herr Jesus! sufflir er doch zu!

Mad. R** spielte den Cherubin in Figaro's
Hochzeit. Als sie zum Fenster hinaus in den Garten springen sollte, wagte sie mit vieler Anstrengung
den kühnen Sprung durch das gemachte Theater-

fenster, und — schlug das Fenster hinter sich zu.

In W — drohte der L — n' Gesellschaft ein Konkurs. Einige Gelehrte und Kaufleute traten zusammen, und erwählten zwei aus ihrer Mitte, die das Werk aufrecht erhalten sollten. Der Eine war ein Gelehrter; diesem war die Vertheilung der Rollen, die Bestimmung der Stücke, u. dergl. aufgetragen. Der Andere, ein Kaufmann, hatte die Kasse unter sich, und man ermahnte ihn, so viel möglich zu sparen. Er war ohnedies ein guter Oekonom, und sparte daher musterhaft. Eines Morgens erhielt er den Requisitenzettel. Es stand darauf: „Den 21sten die beiden Geizigen; 6 Bouteillen Wein." — Er schrieb darunter: Ein Geiziger bleibt weg, und 3 Bouteillen Wein.

Ein kranker Schauspieler, dem der Arzt sein nahes Ende verkündigte, fing bitterlich an zu weinen. — „Fassen Sie sich, Freund, sagte der Arzt, Sterben ist das allgemeine Loos." — Ach, darum wein' ich auch nicht, lieber Herr Doktor, versetzte der Schauspieler, meine Thränen haben einen ganz andern Grund. Ich hab' in meinem Leben so manche Rolle verhunzt, und das Publikum hat mir doch applaudirt. Die Rolle, die ich jetzt spielen soll, werd' ich ganz gewiß auch verhunzen, und nun komm' ich vor ein Publikum, das mir schwerlich applaudiren wird. —

Man fragte einen verheiratheten Mann, ob er nicht die eifersüchtige Ehefrau sehn wolle. — „O nein! versetzte er, ich habe das Original zu Hause.

Ein Mann, der ansehnliche Aemter bekleidet hatte, ward Schauspieler. — „Ich war vorher niemals mit meinem Karakter zufrieden, sagte er; nun gehts besser. Ich habe jeden Tag einen andern Karakter, öfters zwei, auch drei. Nun kann ich zufrieden seyn."

Ein Schauspieler sollte sich in einer Rolle erstechen. Er stach herzhaft zu, und wollte nun auf einem Stuhle vollends aussterben. Zum Unglück war kein Stuhl da. Er rief also in die Szene: Gebts 'n Stuhl heraus? — i kann nit sterbe!

Ein Schauspieler, der Talent, aber eine schlechte Aussprache hatte, debütirte in Paris. Die Urtheile

über ihn waren getheilt. Einer sagte: O! er ist sehr
gut, es fehlt ihm nichts als die Sprache.

Auf dem Rathskeller zu Schwerin war eines
Abends eine große Menge Menschen versammlet, die
von einer Leichenbegleitung zurückkamen, und hier das
Trauermal genossen. Schönemann trat herein,
und hatte eine Blechbüchse mit einem doppelten Dek-
kel in der Hand. Er öfnete den einen Deckel, und
bat die Gesellschaft, nach Gutbefinden darein zu
steuern. Ein Jeder gab ohne Weigern, und die
ganze Summe betrug etwa 5 Mk. 21 Ff. Kaum
hatte er dies empfangen, als er — ein alter Mann —
mit der ausgelassensten Freude auf einem Beine her-
umhüpfte, und ausrief: „Das soll für eine alte
Wittwe mit zwei kranken Kindern; und dies, (indem
er den andern Deckel öfnete, und zwei Schilling her-
ausnahm,) dies soll für mich zu einem Glase Wein.‟
Man erfuhr nachher, daß S. die arme Wittwe reichlich aus seinen Mitteln unterstützt hatte.

Man weiß diese Anekdote von einem Augen-
zeugen.

Eine Gesellschaft spielte einst „der Schneider
und sein Sohn,‟ und nachher „der dankbare

Sohn." Zufällig machte derselbe Schauspieler im Verspiele den Wilhelm, und im Nachspiele den Feldwebel. Ein alter ehrlicher Handwerksmann machte darüber die Anmerkung: „Nun daß der dumme Streiche machen würde, wenn er unter die Soldaten käme, das sah man schon, wie er noch beim Vater zu Hause war."

Eine andere Gesellschaft gab Hamlet in 14 Tagen zweimal. Der Schauspieler, der den Geist machte, blieb, bei der zweiten Aufführung, in der Rede, wo er dem Hamlet die Geschichte seiner Ermordung erzählt, stecken; und ging ab, ehe Hamlet wußte, warum er ihm erschienen sei. Nach dem Akt stellte ihn Hamlet zur Rede. — „Ei, sagte der Geist, ich hab's ja den Leuten erst vor acht Tagen gesagt.

Eine englische Gasconnade.

Ein Gentleman behauptete einst, Le Kain, Schröder, u. s. w. wären Schulknaben gegen Garrick. Der Beweis: Wenn Garrick, als Hamlet, in der Szene mit seiner Mutter, den Geist sehe: so drücke die Hälfte seines Gesichts, die der Mutter zugekehrt sei,

Lachen und Zufriedenheit aus; die dem Geiste zuge-
kehrte hingegen, die äußerste Betrübniß, und man
sehe Thränen darauf hinabrollen.

———————

Zu K... führte man den betrognen Betrüger auf. Als Krispin, mit einem Stück Brod
in der Hand, die Rede zu sagen hatte: Ein Pfla-
ster für den Magen, so fand sichs, daß er vergessen hatte, Brod einzustecken. Voller Angst rief
er in die Kulisse den Denkspruch so manches deutschen Schauspielers: Ich habe kein Brod! ich
habe kein Brod!

———————

Bei einer Gesellschaft in Böhmen war der erste
Liebhaber zugleich der Cicisbeo der Frau Prinzipalin.
Einst sollte Elfride aufgeführt werden. Der Direktor theilte die Rollen aus, und eignete sich, Kraft
seiner prinzipalischen Macht, die Rolle des Adelwolt
zu. Die Prinzipalin, die, Trotz den Musen, erste
Liebhaberinnen spielte, bestand darauf, ihr Geliebter
müsse ihn spielen. Der Direktor bestand auf seinem
Sinn. Madam schimpfte, fluchte, und — mußte
nachgeben. Das Stück wurde aufgeführt. Als
Adelwolt im dritten Akt auf dem Paradebette lag,
und Elfride ihre pantomimische Szene spielte, ging

sie, nach langem Grimassiren, ihn, und biß ihren theuern Ehegatten so entsetzlich in einen Finger, daß der Todte laut aufschrie, seine Frau bei den Haaren ergrif, und sie weidlich herumzaufte. Diese gebrauchte das Wiedervergeltungsrecht, und so endigte sich das Trauerspiel, zur großen Erbauung der Zuschauer, mit einem förmlichen Faustkampfe.

"Ich finde, daß Sie den Pater Timotheo (in Diego und Leonore) mit vieler Natur spielen;" sagte der Baron H** zu dem Schauspieler S** in L**. — Kann wohl seyn, versetzte S** sehr betroffen, — ich habe Theologie studirt.

Eine Schauspielerin hatte in dem Schauspiele Timon zu sagen:

Rede! — Wie? Du schweigst?

Aber aus der Interpunkzion machte sie nicht viel. Sie deklamirte also ganz ernsthaft, und befehlend:

Rede, wie Du schweigst!

Eine erbärmliche Truppe führte ein eben so erbärmliches Trauerspiel auf. Als einer der Haupthelden schon seinen Hieb erhalten hatte, und so lang und ungeschickt als er war, auf der Bühne da lag; gab ihm

ein anderer tragischer Prinz, in der Hitze des Affekts,
einen derben Tritt. Der Todte mußte diesen Vorfall nutzen. „Laßt die Todten ruhn!" schrie
er mit vieler Laune. Das geschmacklose Publikum
applaudirte seinem Lieblinge, und er — richtete sich
auf, dankte, und starb zum zweiten Male.

_____

Der Schauspieler Dügazon schöpfte Verdacht,
daß die Freundschaftsbezeugungen, die ein Bekannter
an ihn verschwendete, nicht ihm, sondern seiner Frau
gälten. Dügazon war häufig in dem väterlichen
Hause dieses Bekannten, und sie belustigten oft die
Gesellschaft durch Paraden und Szenen aus dem
Stegreife. Von Eifersucht geplagt, ersah Dügazon
einen Augenblick, wo er mit seinem Freunde allein
war, verschloß die Thür, setzte ihm ein Pistol auf
die Brust, und zwang ihm die Liebesbriefe und das
Porträt seiner Frau ab. Hierauf verließ er ihn.
Allein Jener faßte sich schnell, lief ihm nach, und
schrie: „Hülfe! Mörder! Haltet den Kerl auf!" —
Dügazon, ohne sich dies Geschrei irren zu lassen,
ja ohne seine Schritte im mindesten zu beschleunigen,
sagte immer ganz gelassen: „Vortreflich! — brav
gespielt! — Die Szene ist exzellent! Bald wer-

den die Leute glauben, es sei Ihr Ernst!" — Die
herbeilaufenden Bedienten bildeten sich nun ein, sie
sähen eine Szene aus einem neuen Stücke. Und so
erreichte Dûgazon glücklich die Thür und seine
Kutsche. Diese Geschichte trug sich 1778 in Paris zu.

In eine Stadt, wo man nie ein Schauspiel gesehn hatte, verirrte sich eine reisende Gesellschaft.
Ein Bürger ging mit seiner Frau auch in die Komödie. Aber als zwei Schauspieler auf der Bühne
beiseite zusammen sprachen, stand die Frau auf, und
sagte: „Komm, Mann, wir wollen gehn; die Her-
„ren haben etwas heimliches zu reden."

Auch die Engländer übersetzten das bekannte
Singspiel, „das Milchmädchen," in ihre
Sprache, und führten es zu London auf. Sie
brachten aber die Veränderung darin an, daß der
Jäger sich mit dem Bären herumbalgt, ihn übermäl-
tigt, sich auf ihn setzt, und ein Liedchen singt. Ein
junger Lord war bei der einen Vorstellung zugegen,
und bat am Schlusse den Direktor, ihn am folgenden Tage den Bären spielen zu lassen. Der Di-

rektor willigte gern darein. Als es aber zum Baxen
kam, kehrte der Lord das Blatt um, baxte den Jäger
nieder, setzte sich auf ihn, und sang als Bär des Jä-
gers Liedchen. Das Applaudiren wollte kein Ende
nehmen, und ganz London sprach lange Zeit von diesem lächerlichen Vorfalle.

Ein junger Dichter, der einigen Umgang mit
Piron hatte, schickte ihm einen Fasan. Am andern
Morgen besuchte er ihn, und zog ein Trauerspiel aus
der Tasche, um seine Meinung darüber zu hören.
„Ich merke den Pfif, rief Piron, nehmen Sie
nur Ihren Fasan wieder."

Als Voltaire seinen Orest wollte aufführen
lassen, ging er zu Crebillon, der bekanntlich eine
Elektra geschrieben hat, und entschuldigte sich, wegen der Uebereinstimmung ihrer Stoffe. „Ich wün-
sche, versetzte Crebillon, daß Ihnen der Bruder
eben so viel Ehre mache, als mir die Schwester."

Ein deutscher Schauspieldirektor, der recht natürlich verzieren wollte, ließ bei einer Vorstellung,
im Hintergrunde, einen Spiegel in natura aufhän-

gen. Das Stück war ein bürgerliches Trauerspiel, und äußerst rührend. Demohngeachtet wollte das ganze Parterr vor Lachen bersten. Die Schauspieler waren in der größten Verlegenheit. Endlich bemerkten sie, daß der Sufflör mit seinem Buche, und mit den unaufhörlichen Bewegungen des Kopfs, sich im Spiegel so drollicht präsentirte, daß wohl ein Kato gelacht hätte.

Seit Essex's Hinrichtung ward die Königin Elisabeth von einem heimlichen Kummer verzehrt, der Folge wieder erwachter Liebe. So wohnte sie 1603 einer Vorstellung des Othello bei. Desdemona's Schnupftuch, und das Unheil, das es verursacht, erinnerte sie lebhaft an den unglücklichen Ring, der dem Grafen das Leben gekostet hatte. Jedes Wort, das der verzweifelte Othello ausstieß, war ein Dolchstich in ihr Herz. Der Stolz erlag der Zärtlichkeit. Sie vergoß öffentlich Thränen, und sagte zu Littleton, Essex's Freunde, der neben ihr stand, indem sie die Hand auf seine Schulter legte: Da Desdemona todt ist, so wünsch' ich Othello, daß er auch sterbe: denn ich fühle, daß es ein Glück ist, zu sterben!" Zehn Tage darauf starb sie.

Als

Als einst in Prag Scholz den Waltron
spielte, und zuletzt im Kreise von Allen Abschied
nahm, um Vergebung bat, und Einige Soldaten
umarmte; traf dies Theaterspiel auch einen alten
Soldaten. Die Wahrheit und Innigkeit, womit
Scholz spielte, riß den alten Kriegsknecht so sehr hin,
daß er in Thränen ausbrach, und sagte: „Es ist Ihnen von Herzen vergeben, liebster Herr Kapitän;
ziehen Sie hin in Frieden!

———

Baron sollte den Domitian in Titus und
Berenice von Corneille spielen. Als er seine
Rolle studierte, fand er vier Verse, die ihm dunkel
waren. Er gieng zu Moliere, bei dem er wohnte,
und bat ihn, sie ihm zu erklären. Moliere überlas
die Verse, und verstand sie auch nicht. „Aber war-
ten Sie, sagte er zu Baron, Corneille ißt diesen
Abend bei uns: er selbst soll sie uns dollmetschen.‟
— Kaum war Corneille ins Zimmer getreten, als
ihm der junge Baron, seiner Gewohnheit nach,
um den Hals fiel, und ihn um die Erklärung der
vier schweren Verse bat. Corneille überlas die Verse
mehr als einmal. Endlich fing er an: „Ich verstehe
die Verse selbst nicht; aber sagen Sie sie nur her;

Mancher wird sie nicht verstehen, und
doch bewundern!"

●   ———

Im Jahr 1760 thaten die Pariser Schauspieler
eine sehr edle That. Johann Franz Corneille,
ein Verwandter des berühmten Corneille, lebte
mit seiner zahlreichen Familie in großer Dürftigkeit.
Um ihn zu unterstützen, führten sie den 10. Merz Rodogüne für ihn auf. Noch nie war der Zulauf
zu diesem Lieblingsstücke so groß gewesen. Viele
Personen mietheten Logen, und giengen nicht hinein,
damit sie aufs neue konnten vermiethet werden. Andere ließen eine Menge Billets holen, ohne sich ihrer
zu bedienen. Die Schauspieler selbst thaten ihr Aeus-
ßerstes, des französischen Sophokles würdig zu spielen,
und nie gelang dies vielleicht einem Le Kain, oder
einer Dümesnil und Clairon besser. —

Eben so führten einige Jahre vorher die Londo-
schen Schauspieler Eins von Shakespear's Lieblings-
stücken, zum Besten der ganz verarmten Enkelin
Milton's auf, und ihr Glück war auf einmal
gemacht.

———

Quin rief einst, als er einen seiner Mitbrüder

genau betrachtet hatte: „Wenn dieſer Kerl kein
Schelm iſt; ſo ſchreibt der Schöpfer keine deutliche
Hand!"

In einer deutſchen Stadt führte man ein ſo ge-
nanntes geiſtliches Luſtſpiel auf. Es kam darin die
Enthauptung einer Märtyrerin vor, deren abgehaue-
ner Kopf noch eine Rede zu halten hatte. Die Rolle
des redenden Kopfs, der ſtatt des abgehauenen pa-
piernen- unvermerkt zum Vorſchein kommen ſollte,
fiel auf den jüngſten Schauſpieler, der in dem Stücke
auch den Hanswurſt ſpielte. Als die Szene kam,
erſtaunten die Zuſchauer nicht wenig, als ſie auf einmal an dem Kopfe der tugendbelobten Jungfrau einen gräßlichen Schnurrbart erblickten, den der Schauſpieler vergeſſen hatte, ſich abzuwiſchen, und der nun
mit den heiligen Reden des Wunderkopfs den ſchön-
ſten Kontraſt von der Welt machte.

1777 ward in einer franzöſiſchen Stadt ein
Trauerſpiel auf die Bühne gebracht, das allen Zuſchauern die bitterſte Langeweile machte. Mitten
unter der Vorſtellung begann Einer auf dem letzten
Platze ſo ſtark zu nieſen, daß das ganze Haus wie-

derhallte, und selbst die gestörten Schauspieler inne hielten. Diesen Augenblick benutzte ein lustiger Kopf im Parterr. „Meine Herren und Damen, fing er „überlaut zu rufen an, da dies Trauerspiel an sich „weder Anfang noch Ende hat, so hat der Verfasser „mit den Schauspielern verabredet, daß sie schließen „sollen, so bald er niest. Sie sehen also, das Stück „ist aus; und wir können ruhig nach Hause gehn." Der Einfall wurde laut beklatscht, und die Schau= spieler sahen sich in der That genöthigt, zu schließen.

———

Der Dichter Thomson sollte einst Schulden halber verhaftet werden. Quin erfuhr es, und eilte zu ihm. „Ich komme, sagte er, mich bei Ihnen zu „bedanken. Ich war sterbenskrank, alle Aerzte ver= „ließen mich: da grif ich nach Ihren Jahrszeiten, „und die vergnügten mich so, daß ich Ihnen im Te= „stament 200 Pf. Sterling aussetzte. Allein Ihr „Buch wars auch, was mich kurirte. Die 200 Pf. „dürfen Sie aber darum doch nicht verlieren." Hier= mit warf er einen Bankzettel des Werths auf den Tisch, und ging, ehe der überraschte Thomson ihm antworten konnte.

———

Ein berühmter Schauspieler blieb in einer Tragödie, nach den Worten: Ich war damals in Rom — stecken. Er sagte die Worte zweimal — dreimal; aber das half nichts. Endlich sah er den ganz verblüfften Sufflör an, und fragte pathetisch: Nun, Schuft, was macht' ich denn in Rom?

Ein schlechter Schauspieler war's gewohnt, überall ausgepfiffen zu werden. Einst machte mans ihm aber doch zu toll. Er wandte sich daher ganz ruhig ans Parterr, und sagte: „Die Herren werden das schon satt kriegen; ich habe der Exempel mehr erlebt!"

Calprenede las dem Kardinal Richelieu Eins seiner gereimten Trauerspiele vor. „Recht gut! sagte der Kardinal, nur einige Verse sind etwas matt!" — Was? rief der Gaskonier, Matt? In der ganzen Calprenedischen Familie ist nichts Mattes!

La Barre besaß das Geheimniß, schlecht zu schreiben, und doch Geld zu verdienen. Auch fühlte er seine Schwäche selbst. Als er einst eines Kandi-

baten Antrittspredigt gehört hatte, umarmte er den
jungen Menschen mit Inbrunſt, und rief aus:
„Herr, das muß wahr ſeyn, ſeit zwanzig Jahren
„hab ich viel Unſinn ausgehen laſſen, aber Sie haben
„doch mehr derlei in einer Stunde geſagt, als ich
„in meinem ganzen Leben geſchrieben habe."

———

In dem Prolog zu Le Grand's Roi de
Cocagne kommt ein Poet vor, der nach einem elenden Dichter, May, ſo treu kopirt war, daß May
ſich bey dem Polizeilieutenant darüber beſchwerte.
Er fand aber kein Gehör; vielmehr trieb La Tho-
rilliere, der den Poeten machte, ungeſtraft den
Spaß noch weiter. Er führte den armen May,
unter dem Vorwande, ihn tröſten zu wollen, in
einen Gaſthof, trank ihm ſo viel Gläſer Scham-
pagner zu, daß er die Beſinnung verlor, bemächtigte
ſich dann ſeines Anzugs, und ſtellte den Poeten in
May's eigenen Kleidern vor.

———

Bei der Szene, wo Emilia Galotti vor
den Anträgen des Prinzen erbebt, rief ein Schiffs-
kapitän aus dem Parterr: „Daß dich! gieb ihr

doch vier Dukaten: sie thuts gleich; habs ja pro=
biert!"

———

Einer erbärmlichen Truppe erbärmlicher Prinzi=
pal spielte bloß den Amtmann im Deserteur aus
Kindesliebe. Bei der Szene, wo er mit Schlä=
gen aus der Thür geworfen wird, rief das Parterr:
Ancora! Man prügelte ihn also noch einmal
durch, und — er bedankte sich noch bei den Zu=
schauern.

———

Wie stark Schauspiele würken können, beweißt
folgende Geschichte. Der Doktor Barnaby
ward einst zu dem Faktor eines reichen Londoner
Kaufmanns gerufen. Er war ein junger Mann
von guter Familie, und dem Kaufmanne sehr werth.
Der Arzt fand ihn in einem heftigen Fieber, und er=
fuhr, nach den gewöhnlichen Fragen, daß er vor
zwei Tagen im Barnevelt gelesen, und seitdem
bettlägerig und schlaflos sei. Der kluge Arzt ahn=
dete die Ursache der Krankheit. Er lenkte bei seinem
nächsten Besuche das Gespräch wieder auf Barne=
velt. Er fragte den Kranken, ob dies Trauerspiel
nicht einen starken Eindruck auf ihn gemacht habe.

„Oh! einen fürchterlichen, rief der Jüngling, ich
„glaubte, ich würde des Todes seyn!" Mehr bedurfte es nicht für den Arzt. Er eilte zu dem Kaufmanne, deſſen Menſchlichkeit und Liebe zu dem Kranken er kannte, und entdeckte ihm ſeine Muthmaßun-
gen. Der Kaufmann ging zu dem Pazienten, redete ihm freundlich zu, und beſchwur ihn, ihm frei-
müthig Alles zu entdecken, was er auf dem Herzen
habe, und wenn es ſelbſt ein Kaſſendiebſtahl wäre. —
„Großmüthiger Mann! rief der Unglückliche, Sie
„haben mein Verbrechen errathen; — Sie verzei-
„hen es mir: o! fügen Sie zu dieſer unerwarteten
„Wohlthat noch eine andre größere hinzu; bitten Sie
„meine Familie, mich aus England zu entfernen. —
„Eine Bekanntſchaft mit einem Frauenzimmer macht
„mich zittern. — Um Gottes willen! ſorgen Sie,
„daß ich fortkomme, oder meine Geliebte wird für
„mich eine zweite Milwood. Seit ich Barnevelt
„geſehn habe, kann ich kein Auge zuthun. Doch,
„dem Himmel ſei Dank! meine Angſt hat mich ge-
„hindert, Ihnen noch in der vorigen Nacht dreißig
„Pfund zu ſtehlen. Ach, mein Herr, ich will fort!
„— ich muß fort!" — Der Kaufmann war er-
ſchüttert; er bewirkte ihm die gewünſchte Erlaubniß, und der junge Mann reiſte, bekehrt und ge-

rettet durch ein Schauspiel, nach den englischen
Kolonien.

Nach der Vorstellung eines Schauspiels von
Voltaire, das wenig Beifall erhalten hatte, beklagte
sich der Abbé Pellegrin gegen Voltaire, daß viele
Verse darin ihm gestohlen wären. — „Ihnen gestohlen?" rief Voltaire, „nun so wunderts mich
nicht mehr, daß mein Stück gefallen ist."

Voltaire wollte mit Anbruch des Tages einem
Schauspieler seine Veränderungen in der Rolle des
Polyphont (in der Merope) zuschicken. Sein Be-
dienter stellte ihm vor, daß der Schauspieler noch
schlafen werde. „Geh Du nur!" sagte Voltaire,
„Tyrannen schlafen niemals!"

Ein Schauspieler lieh zu seiner Rolle in Geschwind eh' es Jemand erfährt einige Klei-
dungsstücke von einem Bürger, und gab ihm dafür
ein Einlaßbillet, auf dem geschrieben stand: Zwei-
ter Platz. Geschwind eh' es Jemand erfährt: NN. (des Bürgers Name.) Tags darauf
fragte der Schauspieler den Bürgersmann, wie das

Stück ihn gefallen habe. — „Ich bin nicht darin
„gewesen." — Warum nicht? — Ach! wenn
„ich nicht vor aller Welt Augen hinein
„gehen kann; geschwind, eh' es Jemand
„erfährt, mag ich mich nicht einschlei-
„chen."

Der Prinzipal einer kleinen Gesellschaft spielte
in Weiskerns biblischem Drama Simson die Hauptrolle. Aus dem Rachen des Löwen quillt, Kraft
des Drama's, Wasser hervor, womit Simson seinen
Durst löscht. Der Theatermeister sollte dies Wunder veranstalten. Er stand bei der Versenkung unter dem Theater, mit einer Wasserspritze. Simson
legte sich auf den Löwen, aber — das Wasser blieb
aus. Simson gab das Zeichen, Simson rief laut
hinunter, Simson fluchte — das Wasser blieb aus.
Der Theatermeister stand kaltblütig, mit der Spritze
in der Hand, und schwur keinen Tropfen zu geben,
bis er seine rückständige Gage erhalten habe. Der
geängstete Prinzipal Simson sah sich genöthigt, ihm
laut zu versichern, er solle seine Bezahlung, gleich
nach der Vorstellung, von der Einnahme des Tages
haben. Der vorsichtige Theatermeister hatte zwei
Zeugen mitgenommen; Simson mußte diesen seine

Versicherung wiederhohlen, und sogleich war das Wunder fertig.

———————

Bei der italienischen Komödie zu Paris meldeten sich einst zu gleicher Zeit zwei Schauspielerinnen für dieselbe Rolle. Der Theaterausschuß fand beider Stimmen gleich gut, aber die Eine schien ihm für die Rolle etwas zu steif, und er wies sie ab. Der Generalpolizeilieutenant, an den sich die Schauspielerinn nun wandte, zog sich sehr lustig aus der Sache. Er ließ beide Damen auf die Wäage setzen, und erkannte der Leichtesten die Rolle zu.

———————

Mit welchem Enthusiasmus Engländer kleine Splitter von ihres Shakespear's Stuhle zu erhalten suchten, ist bekannt. Weniger bekannt ist es, daß Shakespear (der Sage nach) 1609 bei seiner Geburtsstadt Stratford, einen Maulbeerbaum selbst pflanzte, und daß man diesen Baum eben so hoch schätzte. Der geschmacklose Gastrell ließ ihn 1757 umhauen, und verkaufte theils das Holz davon auf der Stelle sehr theuer, theils ließ er daraus Dosen, Gefäße, u. dgl. verfertigen, womit er selbst, und nach seinem Tode ein gewisser Sharp, weit und breit, und sehr einträglich handelten. Die Dose, die Garrik 1769 aus Stratford zum Geschenk bekam, war aus Holz von diesem Baume gearbeitet.

In Paris wurde einst ein Trauerspiel aufgeführt, in dessen ersten Akten durchaus keine Frauenzimmer auftraten. Beim Anfang des dritten Akts erschienen auf einmal viele; unter andern zwei Prinzessinnen mit ihren Vertrauten. Sogleich rief eine kreischende Stimme im Parterr: „Vierzehn Damen! gelten sie?“ — Ein allgemeines Gelächter zwang die Schauspieler zu schließen.

Lessing war, wo nicht Verächter, doch sehr gleichgültiger Verehrer der Musik. Er hat einem alten Freunde in Braunschweig oft versichert, daß ihm bei Anhörung der schönsten Musik nicht viel besser zu Muthe sei, als wenn ihm der Barbier den Bart einseife.

Auf einer angesehenen deutschen Bühne warf Albrecht in Agnes Bernauerin seinen Handschuh zur Erde, mit den gewöhnlichen Worten:

Sie ist Jungfrau. Nie habe ich
sie berührt. Wer das Wider-
spiel behauptet, der hebe den
Handschuh.

Einen armen Wicht von Schauspieler, der zugleich
Requisitenmeister war, wandelte Besorgniß des Hand-
schuhs wegen an; er trat aus der Kulisse und hob
ihn auf, im Angesicht des verwunderten Publikums.
Da man ihn als den Liebhaber der eben nicht sprö-
den Agnes kannte, so ward bald das Gelächter allgemein.

————

Schreiben des Direktors einer Schau-
spielerhorde (nicht Truppe) an einen Theaterdichter; wörtlich nach
dem Original abgedruckt.

(Aus dem Gothaischen Taschenbuche für die Schaubühne von
1789.)

Ohne alle Complimente.

Bester Freund!

Heute morgen, als ich im Bette lag, und noch
nicht aufstehen wollte, weil mein Coffee noch nicht
fertig war, fielen mir allerhand närrische Gedanken

ein: unter andern dachte ich: Da man jetzt sehr
auf das närrische, abentheuerliche, sonderbare und
Neue sieht und deshalb gemeiniglich sehr gefällt,
ob es nicht möglich wäre ein Duodrama von 2
singenden Thieren vorzustellen, als e. g. von einer
krähenden fetten Henne, und einem gegen den Mond
heulenden Wolf oder großen Windhund. Das Sujet wäre leicht zu finden und zu bearbeiten, weil dem
Aberglauben nach, ein des Nachts gegen den Mond
heulender Hund und eine krähende Henne Vor-
boten von einem nahen Unglück oder Todesfall seyn
sollen. Die Kleidung würde auch dazu zu erfinden
seyn, denn man hat ja Fledermausmasken auf den
Reduten. Den Stimmen und den Vortrag nach wären die Rollen sehr gut und der Natur nach hie
und da zu besetzen. Eine opera pantomime
könnte mit dem Stück ebenfalls sehr gut verbunden
werden, wenn beim Schluß des Stückes die fette
Henne ein Ey legte, und damit die Geburth des Har-
lequins oder des Hanswurstes anginge, was meinen
Sie dazu?

Ich will nicht hoffen, daß Sie im Ernste lachen
können, wenn Sie bedenken: hat uns nicht die
Poesie, die Mahlerey, ja selbst die Natur redende
Thiere gegeben? Warum sollte uns die Musik auch

nicht singende Thiere geben, besonders wenn ein paar
so passende Subjecte existirten? Nach beyliegen=
den Plan könnten noch größere Operetten gegeben
werden. Naturgaben — finden sich.

Hiesige Neuigkeiten werden die 2 theatrali=
schen Pilgrimme erzählen. Vergessen Sie mich
nicht, der ich, u.s.w.

_____

Beilage.

Unvorgreifliche Meinung, wie die Be=
setzung der Rollen durch Thiere
seyn müßte.

Mürrische, polternde Alte, auch
   Militärrollen . . . . Der Bär.

Erster Liebhaber im Lust= Trauer=
   und Singspiel . . . . . . Der Windhund.

Zweyte Liebhaber, deutsche Franzo=
   sen, unbesonnene Jünglinge,
   angehende Rollen . . . . . Der Hase.

Charakterrollen, Philosophen,
   Mantelrollen, komische = ge=
   lehrte Alte . . . . Der Ziegenbock.

Komische Bediente, komische Mi-
    litärroßen, Bauern u. d. gl. . .   Der Esel.

    (Obige beyde Herren alterniren.)

Treue Bediente, Bauern, dergl. . .   Der Pudel.

Wirthe, Besoffene, u. s. w. . .   Das Schwein.

Königinnen,   ernsthafte Mütter,
    edle Frauen . . . . Der Pfau.

Erste Liebhaberinnen in Schau- und
    Singspielen . . . . Die Henne;

Zweyte Liebhaberinnen, auch junge
    Mütter . . . . Die Gans.

Kammermädchen, naive Rollen. .   Die Eichkatze.

Koquetten, alte Jungfern, auch
    ehrwürdige Matronen. . .   .   Die Katze.

Statisten liefern die Ochsenställe.

Sollten, ehe die natürlichen Thiere ihre Rollen
studiert haben, Stücke auf diesen Fuß, durch le-
bendige Menschen vorstellt werden, so könnten in
Ermangelung der Kleidung nur einige Abzeichen
                                      ange-

angebracht werden, z. B. der erste Liebhaber in singenden Rollen, oder als Hamlet, mit einem Hundeschwanze.

Deutsche Franzosen, mit hängenden Hasenohren.

Mantelrollen, als der Küster im dankbaren Sohn, mit Hörnern oder Eselsohren.

Bediente, gleichfalls mit Eselsohren, oder Affenphisiognomie.

Die Damens können sich durch Federn, Ton und Stimmen genugsam auszeichnen.

— — —

Noch ein Beispiel von Direktordummheit.

Ein Schauspieldirektor wollte die Oper Sylvan aufführen, die ihm Gott weiß welcher Zufall in die Hände geführt hatte. „Halt, denkt er, da hast du ja neulich einen Sylvanskopf gesehn! den willst du brauchen, und trotz dem, der dann noch sagt, du verstehst nichts vom Kostum!" Und so ward, nach der Eselsmaske im Gothaer Taschenbuche für die Schaubühne vom Jahr 1780, eine ähnliche Maske fabrizirt und der Primo Amoroso mußte seine Ohren unter den noch längern dieses Krautkopfs verbergen!!

———————

Druckfehler.

S. 19 S. 6. l. Ryan f. Styan.

S. 22. Z. 5. S. 45. Z. 2. und durchgehends l. Shuter f. Schuter.

Bey dem Verleger dieses Werkes
in Berlin und Leipzig,
sind
folgende neue Bücher
zu haben:

Abdallah, eine Erzählung. Mit einem Titelkupfer, 8. - 1 thlr.

Bernhardi, Aug. Ferd., vollständige lateinische
Grammatik für Schulen und Gymnasien, 8.
Auch unter dem Titel: Neue verbesserte und
vollständige Märkische lateinische Grammatik, 1r
Theil, die eigentliche Sprachlehre, 8. 7 gr.

Karsten, F. C. L., die ersten Gründe der Land-
wirthschaft in Deutschland, zum Gebrauche aka-
demischer Vorlesungen, gr. 8. 1 thlr. 4 gr.

Lehrbuch der Waarenkunde zum Gebrauch der Schulen, enthaltend eine Beschreibung der mehrsten
und vorzüglichen rohen oder schon bearbeiteten
Handelswaaren, nach ihrer Benennung, Er-
zeugung, Gewinnung, Verarbeitung, Nutzen
und Gebrauch, Kennzeichen der Güte und Vaterland, nebst einer Uebersicht der Fabriken und
Manufakturen, die sie hervorbringen, und des
damit getriebenen Handels, 1ster Band, 8.
12 gr.

Lovell, William, ein Roman, 1ster Band. Mit
einem Titelkupfer, 8. 1 thlr. 4 gr.

Der Melancholische, eine Geschichte in drey Bänden, frey nach dem Englischen von J. F. Jünger, 1ster Band. Mit einem Titelkupfer, 8.

1 thlr. 8 gr.

Peter Lebrecht, eine Geschichte ohne Abentheuerlichkeiten, 1ster Band. Mit einem Titelkupfer und einer Vignette, 8. 12 gr.

(Von obigen 3 Werken ist die Fortsetzung unter der Presse.)

Schein, der betrügliche, oder: man muß nicht glauben, was man sieht. Eine alte spanische Geschichte zur Warnung für alle diejenigen, die ihren Augen und ihrem Verstande trauen wollen. Mit vier Kupfern und einer Vignette von W. Jury, 8. 1 thlr. 8 gr.

Der Sturm, ein Schauspiel von Shakespear, fürs Theater bearbeitet, von Ludwig Tiek. Nebst einer Abhandlung über die Behandlung des Wunderbaren im Shakespear. Mit einer Vignette. 8. 1796. 12 gr.

Theden, D. J. C. A., Königl. Preußl. Ersten General-Chirurgus, neue Bemerkungen und Erfahrungen zur Bereicherung der Wundarzneykunst und Arzneygelahrtheit, 1r und 2r Theil. Neue vermehrte Auflage. Mit Kupfern, gr. 8.

1 thlr. 6 gr.

— — derselben 3te Theil. (ist ganz neu.) Mit einem Kupfer, gr. 8. 20 gr.

(Complet 2 thlr. 2 gr.)

Inhalt.

I. Bruchstücke aus der deutschen
   Theatergeschichte . . . Seite 1

II. Sonderbarer Stoff 11

III. Theatereinrichtungen und Ge=
   bräuche 13

IV. Theaterliteratur 19

V. Schauspieleranatomie und
   Physiologie 41

VI. Miszellaneen 49

Vademecum

für

Schauspieler

und

Liebhaber des Theaters;

enthaltend

ernsthafte und lustige Bruchstücke

und Miscellaneen,

sonderbare Gebräuche und unterhaltende Anekdoten

das Theater betreffend.

Zweiter Theil.

Berlin und Leipzig,
bei Carl August Nicolai.
1797.

Inhalt.

I. Schauspieleranatomie und Physiologie . . . . Seite 11

II. Sonderbare Stoffe 29

III. Raritäten 41

IV. Miszellaneen 58

Vademecum

für

Schauspieler

und

Liebhaber des Theaters.

Die Schauspielkunst,

ein Gedicht, statt der Vorrede.

———

Wen freut, daß, wenn er hüpft, tragiert, spricht,
oder singt,
Das Haus heult, wiehert, gähnt, wohl gar in
Schlaf versinkt,
Der müsse wenigstens den Grundsatz memo-
rieren:
Ein Lustigmacher fliehe das Studieren.

»Ein Lustigmacher? Herr! Ich bin ein
Held!
»Ich presse Thränen aus!« — O ja, durch vieles
Lachen. —
»Was mir sich naht, in ew'gen Schlummer fällt
»Es plötzlich, wie behaucht von giftgeschwoll'nen
Drachen.«

A 2

— In Schlummer fällts, jedoch in ewigen
    nicht,
Noch immer; denn Ihr Gest, Blick, Ton, Gestalt,
     Gesicht
Könnt' öfters einen Kato lustig machen.
Doch stören … nicht, mein süßer Held. Im
    Nu
Versteckt den Degen, und den Dolch dazu!

  Studieren also flieht, ihr deutschen Roßinffe!
Studieren stört im hohen Kunstgenusse
Den Sohn der Kunst. Bedenkt auch selber nur,
Studieren läuft entgegen der Natur.
Was sonst blöckt, brüllt und schreit, in Waldung,
    Thal und Flur,
Studiert es wohl? — Nein! nein! Ihr müßt
    nicht beim Studieren
Im Kabinet die eble Zeit verlieren.
Seid Ihr (wie Ihr denn seid) Genies, und voll des
    Lichts,
Das nie ein Weib durchstralt, *) so schadets; und
    gebrichts

---

*) Ein Concerto Rousseau's, das er verantworte.

(Wie's nicht gebricht) an Dem, so hilft doch Alles
nichts.

Eh' ihr studiert — Likör und Wein ge-
trunken,
Gespielt, und Mädchen an die Brust gesunken!
Das giebt dem Geiste Flug; und klingts zur Probe
nun,
So laßt ihn fein beim Rollenlesen ruhn;
Denn immer fliegt er nicht.   Laßt den Direktor
schimpfen,
Theaterfaunen und Theaternymfen!
Daß ihr den Geist nicht faßt der Rolle.   Fasset
ihr
Die Worte nur zur Noth;   dann steh' ich euch
dafür,
Euch kommt der Geist von selbst.   Läßt er sich
auch erzwingen?
Kann Silberton die ird'ne Scherbe klingen?
Traun! Geist ist flüchtig; er entläuft,
Wie Josef, dem, der lüstern nach ihm greift.
In Weineströumen wird er euch erscheinen,
Im Bett'; am Pulte nicht, und nicht in stillen
Hainen,

Wo die Erinnrung schläft. Nicht wissen, aber
                meinen

Dann (glaubt mir) werdet ihr; und eilt, erwacht,
                ihr fort,

Und träumt, wie schlafend erst, nun wachend, auf
                mein Wort!

Das ganze Haus — träumt mit. Das heißt
                natürlich spielen,

Und ohne Kunst. Da meint man, was zu
                fühlen,

Und fühlt doch sich'rer — nichts. Denn, glaubt mir,
                gar zu viel

Frischt, eigennützig, Königin Gefühl,
Und gebt ihr, was sie heischt, so seid ihr weise
                Thoren.

Sie fodert (denkt nur) einen ganzen Mann!
Wie gieng es Garrick, Eckhof, Ackermann?
Ganz Geist, Gefühl und Kunst, klang Geisterton
                den Ohren

Der Rasenden. Mit Helden in der Luft,
Die Shakspear's Zauberwort der Erde Tief'
                entruft,

Und Garrick schon daheim. Für Lieb' und
                Wein verloren,

Zürnt' Ackermann, als Murrkopf, auf sein
        Haus,
Und fordert' oft den eignen Sohn heraus.
Bedenkt nur die Gefahr! Nein! nein! ums Him-
        mels willen
Laßt nicht Gefühl die leeren — Köpfe füllen!

Halbtrunken, gutgepanzert, gutgeschminkt,
Tret' auf der Held, wenn es halb Sechse
        klingt.
Wild blick' er, wie ein Stier, wild tret' er, wie ein
        Reiter,
Und brülle schnell hinauf der Töne ganze
        Leiter,
Bis er nicht weiter kann. Dann heul' er oder
        quiek'
In tausend Ohren tragische Musik.
Bald schlag' er laut die Brust, bald müss' er mit der
        Rechten,
Bald mit der Linken, bald mit Beiden, fechten,
Und ja nicht fest in langer Scheide sei
Der Degen ihm, sonst reißt er sie entzwei.
Verbrannten endlich fast die Lampen und die
        Lichter,
Dann schneid' er seine tragischsten Gesichter,

Und fiel', erdolcht, gefetzt, bei lautem Jubel-
ftati'n,
Zur Erde nieder, wie ein Stein.

Die Heldin darf nicht zahmer fein.
Wie Luna wiederftralt des Bruders lichtern
Schein,
Strate eine Siddons zwar, ein Weib, des
Helden Gröſſe
Beſcheid'ner. Aber, nein! Die Raſende vergeſſe,
Daß Weib ſie iſt. Medeens Hand
Reiſſ' auf den Gürtel, und das Bruſtgewand,
So weit es geht, und zerr' ihr Antlitz in Grimaſſen,
Vor denen alle Grazien erblaſſen;
Beguckte das Parterr das freie Haar genug,
Und was zur ſüßen Schau ſie ſonſt noch trug,
So gaukte ſie davon giftlofer Drachen Flug.

Im Luſtſpiel ſpielt man nach Belieben.
Da kann manch junger Roßius ſich üben
Im Lispeln und im Schrei'n. Iſt nur von Kotzebue
Das lange Stück, ſo klaſcht das Haus ihm Bei-
fall zu,
Und ſpielte der Aktör noch ſo natürlich.
Auch iſt das billig und gebührlich,

Weil über jedes Werk Gott rechten Lohn verhängt.

Wer Freunden und dem Ruhm die träge Feder
lenkt,

Und einen Augenblick, bevor er schreibet, denkt,

Dem wird zum Lohn das Lob der Wenigen
geschenkt;

Doch wer ein tolles Stück für tolle Häuser dichtet,

Der wird durch ihr Geklatsch gerichtet.

Im Singspiel und Ballet, wenn, leerer
Fülle reich,

Poet und Komponist mit Klimpern und Gekeich

Heilloser Vers' euch ennüyierten,

In Trommelgeistern und Dorfdeputierten:

Geduld nur: man entschädigt euch:

Weltkundig schneidet euch ein Würzer

Des faden Quodlibets der Damen Röcke kürzer. *)

---

*) Si tous deux (poete et compositeur), tristement
féconds,

Sans feu, comme sans caractère,

Ne feront qu'un vain bruit de rimes et de sons.

En faveur du public, qui lorgne du parterre,

On raccourcira les jupons.

Barthe Statuts de l'Acad. roiale de Musiq.

Die Schauspielerin.

— Das lehrt Herz und Kopf, und baut die
                              Sanfste
Fruchtleere Steppen an. — Du fliehst mich,
                              Schwarm? So flieh:
Und fer, ihr Damen, im Lorgnieren und im Küssen
Im Park euch fort, im Dorf' und — hinter den
                              Kulissen.

———————

I.

Schauspieleranatomie und Physiologie.

Moliere hatte sich mit Racine entzweit. Schmeichler eilten zu Racine, mit der Nachricht, der Misanthrop sei gefallen. — »Das ist unmöglich!« sagte Racine. »Moliere kann nichts Schlechtes schreiben.«

Zur selben Zeit wurden Racine's Prozessirer (les Plaideurs) aufgeführt. Das Stück ward beinahe durchaus schlecht aufgenommen, Nur Moliere sagte laut, es sei vortreflich.

Edelmüthig und unglücklich war der talentvolle Trauerspieldichter, Aaron Hill. (Geb. 1684.) Er schrieb seine Fatal Extravagance für einen armen Freund, Mitchell, und in dessen Namen;

bewirkte die Aufführung des Stücks, und rettete Mitchell durch die Einnahme des dritten Abends.

Einem andern unglücklichen Freunde, Bond, überließ er eben so das Honorar für sein Trauerspiel, Zara, so wie das Manuskript desselben dem armen Buchhändler und — Souflör Chetwood.

Wäre Hill ein vermögender und sparsamer Mann gewesen: so hätten solche Handlungen geringeres Verdienst. Allein sein vielumfassender und hochfliegender Geist verleitete ihn zur Ausführung von Projekten *), die sein mittelmäßiges Vermögen erschöpften, und sparen hatte er nie gekonnt. Arm daher, und nicht unterstützt, mußte er sich 1738 nach Plaistow in Essex zurückziehen, wo er, weit entfernt, Pflege für seinen durch Studieren siechen Körper zu finden, kaum nothwendige Lebensbedürfnisse befriedigte.

---

*) Dahin gehört seine Buchendlfabel, seine Pflanzung in Südkarolina, die Benutzung der Waldungen in Nordschottland zum Schifbau, wozu man sie bisher untauglich gehalten hatte, u. s. w. Er erfand auch die Bereitung einer Pottasche, die der russischen gleichkommt; aber er starb, ehe er irgend einen Nutzen von dieser Erfindung ziehen konnte.

Der jeztregierende König Georg III., damals
Prinz von Wallis, hörte endlich von Hill's Noth,
und befahl die Aufführung ſeiner Merope, zum Bene-
fiz des Dichters *). Aber dieſe ungehoffte Hülfe erreichte den Unglücklichen nicht mehr. Er ſtarb, am
Tage vor der Aufführung, den 8. Februar
1749, grade in dem Augenblick, als das bekannte
Erdbeben ſich äuſſerte. M. ſ. Baker's Biographia Dram. 1782. 8. und Victor's Hiſtory
of the Theatres of London and Dublin,
from 1730 to 1761. 8. 2. Th. S. 123 ff.

———

Crebillon, der Tragiker, war ein vortreflicher
Menſch. — An dem Tage, als ſein Katilina zuerſt
aufgeführt werden ſollte, war er des Morgens im
Schauſpielhauſe. Die Schauſpieler befürchteten einen übergroßen Zulauf, und baten Crebillon, ſelbſt
die Zahl der Einlaßbillete zu beſtimmen, damit kein
Abgewieſener ſich beklagen könne. Indem drangen
ſchon ſehr viele Leute herein, und verlangten Billette
zum voraus. Ein naher Verwandter von Crebillon verlangte von ihm mehrere für ſich, und für

———

*) Von 17 Stücken das Erſte, das Hill ſelbſt
-dieſen Vortheil gebracht hätte.

einige vertraute Freunde. — »Zum Henker, mein
Herr, rief der Dichter, Sie wissen ja, daß ich Bei-
fall durchaus nicht erkaufen will.« — »Besorgen
Sie nichts, versetzte Jener, die Personen, die diese
Billette bekommen, werden darum nicht Gnade für
Recht ergehen lassen, wenn Ihr Stück schlecht ist.«—
»Nun, wenn das ist — da haben Sie sie!« sagte
Crebillon.

———

Baron war einst mit Moliere in Auteuil.
Baron erzählte von einem Schauspieler, Monborge, der bitterlich arm sei, und deshalb nicht
vor ihm und in Paris zu erscheinen wage. — »Ich
kenne ihn, sagte Moliere. Ich spielte in Languedoc mit ihm. Er ist ein braver Mann. Was geben wir ihm wohl?« — Baron meinte, vier
Luidor wären wohl genug. — »Nun denn, fuhr
»Moliere fort, hier sind vier Luidor für mich,
»und hier noch zwanzig — die geben Sie ihm in Ih-
»rem Namen.«

Das Geld ward abgeliefert. Monborge erschien nun selbst; Moliere umarmte ihn, sprach ihm
Trost zu, und beschenkte ihn noch mit einem prächti-
gen Theaterkleide. Vie de Moliere, etc.

Der berühmte Dryden (geb. 1631, st. 1701) hielt viel auf Sternseherei. Acht Tage nach der Geburt seines ältesten Sohns, Karl, kam er zu seiner Frau, und entdeckte ihr: er habe dem Kinde die Nativität gestellt, und mit Betrübniß ersehen, daß in seiner Geburtsstunde Jupiter, Venus und die Sonne sich unter der Erde befunden, und sein Stern in schrecklicher Opposizion mit Mars und Saturn gestanden habe. »Wenn er das achte Jahr erreicht, »sagte er, so wird er in die augenscheinlichste Lebens»gefahr kommen, und das grade an seinem Geburts»tage. Kommt er hier durch, wie ich kaum hoffe: »so wird er doch in seinem 23sten Jahre unter der»selben bösen Konstellazion stehen; und rettet ihn »das Schicksal auch dann: so, fürcht' ich, wird gewiß »sein 33stes oder 34stes Lebensjahr —«

Das laute Schluchzen der armen Frau unterbrach hier die schreckliche Prosezeihung. Der achte Geburtstag des Kindes nahte heran. Dryden ward von seiner Frau Bruder, dem Earl von Berkshire, auf ein Landgut des Earls eingeladen, so wie Mistreß Dryden zu einem Onkel. Sie theilten die Kinder unter sich; und Dryden bestand darauf, seinen Sohn Karl mitzunehmen. Als der ominöse Geburtstag kam, war die Angst der guten Frau so

heftig, daß sie in ein Fieber verfiel. Dryden in=
deß war für diesen Tag zu einer Jagdparthie einge=
laden, und aus Furcht, für abergläubisch zu gelten,
schloß er sich davon nicht aus. Aber er gab seinem
Sohne zwey lateinische Arbeiten auf, die ihn den
ganzen Tag beschäftigen mußten. Karl Dryden
war in voller Arbeit, als ein lauter Lerm ihn auf=
schreckte. Ein Bedienter erzählte ihm: der Hirsch,
den man eben verfolge, sei ins Dorf gelaufen, und
die Hunde folgen ihm auf den Fuß. Zugleich nahm
er ihn bei der Hand, um ihn den Spaß mitansehen
zu lassen. Wie sie am Hofther waren, sprang auf
einmal der geängstigte Hirsch über die alte und nie=
drige Hofwand, und die Hunde, die ihm auch hier
folgten, rissen einen Theil der Wand von zehn Ru=
then Länge ein, und begruben den unglücklichen Kna=
ben in Schutt und Staub. Er erholte sich mit Mü=
he, und Dryden verbarg seiner Gattin diesen Vor=
fall so gut es möglich war.

Bis in sein 23stes Jahr focht nun den jungen=
Dryden nicht das Geringste an. Allein', in dem
Jahre befand er sich in Rom auf einer Reise, und
ging eines Tags auf einen zum Vatikan gehörigen
runden Thurm. Es war unerträglich heiß; er war
höchst

höchſt ermattet; ein Schwindel übermannte ihn, und — er ſtürzte von dem Thurme.

Dieſer Unfall koſtete ihm zwar nicht das Leben; aber er ſiechte doch ſeitdem.

Sonderbar war es, daß der junge Mann in ſeinem 33ſten Jahre zu Windſor ertrank, und ſo, dem Anſchein nach, die Weiſſagung ſeines Vaters beſtätigte. S. Baker, Biogr. Dram. Vol. 1. p. 136.

———

William Lyon, ein wandernder Schauſpieler, der zuweilen in Edinburg ſpielte, (er ſtarb 1748) hatte ein bewundernswürdiges Gedächtniß. Eines Abends, bei einem Trinkgelage, wettete er um eine Bole Punſch, er wolle am nächſten Morgen bei der Probe ein Intelligenzblatt vom Anfang bis zu Ende herſagen. Er hatte an dieſem Abende viel getrunken, und der Schauſpieler, mit dem er gewettet hatte, bildete ſich ein, Lyon werde Tags darauf kein Wort von der Sache wiſſen. Wie ſehr erſtaunte er, als Lyon bey der Probe ihm das Intelligenzblatt in die Hand gab, und es ihm nun, Punkt für Punkt, und wörtlich und ohne Anſtoß herdeklamierte. Wenn man ſich die Mannichfaltigkeit und Abgeriſſenheit der Artikel einer ſolchen Schrift, und das Langweilige

der Materien und des Styls denkt, so ist es beinahe
unglaublich, daß er seine Wette gewann. Baker
Biog. Dram.

Doktor Jasper Mayne *), Karls II. Haus-
kaplan, (geb. 1604, st. 1672,) äusserte zuweilen
Swiftische Laune.   Als er auf dem Todbette lag,
rief er einen alten Bedienten, der mehrere Jahre bei
ihm gedient hatte, und sagte: »er habe ihn nicht
»vergessen, sondern vermache ihm Etwas, damit er
»nach seinem Tode auf sein Wohlsein trinke.   Er
»werde es in dem alten Eckschrank finden, den er
»ihm zugleich schenke.«   Der arme Kerl dankte mit
Thränen in den Augen; denn er hoffte, ein Geschenk
an Gelde, eine Belohnung seiner Dienste, zu finden.
Als der Doktor tod war, lief er, sobald er nur mit
Ehren konnte, zu dem Schrank, und fand — einen
Hering.

Thomas Cooke, der Dramatist, der auch
den Terenz ins Englische übersetzt hat, war einer der

---

*) Er schrieb auch ein Paar Stücke, The City match.
und Amorous war.

schlaueſten Induſtricritter ſeiner Zeit (um 1750).
Wenn ein junger Lord von ſeinen Reiſen zurückge-
kommen, ein reicher Erbe volljährig geworden, oder
ein Nabob angelangt war: ſo hatte er den Augenblick Wind davon.   Er machte dann ſogleich dem
Lord, dem Ritter, dem Esquire, ſeine Aufwartung,
und bat, und erhielt die Subſkripzion von etwa einer
Guinee für irgend ein Werk, das er unter Händen
zu haben vorgab.

Bald darauf erſchien er wieder. Er habe ſo eben
von des Lords, Ritters, Esquire's ungemeiner Vor-
liebe für die ſchönen Künſte gehört, und erbitte ſich
daher die Ehre, ihm das Werk zu dedizieren. Er
bekam gewöhnlich die Erlaubniß, und ein fünf Guineen dazu.

Nach einiger Zeit präſentierte er ſich zum letzten
Mal, mit der Bemerkung, wie ſchicklich es ſei, Ihrer Gnaden Wappen vor die Dedikazion zu ſtechen.
Er ſchlug den Stich meiſt zu zehn Guineen an, empfahl ſich, nach Einſtreichung des Geldes, und —
kam nicht wieder.

.. Das Luſtigſte war, daß er oft gar keine Arbeit
vorhatte. So wollte er einmal den Plautus über-
ſetzen; aber auſſer dem Probeſtück Amſitruo, das
er dem Lord Cheſterfield widmete, kam von dem Werke

B 2

nichts heraus. Da London groß ist, und er unablässig subskribieren ließ, so bedarf es keiner Frage, ob er
sich bei seinem Gewerbe wohl befand.

———

Samuel Johnson, den man mit dem be-
rühmtern Dokter Samuel Johnson nicht ver-
wechseln muß, war ein sehr sonderbarer Mensch.
Witz und Genie konnte man ihm 'nicht absprechen;
aber dabei war er höchst bisarr, und bisweilen wie
närrisch. Lord Flame in seinem Stück Hurlothrumbo, (1729 aufgeführt) war ein treuer Ab-
druck seines eigenen Karakters. Was er spricht, ist
bald unverständlicher Bombast, bald die schönsten,
witzigsten Gedanken; und in der ganzen Posse athmet die sonderbarste Tollheit und Exzentrizität. Auch
war Anfangs der Zulauf unbeschreiblich. Wenn
man ihm die vielen Unverständlichkeiten des Stücks
verwarf, so antwortete er immer, die Schuld, daß
man ihn nicht verstehe, liege nicht an ihm und an
dem Stück, sondern an den Zuschauern und Lesern.
Sie fiengen es nicht recht an, ihn zu verstehen; denn
kein Mensch könne einen Schriftsteller gehörig begrei-
fen, wenn er nicht sein Werk in der nämlichen Lage
und Seelenstimmung untersuche, worin es geschrieben

ſei. Er ſetze ſich nie an ſeinen Schreibtiſch, ohne
ſeine Violine in der Hand zu haben; ſeine Seele
könne ihn alſo verſtehen, ohne ein gleiches Inſtru-
ment, das ihrem Verſtande nachhelfe. Er ſelbſt
machte daher immer den Lord Flame, mit einer
Geige in der Hand, auf der er ab und zu ſpielte,
und zuweilen auf hohen Stelzen. Die Kleidung,
die er dann trug, war ſeine gewöhnliche, nämlich,
ein ſchwarzer Sammtanzug, mit einer langen, weiß-
gepuderten, fliegenden Perücke. Sir Robert Wal-
pole ſoll den Sukzeß dieſer wunderlichen Farce befördert haben, um die Aufmerkſamkeit des Publikums
von einigen politiſchen Planen abzulenken, die er
damals grade ausführen wollte; und es gelang ihm
vollkommen. Hurlothrumbo veranlaßte ſogar die
Errichtung der Hurlothrumbo-Akademie
(Hurlothrumbo Society), einer Art von Klub;
und der launige, ſonderbare Johnſon ſelbſt ward
in die beſten Geſellſchaften gezogen, und ſchwärmte
im Sommer von einem Landgute zum andern, ohne
ſich mit irgend einem Amt oder beſtimmten Geſchäfte
abzugeben. Zwei Stücke nur gab er noch der Bühne,
Cheſhire Comics (Cheſhirer Luſtbarkeiten), 1730.
und The Blazing Comet, The Mad Lovers;
or, The Beauties of the Poets, (der flammende

Romer, die tollen Liebhaber, oder, die Schönheiten der Dichter) 1732; aber man wurde allmählig seiner originalen Wunderlichkeiten satt. Ein viertes Stück von ihm, All Alive and Merry (Lauter Lust und Freude), wurde 1738 gedruckt; aber nicht aufgeführt.

Folgende Anekdote von unserm Johnson ist komisch genug, um hier einen Platz zu finden. Ein Engländer, der ihn schätzte, lud ihn einst auf sein Landgut ein. Johnson kam, und ward von Wirth und Wirthin aufs freundschaftlichste aufgenommen und behandelt. Aber einige seiner gewöhnlichen Wunderlichkeiten in Worten und Handlungen beunruhigten bald die Hausfrau, eine schwächliche, melancholische Person. Sie fürchtete, er möchte über lang oder kurz sich selbst oder Andern ein Leid anthun, und lag ihrem Gemal unablässig an, ihn fortzuschaffen. Der Engländer kannte Johnson besser; aber seine Gründe fruchteten bei der Kranken nicht, und er gab endlich seinem Gast die Besorgnisse der Lady durch einen Freund sehr höflich zu verstehen. Johnson, unbeleidigt, antwortete mit seiner gewöhnlichen Heiterkeit: »Er werde dennoch des Herrn * * * »Freundschaft nie vergessen, so wenig, als die seiner »Gemalin. Dieser habe er längst seine vorzügliche

»Achtung beweiſen wollen, und, da er das, ſo lange
»er lebe, nicht wagen könne, um ſie nicht in neue
»Beſorgniß zu ſetzen, ſo werde er wenigſtens nach
»dem Tode ihr einmal erſcheinen, und ſie ſeines Re:
»ſpekts verſichern.« Dieſe Antwort ſetzte die gute
Dame in noch größere Angſt, und ſie ließ nun
Johnſon bitten, er möchte ja bleiben, oder ſie doch
oft wieder beſuchen; denn ſo wild er auch ſei, ſo
werde ſie ihn doch lieber lebendig ſehn, als todt.

Dieſer Johnſon war übrigens aus Cheſhire, und
eigentlich ein Tanzmeiſter.

Hier noch einige ſchöne Stellen und Gedanken
aus ſeinen Werken:

»Stolz iſt das Schlangenei, das Jeder im Her:
zen trägt, das aber der Thor nur ausbrütet.«

»Der Ausſchweifende macht, der Kummervolle
bezahlt, Schulden.«

»Die Glückſeligkeit iſt die Süßeſte, die uns die
»Nächſte iſt. Schätze trag’ ich im Beutel, aber
»Liebe im Herzen. Freie niemals nach Ehr’ und
»Titel! Ruhm hält dich immer in der Entfernung;
»aber der Mann, den ich liebe, iſt mir nah. Und
»was iſt Ruhm? Ein Wort, Wind, das Summen
»einer Biene. Aber, ſchlaf ich bei dem Manne, den
»ich liebe, dann trift mich kein Wind.«

Die folgende Stelle ist aus der Szene, wo Puny, der Geizige, von Urban denny überrascht wird:

»Urban. Aha! Betest Du, alter Sünder? »Bete nur, schreie laut; die Gottheit ist Dir taub, »Du schielende Seele, die doch Erd' und Himmel »umfassen kann. Streu Deinen Plunder in die »Elemente, und Du wirst gradauf blicken. Fort! »Was willst Du noch in der Welt?«

»Puny. Eine Familie soll aus mir aufsprossen.

»Urban. Wenn die Wurzel Geiz ist, was »kann da der Stamm sein, und die Zweige und »Blätter, und die Frucht? Zwanzig Generazionen »muß es kosten, ehe der Samen so verfeinert ist, »daß er einen Ehrenmann (gentleman) hervor»bringt.«

»Puny. Ist nicht Gold ein Ehrenmann? ein »Edelmann? Was macht denn einen Ehrenmann?

»Urban. Erziehung, Ehrliebe, Edelmuth — »— sein Blut ist doppelt und dreifach veredelt; er ist »des Himmels voll; ein Sonnenfeuer; ein Licht, »das alle Flammen der Natur auslöscht.«

»Puny. Hat nicht ein neuer Edelmann alle »diese Vorzüge?

»Urban. O, nein! Der ist lang und schlank, »schwatzt mit Prinzen in der Luft, und seine Nas- »löcher sprühen den Teufel.«

Dologodelmo's Fluch über Hurlothrum- bo ist original.

»Schütte der Himmel auf ihn den bittern Se- »gen, den Honigfluch, die vergoldete Pille, die der »Begierde behagt, und den Geist vergiftet; hab' er »Reichthum, und lieb' er ihn! Dann werden »ihn verabscheuen Menschen, Geister, Engel und »Götter. Ein freches Schild häng' in seinem Ge- »sicht, daß Teufel ihn zu ihrer Schenke machen, und »drin toben und banketieren. Mög' er seinen Leib »groß und dick füttern, bis er ihm den Geschmack »erstickt, und alle Schönheiten seiner Seele benebelt. »Dann wird seine hungrige Lust alle die ewigen »Schätze seiner Seele aufschlingen.«

Nathanael Lee, der berühmte enthusiastische Tragiker *), brachte vier Jahre in Bedlam **) zu. Ein närrischer Skribler wollte ihn hier einmal

---

*) Er starb 1691, ohngefähr 35 Jahre alt.
**) Das Tollhaus in London.

aufzichen, und sagte, es sei sehr leicht, wie ein Tollhäusler (like a madman) zu schreiben. — »Nein,
sagte Lee, wie ein Tollhäusler schreiben, ist nicht
leicht; aber wie ein Narr (like a fool) schreiben,
das freilich ist sehr leicht.«

————

Ein anderer Thomas Cooke, der Verfasser
einiger wirklich tollen Stücke, war selbst toller als
Alles, was er schrieb. Er war aus Northumberland
gebürtig, studierte in Orford Theologie, und bekam
nachher in seinem Vaterlande eine Pfarre. Aber
mystische Schriften verrückten ihm den Kopf; er
sprach von Wiedereinführung der alten jüdischen Ce-
remonien, besonders der Beschneidung, und verlor
die Pfarre. Nun begann er zu wandern, und kam
nach London, wo er schrieb. Als Niemand seinen
Unsinn kaufte, so verfiel er in der Angst auf eine
andere tolle Idee, die gleichwohl einträglicher für ihn
war: er glaubte nämlich, es sei billig, daß alle Ge-
schöpfe Gottes die Güter der Erde gleichmäßig theilten. Voll dieses lustigen Wahns kam er oft in stark-
besuchte Kaffeehäuser, setzte sich an einen Tisch, und
nahm vorlieb mit dem ersten Butterkuchen (butte-
red muffin), und mit der ersten Portion Kaffee,

die gebracht wurden. Die Umsitzenden beluftigten
sich meist, oder erstaunten über diesen Geistlichen,
der sich ein Frühstück zueignete, das er nicht bestellt
hatte. Er aber stand, sobald der Kuchen und Kaffee
verzehrt war, unbefangen auf, sprach ein kurzes Ge‐
bet, und wollte fort. Der Kaffetier erinnerte ihn
nun an die Unschicklichkeit seines Betragens; allein,
da hatte der gute Cooke gewonnen Spiel. Er be‐
hauptete laut, daß die Güter der Welt Allen gemein
seyn müßten; der Kaffetier lachte oder schimpfte, die
Gäste traten umher, Cooke ward zum Spaß auf‐
gemuntert, und sein Gegner rettete sich bald vor den
vielen Zeugnissen aus dem Talmud, durchspickt mit
griechischen, lateinischen, hebräischen Zitazionen, in
die Küche.

Eine andere Lächerlichkeit dieses Mannes war
sein Predigen auf der Straße. Err hatte sich dazu
den Bart wachsen lassen, und ward bald unter dem
Namen des Priesters mit dem Bart allge‐
mein bekannt. So trieb er sich eine Zeitlang in
London herum, bis ihn einige Kollegen nach Bedlam
bringen ließen. Hieraus nach zwei oder drei Jahren
entlassen, durchreiste er Schottland zu Fuß, und,
seinem Grundsatz gemäß, keinen Pfennig in der Ta‐
sche. Almosen erhielten ihn hier, so wie in Irland,

das er nachher auch großentheils durchwanderte. Er kam endlich nach England zurück, und starb, wie man sagt, (um 1780) an einer gewissen Operazion, die dem Origenes besser glückte. M. s. Baker's Biogr. Dram.

Dryden war auch sehr eitel. Als seine Ode, Alexanders Fest, erschienen war, gratulierte ihm Jemand auf Wills Kaffeehause zu dieser Arbeit, die Jedermann für die Beste der Art halte, die je geschrieben sei.

»Ja, das ist sie auch,« sagte Dryden, der damals schon alt war, »und ich will Ihnen noch mehr sagen, junger Mann: in Ewigkeit wird Keiner eine bessere Ode schreiben.«

II.

Sonderbare Stoffe.

Im Jahr 1781 hielt ein Franzose in Warschau um die Erlaubniß an, auf dem Markt eine Bude aufzuschlagen, und darin, nur ein einziges Mal, ein Lustspiel, betitelt:

Das eigentliche Nichts, aufzuführen. Er bekam sie; die Bude ward gebaut, und die Stadt mit Trompetenschall zu dem seltenen sehenswürdigen Schauspiel eingeladen. Der Preis war ein und zwei polnische Gulden (4 und 8 Groschen). Wenigstens tausend Personen aus allen Ständen nahmen Billets. Das Haus war gestopft voll, und Alles harrte ungeduldig auf den Anfang des Stücks. Es währte lange, eh es dazu kam. Endlich flog der Vorhang auf, und siehe! ein junger Mann, in zerlumpter Kleidung, trat hervor, und hielt folgende Anrede ans Parterr:

»Meine Herren und Damen! Sie erblicken hier
»das eigentliche Nichts. Ich bin arm, verachtet, fast nackend, und erkenne mich selbst für ein
»wahres Nichts. Ich reiste von Meskau hierher,
»und will nun nach Marseille zurück; aber ohne
»Geld, ohne Freunde, ist und hat man nichts, gar
»nichts. Darum lud ich Sie, verehrungswürdige
»Gönner und Gönnerinnen! hierher, um durch
»Ihre Beihülfe meine Reise mir erleichtert zu sehn.
»Wer mir sein eingelegtes Geld überläßt, dem werd'
»ich herzlich danken; denn er rettet mich aus dem
»Elend, und hilft mir zurück in mein Vaterland.
»Wer aber die Einlage zurückverlangt, soll sie eben-
»falls gleich erhalten.«

Der seltene Schauspieler schwieg hier. Die Zuschauer sahen sich verwundert an, dann wünschten sie
ihm Glück auf die Reise, und giengen, ohne daß
auch nur Einer sein Geld wiederverlangt hätte.

————

Die Autos sacramentales haben Spanien
weit länger entehrt, als die Mysterien der Passion, die Wunder der Heiligen, die Moralitäten, und Mutter Gans (la mère
lotte) Frankreich. Solche Autos sacramenta-

les (heilige Schauspiele) wurden noch in diesem Jahrhundert zu Madrid vorgestellt. Calderon hat über 200 gemacht.

Eins von Calderons berufensten Stücken führt den Titel: La devocion de la missa, und ist in Valladolid ohne Jahrszahl gedruckt. Die handelnden Personen sind ein muhammedanischer König von Kordova, ein christlicher Engel, eine Hure, zwei Possenreisser von Soldaten, und — der Teufel. Einer von den beiden Hanswürsten, Pascal Vivas, ist in Aminta verliebt. Sein Nebenbuhler ist Lelio, ein muhammedanischer Soldat.

Der Teufel und Lelio wollen Vivas umbringen. Sie glauben gewonnen Spiel zu haben, weil Vivas eben eine Todsünde begangen hat. Aber Pascal weiß sich zu helfen. Er läßt auf dem Theater eine Messe halten, und wartet dabei auf. Der Teufel verliert jetzt alle Gewalt über ihn.

Während der Messe kommt es zur Schlacht, und der Teufel ist ganz erstaunt, Pascal mitten unter den Streitern zu sehn, zur selben Zeit, als er bei der Messe aufwartet. Hoho! ruft er, ich weiß sehr wohl, daß ein Körper nicht an zwei Orten zugleich sein kann, ausser bei den

Sakramenten, wovor dieser Schurke so viel Ehrfurcht hat. Er weiß aber nicht, daß der christliche Engel die Gestalt des guten Pascal angenommen hat, und für ihn in der Schlacht streitet.

Der König von Cordova wird geschlagen, wie man leicht denken kann. Pascal freit seine Marketenderin, und das Stück endigt mit einer Lobrede auf die Messe.

In jedem andern katholischen Lande hätte die Inquisizion gegen solch ein Stück, als gegen eine Entheiligung der Religion, gewütet. In Spanien war es etwas Erbauliches.

In einem andern geistlichen Schauspiele erscheint Christus in einer Alongenperucke, und der Teufel in einer Mütze mit zwei Hörnern. Sie polemisiren mit einander, es kommt zu Faustschlägen, und am Ende — tanzen sie eine Sarabande.

Voltaire, Quest. sur l'Encycl., Art.
Art. dramat.

———

Als der Luftball des Barons von Lütgendorf verunglückt war, kündigte man in Augsburg eine soge-

sogenannte musikalische Cantate an, die sich
auf diesen Vorfall bezog. Der Anschlagzettel lautete, wie folgt:

Mit gnädigster Bewilligung einer hohen Obrigkeit
wird heute,

Montags den 14ten Januar 1788, auf dem allhie-
sigen Stadt - Theater
eine große
Musikalische Cantate
aufgeführet werden,
betitelt:
Die Begebenheiten des allhier verunglückten
Luft - Ballons.
In drei Abtheilungen.

I. Dessen Schicksal bei der Verfertigung, bis zu dem
Abzug aus dem Commedienhaus, welcher unter
einem feierlichen schönen Todtenmarsch (!) ge-
schiehet.

II. Dessen Aufenthalt auf dem Kirchhof, und festli-
cher Transport nach dem Amphitheater unter
freudigem Chor, und pompösen Marsch, der sich
in die Ferne verliert.

III. Seine Schicksale in dem Amphitheater unter drei
Hauptversuche, oder 3 Abtheilungen.

a. Der erste fängt mit einer stark besetzten Feldmusik an; bei deren Ende hört man die Cavalerie mit Trompeten und Pauken aufziehen. Die Füllung beginnt, wird durch mancherlei Unglücksfälle unterbrochen und — aufgeschoben.

b. Man hört die Tambours die Tagwache schlagen, Compagnien aufziehen, u. s. w. Die Füllung fängt wieder an, es finden sich neue Schwierigkeiten, wird dennoch fortgesetzt, endlich durch Wind und Wetter unterbrochen und — aufgeschoben. Der Trompeter verkündet solches, alles wird ungeduldig — es entstehet ein heftiges Gewitter unter starkem Regen, daß alles entflieht.

c. Endlich kommt der letzte Versuch, von dem man sich den besten Erfolg verspricht; allein, wiewohl glücklicher Anfang nimmt einen traurigen Ausgang, und gleichwie (!) sich diese Handlung damit beschließt, werden alle weitere Versuche hier aufgehoben.

Die vom Anfang bis zu Ende fortdaurende angenehmste Abwechselung von lustigen Arien, Duett, Terzet, Quartett, u. s. w., Chöre und schönen Märschen, unter Begleitung aller hierzu erforderlichen Instrumenten, wird die reizendste Unterhaltung verschaffen.

Und da bereits in dem vorhergegangenen Avertissement angezeigt worden, mit welchem Eifer der Unternehmer sich bestrebt (!), weder Kosten noch Mühe zu scheuen —

Doch, ich denke, der Leser wird genug haben.

Etwa im Winter 1784 wurde in Augsburg auf dem Stadttheater Lenardo und Blandine, ein Melodram von dem Kraft- und Schwungmann J. F. von Götz *), aufgeführt. Die Spieler waren eine Gesellschaft adelicher Kunstfreunde. Fast Alles in und an dem Geschreibe ist affektiert und tragikomisch; aber der Raum verstattet mir, nur die erste Abtheilung dem Leser hier aufzutischen. Sie ist ganz unverändert, nach dem Augsburger Original, abgedruckt.

---

*) Der Verfasser des Versuchs leidenschaftlicher Entwürfe (160 Zeichnungen in groß Quart, die sich auf die Bürgerische Romanze beziehen) für empfindsame Kunst- und Schauspielfreunde, der nicht ohne Verdienst ist.

II. Sonderbare Stoffe.

Erste Abteilung.

Bei hellstreifendem Mondlicht entdeckt man in dem Hintergrunde auf einer Anhöhe die Gittermauer und die Tore des königlichen Gartens mit emporragenden Mirtengängen, welche rückwärts zum Schloß füren, herab ein Krumweg in eine ungepflegene Gegend. Noch starrt das Andenken irer emaligen Pracht in zertrümmerten Säulen, und hinter wildem Gebüsche zerfalnem Schutt. An einem Teile dieser Ruinen, welche rechts nach dem Vorgrunde ziehen, zeigt sich eine eiserne Türe.

Der Fürst, von dem Prinzen geleitet, erscheint an der Türe. Er will sich der Tat versichern, und hercht. Von Schmerz und Wut entflammt, versucht er einzudringen, von Schmerz und Wut übermant, sinkt er hin. Nachdem er sich erholt hat, versucht er sich zu fassen. Zärtlich klagende Töne der Musik kündigen die empfindliche Stunde der Trennung an; man hört die Liebenden hervorzittern. Die Horchenden verbergen sich hinter das Gebüsch unter drohenden Geberden, indem Blandine und Lenardo, Hals an Hals geschlungen, hervorwanken.

Blandine. Ach Lieber! — Holder! bleib noch, bleibe! . . .

Lenardo. Las mich, las mich himlisches Wesen — du hälst meine Seele .... Gott, wenn ich nicht fort müste!

Blandine. Gatte! siest nicht in des Mondes Dämmerung 'meine Augen funkeln? .... Fülst nicht meine Sensucht und Liebe? ...

Lenardo. O we! — Schreken überfält mich! .... wenns der König — o wenn ers erfüre! ...

Blandine. Ahndung ... Himmel, du namst ja unsere treue Schwüre auf! .... (Sie fült ihm ans Herz.) O wies da pocht! .... Gott, ich kan nicht von dir! .... Wilst nicht verzien, Geliebter? ...

Lenardo. (Feierlich.) Prinzessin, mein Herz und meine Seele sind dein, sollen sich nie von dir trennen — aber ich mus! .... (indem er rund um sich schaut.) Horch auf den Ton — die Schwalbe verkündigt den Morgen!

Blandine. (Welche mit zärtlicher Wemut seinen unstäten Bliken folgt.) Ach nein, es sind nur liebeflötende Nachtigallen! ...

Lenardo. (Seine Herzensangst wird immer sichtbarer.) Nein, las mich — der Han hat gekrät! sie

wie die Bergspitzen sich röten — es wird Tag —
e. las mich! . . .

Blandine. (Fält in diesem Augenblik den vollen
Liebestrang ihres Geliebten, faß die ganze Kraft ihrer erhabnen
Seele zusammen, und indem beiderseitige Wemut aus Auge in
Auge überfließt, fält: Lenardo, vom innern Streite über-
mant, zu ihren Füßen; Blandine richtet sich mit der
Würde einer tol entstammten Seele gegen Himmel.)

Lenardo. Bei diesem Blik! —

Blandine. Und diesem Druck! (indem sie seine
Hände an ihr Herz drückt.) — Gott hörts! — Treue,
unzertrenliche Liebe! . . . Nun noch einmal diese
an meinen Busen . . . must du fort?'. . . Und wol
kann! abe! . . . nein, bleib noch . . . O wie wie
schlägt dein Herz! . . . sanft . . . sanft . . . Treuer Junge . . Kunst Morgennacht wider? . .

Lenardo. Schlaf füs, . . . schlaf wol! . . .
(Sie versuchen sich zu trennen — schlingen sich wider (!) —
Sie trennen sich nun voll überspannten Liebesschmerzes, indem
Blandine sich plötzlich losreißt. Lenardo. Traun,
sei ihr noch. Doch sie vermag dem Trib nicht zu widerstehen,
noch einmal dem Blik ihres Geliebten umschauend nachzusehen.
Ihre Blike begegnen sich, sie öfnen die Arme noch einmal, und
stürzen Busen an Busen zurück.)

Blandine. Auf Morgennacht wider! (Je:
schwebet sie in ihr Gemach zurück, und Lenardo, welcher

eines Augenblick unbeweglich ihrem Abschiede nachweint, geht nach einigen unwillkürlichen Bewegungen des erschütterten Herzens (!) in Schreken über; zittert mit unverwandtem Blik nach der Türe zurük, indem die beiden hinten hervorspringen, ihn fassen, und durchboren.)

König. Stirb, Bösewicht! ...

Lenardo. Gott, Erbarmen!

König. Stirb erst Elender! dann kom Mordgennacht wider! u. s. w.

In der zweiten Abtheilung wird Donner und Blitz nicht gespart; die Prinzessin winselt und wütet, und verzweifelt; erhält endlich Gefäß und Brief, und kommt von Sinnen. Sie greift nach dem Gefäße, besieht das blutige Herz, fällt nieder, ersteht wieder, mit Ach und We! — Alles (wie sich versteht) in malerischen Attitüden — drückt endlich den Leichenkrug fest an ihren Busen, ruft: helf — helf ... es zerdrukt mich ... Lenardo du bist (wobei das Gewitter dumpf in der Ferne zu brausen hat) — dein Weib ... ich komme — und stirbt endlich. Der König springt nun hervor, bohrt den Prinzen zur Erde, blickt ihn noch einmal wütend an, ringt das Gefäß gen Himmel, und stürzt endlich auf die Entseelte; »wärend die Umstehenden durch eine

»wohlgeordnete Gruppe den Eindruck des Schmerzes
»und des Erstaunens erhalten.«

So kann man sich verirren, wenn man die Gren-
zen der verschiedenen Dichtungsarten nicht kennt,
oder nicht achtet.

Die Fabel eines alten englischen Stücks, Mutter Gurton's Nadel (Gammer Gurton's
Needle), ist gewiß die simpelste, die je zu fünf
Akten ausgesponnen ward. Mutter Gurton hat
die Nadel verlegt, womit sie ihres Knechts Sonntagshose flicken will. Hierüber entsteht viel Wortwechsel, Zank und Schlägerei, ja sogar eine gericht-
liche Klage, bis endlich die Unglücksnadel sich wieder
findet, und zwar – in der Sonntagshose selbst.

Dies Stück ist 1575 gedruckt, und von John
Still, dem nachherigen Bischof von Bath und
Wells.

S. Baker a. ang. O., und Sulzers Theorie d. sch. K. 2. Th. S. 565.

III.

Raritäten.

Ich war gestern (zu Lyon) im Schauspielhause, wo man Zemire und Azor aufführte. Ein junger Schauspieler, der mit einer Nebenrolle zum erſten Mal auf dem Theater erſchien, wurde ausgepfiffen, weil er nur eine einzige Stelle nicht richtig deklamierte. Es iſt unglaublich, welchen Fleiß ein franzöſiſcher Schauspieler auf Deklamation und Ausſprache wenden muß, um nur nicht zu mißfallen. Für einen ſchlechten Deklamator iſt auch in der kleinſten Provinzialſtadt keine Gnade zu hoffen. Was Wieland von den alten Joniern ſagt, paßt ganz auf die heutigen Franzoſen: »Ihr Ohr will nicht ergötzt, es will bezaubert ſeyn.«

Matthiſon's Briefe, 1. Th. S. 129.

— Der Gesichtspunkt, aus dem Katherine Jaquet *) ihre Rolle sah, war stets ihr eigener. Sie wich selbst da, wo sie mit guten Schauspielerinnen wechselte, der Nachahmung aus. Man deutete ihr dieses als die Eitelkeit, immer Original sein zu wollen. Ihre Antwort war:

»Wie jede Person ihre eigene Phy-
»siognomie hat, so muß auch jeder Schau-
»spieler sein eigenes Spiel haben. Eine
»eigene Physiognomie kann auch bei ge-
»ringerem Reiz gefallen; eine fremde

---

*) Ein vortreffliches, früh verstorbenes Mitglied (geb. den 29 Febr. 1760, gest. den 30. Jan. 1786) des kaiserlichen Hoftheaters. Anfangs unterdrückt, und verkannt, wußte sie sich bald gelten zu machen, und spielte nun die ersten Rollen im Trauerspiel und Lustspiel. Sie gab, nach Schink, der deutschen Schaubühne diejenige Gattung, woran es derselben bisher stets mangelte, die hohen komischen, wo Anstand, wo Ungezwungenheit des Umgangs, wo Ton der großen Welt, und der guten Gesellschaft erfodert wird. Personen von Stand und Erziehung spielte sie nicht verächtlich, sie war es. — Die berühmte Adamberger ist ihre Schwester. S. Schinks Katherine Jaquet. Wien, 1786.

»kann schöner sein; aber wenn sie er-
»borgt ist, so wird sie immer nur eine
»grimmassierte Larve bleiben.«

Den Karakter ihrer Rollen betrachtete sie von
allen Seiten, um daran die dramatischste und die ge-
fälligste zu finden. Das geschah aus Achtung vor
der Einsicht des Zuschauers, welcher den Mangel
dieser Achtung sogleich empfindet, und stets durch
Gleichgültigkeit bestraft. *)   –

So zergliederte sie den Karakter der Orsina
(die sie einst mit dem lautesten Beifall in Schönbrunn vor einer Hofparthie spielte) auf ihre ganz eigene Art.

»Orsina, sagte sie, ist mit solcher Feinheit an-
»gelegt, daß nur die geringste Abweichung von der
»fest bestimmten Richtung sie aller theatralischen An-
»ziehung entkleidet, und bloß zu einer verabschie-
»deten Mätresse herabwürdiget, der ihre miß-
»lungenen Hofnungen und die vereitelten Entwürfe
»des Ehrgeizes den Verstand zerrütten. Ein eigen-
»nütziges Weib — der Eigennutz habe nun Herrsch-
»sucht, oder Schätze zum Gegenstande — ist ein ver-
»ächtliches allgemeines Geschöpf; die Beurlau-

---

*) Leider nicht stets, und nicht überall.

»bung eines Geschöpfs dieser Art eine alltägliche Be-
»gebenheit. Das sind nicht die Grundzüge eines
»Karakters, der so wesentlich in die ganze Handlung
»verwebt ist, der so thätig in die Bewegung, in den
»Gang, in die Katastrofe, des Stücks einwirkt.
»Solch einem Karakter muß seine volle theatralische
»Würde erhalten werden; und das wird geschehen;
»wenn Orsinens Unternehmungen nicht von niedrigen
»Absichten, sondern von Liebe Anstoß empfangen;
»wenn sie in Emilien eine Nebenbuhlerin erst arg-
»wohnt, dann entdeckt, die nicht ihren Rang am
»Hofe, sondern die ihre Stelle in dem Herzen des
»Prinzen einnehmen soll; wenn sie zwar von Ehrgeiz
»besessen ist, aber nicht von dem Ehrgeize, den gan-
»zen Hofstaat zu ihren Füßen zu sehn; sondern von
»dem, sich allein von dem Prinzen angebetet zu
»wissen. Mit solchen Gesinnungen wird diese un-
»glückliche Liebhaberin Nachsicht finden; ihre Sin-
»nenverwirrung, die Folge überspannter Leidenschaf-
»ten, der Erniedrigung ihrer Reize, der Kränkung
»ihrer Liebe wird veredelt; sie wird Mitleiden er-
»wecken, wird dadurch die Theilnahme des Zuschauers
»erzwingen, und diese Theilnahme wird dem Abscheu
»gegen Marinelli, und das Bedauern gegen den von
»ihm gegängelten fürstlichen Wollüstling erhöhen.«

Es ist die Frage, ob der Verfasser von Emilia. Galotti sich Orsinens Karakter so edel dramatisch gedacht hat. Doch weiter von der vortreflichen Jaquet.

Sie hielt keine Rolle unter sich; und statt daß die ersten Schauspielerinnen es gewöhnlich als ein Vorrecht ansehn, in keiner geringen Rolle aufzutreten, suchte sie einen Vorzug darin, geringe Rollen durch ihr Spiel wichtig und hervorstechend zu machen. Sie erhielt auch manches mittelmäßige Stück, wenigstens vor dem augenblicklichen Falle. Als sie einst auf diese Art den Verfasser des — — von der Schande des Sch! Sch! rettete, welches in Wien die Stelle des Auspfeifens vertritt, empfieng sie von einem Ungenannten folgenden, auf die selt- samste Art eingekleideten, Lobspruch:

»Das heißt, Mademois., Ihre Kunst, und die »Gewalt, die Sie über uns haben, mißbrauchen, »wenn Sie so zu spielen, wie Sie gestern in der »elenden Rolle thaten. Jeder erbärmliche Schrifter- »ling hat also, um gegen Unsegen sicher zu seyn, »künftig mehr nichts zu thun, als Madem. Jaquet »zu bitten, daß sie seine Mißgewächse in Schutz zu »nehmen geruhe. Wissen Sie also, daß eine große »Anzahl, sonst Ihre Bewunderer, unter sich einig

»geworden sind, sehen Dich bittlich eingekommen,
»damit Ihnen von Obrigkeits wegen verboten werde
»in Stücken wie — — — aufzutreten, und durch
»Ihr vortreffliches Spiel das Publikum zu hindern,
»an M. und Konserten, was Billigkeit und Recht
»verlangt, zu vollstrecken, und sie auszupfeifen. Ich
»bin, u. s. w.«

Ihr Spiel war überall wahr, in Sprache und
Geberde. Die Wahrheit und Einfachheit desselben
war oft eine Tochter der Empfindung, öfter der Einsicht, welche die Empfindung gleichsam an der Hand
leitete, und ihr nicht erlaubte, auf Abwege zu gerathen. Diese Einsicht erwarb sie sich durch Nachdenken; und aus Büchern, deren Lesung man bei
einer Person ihres Berufs, ihres Geschlechtes, ihres
Alters, kaum sollte vermuthet haben. Win-
manns Werke besonders bildeten ihre Gebehrde,
nachdem, wie sie oft gestand, Noverre's Briefe
über die Tanzkunst sie irre geleitet hatten. Diese
empfahl sie bloß dem Tänzer.

— Demois. Jaquet hatte den Vortheil nicht,
gereist zu sein, (ihr Vater war bekanntlich auch
Schauspieler in Wien,) und die vielen Unrichtigkeiten
der Nazionalmundart auf ausländischen Bühnen ab-
gelegt zu haben. Dies war also das Werk jener be-

Harwlichen, und in solchem Alter erstaunenswürdigen, Anstrengung, mit der sie auch ihrem Organ, dem es sonst nicht an Biegsamkeit und Reichthum fehlte, eine gewisse Schärfe benahm, die Anfangs die höheren Töne etwas schneidend machte.

In allem Uebrigen war die Natur ihrem Berufe zur großen Schauspielerin aufs freiwilligste entgegengekommen. Sie besaß Empfindlichkeit, allein sie mäßigte sie. Von den Gesinnungen ihrer Rolle stets durchdrungen, hatte sie sich immer in ihrer Gewalt, und meisterte ihr Spiel.

Sie hatte Geschmack; die Wahl in der Mannichfaltigkeit ihres Anzugs zeugte davon. Der Fluß der Kleidung, der Wurf der Stoffe, die Anordnung ihrer Kopfverzierungen — die wollustathmende Nachläßigkeit an dem Morgenkleide, die malerische Unordnung an dem Haare Ariadnens; im Gegensatze, Kleopatrens prächtige Ueppigkeit, ohne Flitter und Ueberladung, und die reizende Sorgfalt des Haarputzes — Alles verrieth die aufmerksame Beobachterin der Schönheiten alter Kunstwerke, und man könnte sagen, die Zöglingin der Künstler Griechenlands.

Ihr Beispiel, und das ausgezeichnete Wohlgefallen der Zuschauer, machte es ihren Gefährtinnen

zur Nothwendigkeit, so weit sie es vermochten, nach
zufolgen. So kommt ihr das Verdienst zu, auf der
Wiener Bühne, wie Clairon auf der französischen,
ein besseres Kostum eingefuhrt, und die Reifröcke,
die schweren Flitterstickereien, die ungeheuren Spie-
gelsteinen, und die Anachronismen der französischen Fiiuren aus den Trauerspielen verbannt zu haben. Auch in Lustspielen gab sie den Eleganten ihres
Geschlechts manche Mode an; nicht, wie die Heroen
der französischen Bühne, durch Kostbarkeit der Kleider, auf denen jene die Verschwendung ihrer Liebhaber zur Schau trugen; sondern durch feine Wahl,
und glückliche Erfindung.

Ihr Wuchs war ansehnlich, ihr Gang edel und
stolz, die Stellung ihres Kopfes *), und überhaupt
die

*) Eine bekannte Aktrice beim B... Theater, die zu ei-
ner gewissen Zeit sehr akkreditiert war, weiß durchaus nichts von eblem Tragen des Körpers, und
besonders des Kopfs. Wenn sie Standespersonen,
oder überhaupt Frauenzimmer von guter Erziehung, vorstellen soll, so sitzt ihr Hintertopf einmal
über die senkrechte Linie des unkundigen Kinns,
Die Brust wird unnatürlich hervorgepreßt, der Rücken hohl, und die ganze Stellung nicht edel, sondern affektiert und widerlich.

die Haltung ihres Körpers immer vortreflich. Ihre Gesichtszüge waren regelmäßig und kräftig gezeichnet. Durch die Fernung der Schaubühne verjüngt, war es eine der reizendsten Bildungen, mit einer Physiognomie voll Anmuth, Geist und Bedeutung. Einige Engländer fanden zwischen ihr und dem Abgott der Londner Szene, Miß Siddons, Aehnlichkeit. —

Mit einem Ueberschwunge zum Ernste, beinahe zur Schwermuth, war sie wenig gesprächig, aus Naturell, und an sich haltend, aus Ueberlegung; allein, in Denkungsart und Handlungen überaus zart und niedlich, und, bei dem Gefühl ihres Talents, bescheiden, ward sie in guten Häusern und Gesellschaften nicht bloß mit Vergnügen aufgenommen, sondern gewünscht. Hier war sie eben die Person von Erziehung und Weltton, die sie auf der Bühne so unnachahmlich spielte; und sie hatte sie eben darum so unnachahmlich gespielt, weil sie es auch ausser der Schaubühne war. Sie unterhielt eine Unterredung mit Geist und feinem Witze; aber es war ihr eigener, nicht der ihrer Rollen. Sie kannte die bei Schauspielern nur zu gewöhnliche Ziererei nicht, das Gespräch mit Gesinnungen der Chimenen und Philaiden zu ver-

krämen, und statt einer Antwort, mit
kostbarer Wichtigkeit, eine Tirade aus
einem Theaterstücke zu dialogiren. —

Ihrem gefühlvollen Herzen war wohlthätig seyn
Bedürfniß; Wohlthaten ausüben das größte Vergnügen. Mehr als einmal gerieth sie selbst in Verlegenheit, weil sie Andere daraus gerissen. Denn
sie zog immer weniger ihre Kräfte als ihre Empfindung zu Rath, und diese entschied allemal zum Besten des Nothleidenden. Fehlte es ihr selber an Geld,
dann nahm sie mit Zuversicht zu ihren Freunden Zuflucht, und wendete so die Gewalt, die sie über dieselben hatte, nur dazu an, Andern nützlich zu
seyn.

Es war natürlich, daß ein so liebenswürdiges
Mädchen von dem männlichen Geschlechte geliebt
wurde; aber ihr eigenes Geschlecht liebte sie (ein so
liebenswürdiges, so beliebtes Mädchen!) nicht minder, und beide Geschlechter achteten sie. Auch die
die Verläumdung schlich nur furchtsam an sie heran,
und die Heiterkeit von Katharinens letzten Stunden
straft sie Lügen. Bei einer Schauspielerin von ihren Vorzügen, und bei einem Könige, ist ein Sterben ohne Gewissensbisse die Rechtfertigung des
Lebens!

An Katharina Jaquet,

als sie die Gräfin Salisbury in Schröders Eduard
gespielt hatte. *)

Erröthe nicht des Lobs! ich schmeichle nicht.
Des Schmeichlers Hauch versengt, mit schnellem
Gift,
Den schönsten Keim des blühenden Talents.
Du sollst es hören, ob ich schmeicheln kann.

Ja, Mädchen, jeder Laut wird Wahrheitston
Auf deinen Lippen, drängt zur Seele sich;
Dein sprechend Aug' befeuert jedes Wort
Mit Ausdruck; würdig, Girardonen stets
Und Guiden Vorbild hoher Kunst zu sein,
Ist die Geberde Adel, Reiz; dein Spiel
Bezauberung für Ohr, und Aug' und Herz,
Und Eduards Argwohn irrt, wenn er bei dir
Nur einen Nebenbuhler wähnt, den er
Vergebens sucht. Trag, König, Deinen Blick

---

*) S. von Sonnenfels gesammelte Schriften.
Die bescheidene Künstlerin drang dem Verfasser die
Zusage ab, dies Gedicht nicht bei ihrem Leben bekannt zu machen. Es ist für Bühne und Parterr
unbeschreiblich lehrreich.

Entflammt umher! Der volle Hörsaal siebt
Die göttliche Salisbury gleich dir.

Mit diesen Gaben ausgeschmückt, durch sie
Der Stolz Thaliens und Melpomenens,
Der deutschen Bühne Stolz zu sein, bestimmt;
Mit diesem Schnellgefühl von Einsicht stets
Im Pfade der entzückenden Natur
Geleitet, selbst bis zur Natur erhöht —
Mit diesen schönen Gaben, dieser Kunst,
Die, ohne Leitung, du dir selber schufst,
Hast du, zu fühlen deinen Werth, das Recht;

Hast du ein Recht, das staunende Parterr,
Was Wahrheit ist, was Schönheit, durch dein Spiel
Zu lehren — nicht Gesetze für dein Spiel
Vom Haufen anzunehmen.
                    Er mißkennt
Oft monotones Winseln für Gefühl;
Nimmt kindisches Gezier für Naivität. —
Zu lang verwöhnt Geschmack und Auge,
                              hält
Er söhnend Reichen, das die aufge-
                              triebne Brust

Zum Bersten schwellt, Verzerrungen,
wie die
Den Missethäter auf der Folterbank
Entstellt, für treue Züge der Natur.

Nur allzutreu! Doch auch gefällig?*) Nein.
In Worten Schwulst ist nicht Erha=
benheit,
Nicht Parenthyrsus in Geberden **)
Kraft.

---

*) Die Bedeutung des Wortes Gefällig, als Gefallen
erweckend, ist weniger bekannt. Aber für die
Sprachrichtigkeit in dieser Bedeutung gewährt Hr.
Adelung, in seinem Wörterbuche: Wort Gefällig.
Libet propter quosdam imperitiores, etiam cras-
siore ut vocant musa, dubitationem huius animo
expellere. Quint. Inst. I. c. 15.

**) So nannten die alten Künstler den Fehler, wenn
Handlungen und Stellungen der Figuren nicht mit
dem Karakter der Weisheit gezeichnet, sondern gar
zu feurig und wild waren. Winkelmann: von der
Nachahmung der griechischen Werke in der Male=
rei und Bildhauerkunst. Die Schauspieler, die in
den Leidenschaften durch Uebertreibung zu gefallen
suchen, sollten sich folgende Stelle eben dieses
Schriftstellers zur Lehre und Warnung dienen las=

Sieh Nieten! *) Des Griechen Meisterhand
Drückt stummes Mutterleiden nicht durch Krampf
Der Muskeln aus; ihr Schmerz ist tief — doch
                    schön.
So wälzt der Fechter **) nicht unedel sich
Im Stand des Cirkus. Eingedenk des Ruhms,
Gesehen von Senat und Volk zu sein,
Stämmt er im Sterben sich empor, und fällt,
Erblassend schön, mit Anstand seiner Kunst. ***)

———————————————

sen: Das allgemeine vorzügliche Kennzeichen der
griechischen Meisterstücke ist eine edle Einfalt, und
eine stille Größe, sowohl in der Stellung, als im
Ausdrucke. So, wie die Tiefe des Meeres allzeit
ruhig bleibt, die Oberfläche mag noch so wüthen,
eben so zeigt der Ausdruck in den Figuren der
Griechen, bei allen Leidenschaften, eine große und
gesetzte Seele.

*) Dieses kostbare Ueberbleibsel des Alterthums ist in
den Augen aller Kenner eines der schönsten Werke
des griechischen Styls in dem edlen Ausdrucke.

**) Die Bildsäule des sterbenden Gladiators.

***) Unter andern Künsten, worin die Fechter von den
Lanisten Unterricht empfiengen, war eine der vor-
züglichsten; wenn sie tödtlich verwundet waren,
mit gutem Anstande zu sterben.

Die Krone deines Spiels, Ophelia,
Kömmt nicht, wie von den Ketten eines Bedlams *)
los;
Nicht, wie der arme Tom **), unsäuberlich,
In Lappen, kaum bedeckt. Der Aehrenkranz
Im aufgelösten, nicht zersträubten Haar
Zeugt von Unordnung ihres Herzens mehr,
Als des Verstands; schmückt traurig feyerlich
Das Opfer zärtlicher Empfindsamkeit.
Du rasest nicht, sprichst nur aus Wehmuth irr;
Und doch, wem flößt dein unbestimmter Blick,
Des Mundes Lächeln, da im Auge dir
Die leise-Thräne bebt, nicht Mitleid ein?
Wem bringt dein Leichgesang nicht in das Herz?
Wer streut mit dir nicht auf des Vaters Grab
Vielen? weint mit dir nicht auf sein Grab?

Für Künste ist die Vorschrift allgemein:

---

*) Der Name eines Tollhauses in London.

**) Im König Lear. (Daß Sonnenfels übrigens ei-
nen bestimmten Tom im Auge hat, ist wahrscheinlich. Wenigstens ist Unsäuberlichkeit
durchaus keine nothwendige Eigenschaft des Shak-
spearischen.)

Nichts kann gefällig sein, was sich nicht
ziemt. *)

Verzeih dem Beifall denn, der klatschend lohnt,
Der aus den Wetten **) immer lauter tönt,
Als von Parterr' und Loschen her. Das Lob,
Das Hände klatschen, ehret nicht. Darin
Nimmt leicht der Träger mit der breiten Hand
Es mit dem Mann des Kopf und Herzen auf.

Dich lebte schweigende Bewund'rung nicht,
Wann, hingerückt durch dein edles Spiel,
Der Hörsaal sich, zu athmen, kaum vergönnt,
Besorgt, daß er sich eine Schönheit raubt —
Wann, hingerissen durch dein wahres Spiel,
Der Hörsaal, sich vergessend, mit dir fühlt,
Furcht, Wehmuth, Freude, Schrecken mit dir theilt.

Doch, Mädchen! da liebkosend die Natur
Mit solchen seltnen Gaben dich geschmückt,
Der deutschen Bühne Zierd' und Stolz zu seyn,

---

*) Nihil potest placere, quod non decet. Quin-
   til. Inst. Lib. 1. c. 18.

**) Der Platz der Livree und gemeinen Volkes ist im
   obersten Stockwerke des Schauspielhauses.

Mit diesen großen Gaben, dieser Kunst,
Die, ohne Vorbild, du dir selber schuffst,
Ist auch an dich des Kenners Fodrung groß.
Gemeiner Schwingen höchstes Steigen ist
Für Adlerschwung kaum Mittelregion;
Die Sonne ist sein Ziel — Das deinige
Der höchste Gipfel deiner Kunst — Nur dort
Wird dir den unwelkbaren Kranz der Ruhm
Um deinen Scheitel winden. Und erstiegst
Du nicht den Gipfel — O dann — wenn du gleich
Hoch über deine Kunstgefährten weg
Dich schwängest — wärst Du tief doch unter dir
Und dem Talent, das die Natur dir gab.

———

IV.

Miszellaneen.

Ludwig 14. war einst incognito in der italienischen Komödie. Dominico spielte an diesem Abend sehr schlecht, und der König sagte daher zu ihm, beim Hinausgehen: Dominico, das war heut ein erbärmliches Stück! — Sachte! sachte! flüsterte Dominico; lassen Sie das den König nicht hören; er könnte mir und der ganzen Truppe den Abschied geben.

———

Ein Marki kam an einen deutschen Hof, und ward Direkteur des Plaisirs. Er schwatzte viel von Reformen im Theaterwesen, und man glaubte ihm, denn er war ja ein Marquis français. Gleich in den ersten acht Tagen seines Direktorats ward auf dem Theater des Fürsten eine Operette gegeben. In

einer Stelle der Ouvertüre hatten die Hoboen eine
lange Pauſe. Der Marki ſpitzt die Ohren, wird
unruhig, zornig, und ſchickt endlich ſeinen Kammer=
diener ins Orſcheſter. Die Hoboiſten laſſen ihm ant=
worten: ſie hätten jetzt zu pauſiren. — Ei was!
ſchreit der Marki, point de pauſe dans le ſer-
vice du Souverain! (Im Dienſt des Landes=
herrn ſoll und muß nicht pauſirt werden!) Geh
wieder hin, Johann, und ſag' ihnen, ſie ſollen gleich
wieder anfangen, oder — quos ego!

———

Man erzählte Fontenelle, daß eine Schau=
ſpielerin an den Blattern geſtorben ſei. — Das iſt
ſehr beſcheiden, ſagte er.

———

Als 1623 Karl I. (als Prinz von Wales) mit
dem Herzog von Buckingham in Madrit war, ſtellte
man ein ſehr rechtgläubiges Stück vor, deſſen Helden
ein kranker Katholik und ein kranker Proteſtant wa=
ren. Jener empfieng (wie billig) alle Sakramente,
und es ſchwebten Engel herab, ihn ins Himmelreich
zu tragen. Der Proteſtant bekam nichts, und ward
von den Teufeln geholt. Beide Parteien erhoben

sich in die Luft; allein entweder hatten die Engel
zimperlicher angefaßt, oder ihre Stricke waren schlechter; kurz, der Rechtgläubige fiel herunter, und brach
noch im Tode ein Bein; der Ketzer hingegen, von
seinen Teufeln fester gepackt, kam glücklich davon.
Der Prinz lachte laut. Man fragte nach der Ursach. »Ei, sagte er, ich lache darüber, daß die gottlosen Teufel mehr Ehre im Leibe haben, als die heiligen Engel.«

Man warf Moliere vor, daß er in seinem
Tartüff predige. Ei, sagte er, spielt doch Pater
Maimbourg auf der Kanzel Komödie, warum
sollt' ich nicht einmal auf dem Theater predigen?

Lully hörte eine seiner Opernarien in der Messe
spielen, und rief: Ach, lieber Gott! vergieb mir,
ich hatte sie nicht für dich gemacht!

Der Hofpoet F... und der Kapellmeister B....
zankten sich oft über ihre Arbeiten, die beinahe gleich
schlecht waren. »Ihre Verse haben gar keinen Fall!«

sagte einmal A.... zu F.... — »Sie werden sie
schon zum Fallen bringen, antwortete F...

In einer zahlreichen Gesellschaft schimpfte ein Offizier auf Le Kain, und auf alle Schauspieler.
»Solche Kerls, solche nichtswürdige Faullenzer, rief
»er, werden reichlich besoldet, reichlich beschenkt; und
»ich alter Soldat, was hab' ich für meine Dienste?
» — Eine elende Pension! —« Und das Recht,
fiel ihm Le Kain ins Wort, mir Alles das ins Gesicht zu sagen.

Foote brach bekanntlich sein rechtes Bein, und
mußte ein hölzernes tragen. Einst um Weihnachten
reiste er zu Lord B... aufs Land; skandalisierte sich
aber an dem schlechten Heizen der Zimmer so sehr,
daß er schon am vierten Tage wieder abreisen wollte. —
Was fehlt Ihnen, Foote, fragte der Lord, daß Sie,
statt vier Wochen, nur vier Tage bei mir bleiben wollen? Schmeckt Ihnen mein Wein nicht? — O,
Ihr Wein ist gut, Mylord; aber ich fürchte, wenn
ich länger hier bleibe, so kann ich endlich nicht mehr
stehn. — Nicht mehr stehn? — Wie so? Wir

trinken doch so viel nicht. — Das wohl; aber es
scheint hier Holzmangel zu seyn, und da fürcht' ich,
Ihr Bedienter nimmt mir einmal des Morgens mein
rechtes Bein weg, und heizt damit ein. —

Der berühmte Schauspieler Wilks wurde in
einem Trauerspiele erstochen. Unglücklicher Weise
hatte er gerade einen starken Husten. Er fieng also,
wie er da lag, laut zu husten an. Alles lachte und
zischte; Wilks aber richtete sich kaltblütig auf, und
sagte: »So trift es doch ein, was meine Mutter
»mir immer prophezeihte, daß ich noch im Grabe hu-
»sten würde, weil ich meine Suppe zu trinken pfleg-
»te.« Händeklatschen belohnte diesen Einfall.

Ein Schauspieler machte im geadelten Kaufmann die Hauptrolle, und zwar recht gut. Allein
er hatte viel Feinde im Parterr, und ward daher bei
jedem Abgange ausgepfiffen. Er ertrug das geduldig, bis zu der Szene, wo er auf den Haushofmeister
tobt. Als er nach dieser Szene abgehen wollte, und
man wieder pfiff, kehrte er schnell um, packte den
Haushofmeister bei der Brust, und rief: »An nichts

denkt der Schurke!. Im ganzen Hause kann ers pfeifen hören, und kauft doch kein Rattenpulver! —«
Dieser drollige Einfall versöhnte das Parterr.

———

Ein französischer Theaterdichter las Voltäre ein
Trauerspiel vor, das er selbst gemacht hatte. Während des Lesens nahm Voltäre einmal über-das andere die Mütze ab, und verneigte sich. Jenem fiel
dies endlich auf. — »Laffen Sie sich nicht irre
machen, sagte Voltäre, ich höre hier so manchen Vers
von Corneille und Racine wieder, und da wollt' ich
doch diesen alten guten Bekannten. meinen Respekt
bezeugen.»

———

In Paris ward einst ein Stück gespielt, worin
der Liebhaber von seiner Königin aufs unbarmher-
zigste gemißhandelt wurde. Er lag vor ihr auf den
Knieen, er schwur ihr unverbrüchliche ewige Treue,
er drohete, sich zu ermorden, wenn sie ihm nicht Gehör gäbe. Alles dies machte nicht den geringsten
Eindruck auf die Schöne. Sie blieb unerbittlich.
Da er und sie aufs täuschendste spielten, so rief endlich ein alter gutherziger Offizier laut aus: Vier

Lieder, ████ Herr! vier Lieder ihr in ████ ████
gedruckt! Ich kenne die kleine Hexe; ██ ████
mirs gestern eben so.

Eine reisende Schauspielergesellschaft führte vor
einer gewissen Fürstin die Jagd auf. In der Schluß-
arie wußte man die Worte: »Es lebe der König,
mein Mädchen und ich; der König für Alle, ████
████ für mich!« nach den Umständen abändern,
und sang also: Es lebe die Fürstin, mein
Mädchen, und ich; die Fürstin für Alle,
mein Mädchen für mich.

Ein alter, sonst geschickter, Schauspieler hatte
die üble Gewohnheit, überall »Gott straf' mich!«
einzuflicken. Einst spielte er Tyrel in Richard dem
Dritten, und deklamierte die Verse:
    — — Da kam mit wilden Blicken
      Richard, und stieß den Dolch ihm ████
         durch den Rücken;
auf folgende Art:
    — — Da kam mit wilden Blicken
      Richard, und stieß das Kind, Gott straf
         mich! in den Rücken.
            Aber,

Ackermann verſetzte ſich jedesmal ſo ganz in ſeine Rolle, daß er davon wie beſeelt wurde. Er zankte mit Jedermann, wenn er den Grondeur ſpielte; er war wirklich grob, oder klagte unaufhörlich, wenn er den Grobian, oder den Kranken in der Einbildung machen ſollte. Er hatte in der Theaterſtube ein Schränkchen, worin er ſich Wein und Rauchtabak hielt; an Spieltagen verſagte ers aber keinem Schauſpieler, davon zu nehmen. Einſt, als er den Geizigen ſpielte, bat ihn ein Schauſpieler um eine Pfeife Tabak. — »Was?« rief der ganz in ſeine Rolle verlorene Ackermann; »Glauben Sie etwa, daß ich meinen Tabak ſtehle? Wenn Sie rauchen wollen, ſo ſchaffen Sie ſich ſelbſt welchen!«

———

Baron bekam einſt, im Cid, als Diego, bei ſeinem Gefecht mit Graf Gormas, eine Wunde am Fuß, die ſo gefährlich wurde, daß die Aerzte ihm den Fuß abnehmen wollten. Darein wollte aber Baron durchaus nicht willigen. »Das würde ſchön laſſen, ſagte er zu einem Freunde, ein Theaterheld mit einem Stelzfuß.« Und ſo ſtarb er.

Philoſophiſcher dachte Foote. Er ließ ſich ſein gebrochnes Bein kaltblütig abnehmen, und ſcherzte

häufig über diesen Verlust. »Ich bin,« sagte er, »ein
»elender Mann, mit Einem Fuß schon im Grabe,
»aber darum mit dem Ueberrest nicht um einen Fin-
»gerbreit näher dabei.« Im lahmen Liebhaber
(Eins seiner Lieblingsstücke) ist er unerschöpflich an
Einfällen über sein hölzernes Bein.

———

Als Moliere gestorben war, machten viele Mäß-
mer Grabschriften auf ihn. Einer überreichte sein
Machwerk dem Prinzen Conde'. Ich wollte lieber,
sagte der Prinz, daß Moliere mir Ihre Grabschrift
gebracht hätte.

———

Als Garrick das letzte Mal in Paris war, und
ihn Preville, der berühmte Schauspieler *), auf

———

*) — „Preville ist, ohne Zweifel, der König oder
Arlekine, und, in seinem eingeschränkten Fach, der
Garrick dieses Volks. Bei ihm scheint nichts gelernt, nichts geübt, nichts nachgeahmt zu seyn;
seine Rolle, glaubt man, ist sein wahrhaftes Leben;
er ist zu Hause, wie mit ihm; er vergißt die Zuschauer, wie die Bühne; jede Wendung, jede Miene, ist ein launiger, drolliger Einfall, voller guti

sein Landgut ein. Es lag auf dem Wege nach Versailles, und sie setzten sich daher in eine von den Miethkutschen, die von Paris nach Versailles gehn. Als sie saßen, befahl Garrick dem Kutscher, zuzufahren. Der Kutscher antwortete, er müsse noch zwei Passagiers haben, ehe könne er nicht fahren. Sogleich sprang Garrick unvermerkt aus dem Wagen, gieng um ihn herum, verstellte Gesicht und Stimme,

müthigen Erzschelmerei. In ihm webt Molierens Geist lebendig, und die Natur hat seinen Körper für seine Gaben gebaut. Wenn er auftritt, so fühlt man sich in der Zeit der wahren Komödie. alles athmet helle Fröhlichkeit. Er reizt nicht zum verbissenen Lächeln; er gefällt dem kalten Kritiker nicht allein, sondern alle, denen das Zwergfell nicht fest sitzt, alle Geschlechter, Alter und Stände, jauchzen ihm Beifall durch ein tobendes Lachen." Sturz, 1, 96.

Preville war auch ein sehr wohlthätiger, braver Mann. Eine Dame aus der Provinz, die ein Prozeß in große Noth brachte, klopfte an die Thüren ihrer Freunde und Verwandten vergeblich, aber nicht so bei Preville. Sie hatte ihn eines Abends einen Wohlthätigen so spielen gesehn, wie er Alles spielte. Am folgenden Morgen gieng sie zu ihm, und fand die edelste Unterstützung.

und bot sich dem Kutscher als dritter Passagier an. Der Kutscher nahm ihn an, und ward noch ein Mal so angeführt. Als er zum dritten Mal kam, antwortete ihm der Kutscher mit grämlichem Ton, er habe schon vier Passagiers, und Garrick wäre nicht aufgenommen worden, wenn Preville nicht dem Kutscher zugerufen hätte, der fünfte Herr sei klein, und werde schon noch Platz finden.

———

Foote gieng eines Abends spät nach Hause. In einer engen Gasse wird ein Mensch aus dem dritten Stockwerk herabgeworfen, und stürzt neben ihn hin. Der erschrockene Foote hebt den Menschen auf, findet ihn glücklicher Weise unbeschädigt, und erkennt endlich einen alten Bekannten, dessen Leidenschaft fürs Spiel er bedauert hatte. — »Willkommen, ... woher so eilig?« — Händel beim Spiel — »Beim Spiel! Das dacht' ich wohl. Sagt' ichs Ihnen nicht immer, Sie sollten nicht so hoch spielen?

———

Die italienischen Schauspieler in Paris fiengen an, auch französische Stücke aufzuführen. Die Na-

zionalschauspieler beklagten sich darüber bei Ludwig 14. Beide Parteien mußten vor ihm erscheinen. Baron sprach zuerst, im Namen der französischen Schauspieler. Als er fertig war, trat Dominiko, der Harlekin des italienischen Theaters,
auf, und fragte den König, nach einigen komischen
Posituren: in welcher Sprache er reden solle. —
Rede in welcher Du willst, sagte Jener. — Nun,
weiter verlange ich nichts, fuhr Dominiko fort, und
bedankte sich; meine Sache ist gewonnen. — Der
überraschte Ludwig lachte, und es blieb in der That
beim Alten.

———

Boissy, der Verfasser einiger in Paris gut
aufgenommenen Schauspiele, war so arm, daß er
verzweifelte. Der Tod schien ihm das einzige Ret-
tungsmittel, und er, und seine Frau (denn er war
verheirathet) beschlossen, sich todt zu hungern. Auch
ihr einziges junges Kind wollten sie der Gnade der
Welt, die sie selbst so wenig erfahren hatten, nicht
überlassen; es sollte mit sterben. Gedacht, gethan.
Sie verschlossen ihre Stube zum letzten Mal, und
öfneten Keinem. Kein gewöhnlicher Bekannter ahn-
dete etwas; aber was entzeht dem Scharfsinn eines

Freundes? Ein vertrauter Freund Boissy's wunderte sich, seine Thür immer verschlossen zu finden. Er ward unruhig, fürchtete, das gehe nicht recht zu, und ließ endlich die Thür aufschlagen. Es war schon der dritte Tag, daß die Familie Boissy keine Nahrung genommen hatte. Als ihr Freund hineintrat, fand er Boissy und seine Frau neben einander sitzend, die Hände Eins in des Andern fest geschlossen, und ihren Blick auf das Kind geheftet, das an der Mutter Knieen hieng, und um Nahrung zu flehen schien. Mitleid und Verdruß übermannte den Freund. Er bat die Unglücklichen, Nahrung anzunehmen. Umsonst. Erst, als er das Kind für sich gewonnen hatte, überschrie die Stimme der Natur das Murren des Menschenhasses, und er unterstützte nun seinen Freund, soviel in seinen Kräften stand.

Diese Geschichte ward bald bekannt. Sie interessirte ganz Paris, und glücklicherweise auch die Marquise von Pompadour. Diese schickte Boissy sogleich hundert Luidor, verschaffte ihm eine nicht unbeträchtliche Stelle, und nach Boissy's Tode verschaffte sie seiner Gattin und seinem Kinde einen Jahrgehalt.

———

Wie kommt es doch, fragte man einen jungen

Dramatisten, daß es in ihrem neuen Stück sowohl gestern als vorgestern so leer gewesen ist? — »Vorgestern, antwortete er, war der Regen Schuld daran, gestern das schöne Wetter.«

––––––

Eben dieser Dichter schrieb einst ein Stück, das Beifall fand. Nur Ein Freund gestand ihm, daß es ihm nicht sonderlich gefalle. — Das bedaur' ich, sagte der Dichter; aber in solchen Sachen halt' ich mich gern am Urtheil des Parterrs. — Gut, sagte der Freund, schreiben Sie nur fort fürs Theater, so wollen wir uns wieder sprechen. .

Der junge Dichter schrieb fort, und sein nächstes Stück — ward ausgepfiffen. Nun? fragte ihn der alte Freund; was halten Sie vom Parterr? — Ach! schweigen Sie vom Parterr; es hat keinen Menschenverstand. — Sagt' ichs nicht? Ich merkte das schon bei Ihrem ersten Stück.

––––––

Ein Kenner hatte vorhergesagt, daß ein gewisses Stück sicherlich würde ausgepfiffen werden. Das ward es gleichwohl nicht, ungeachtet es gar keinen Beifall fand. Man sagte dies dem Kenner. Q.

antwortete der, die Zuschauer hätten gewiß gepfiffen, wenn das Stück nur um ein Haar besser gewesen wäre. — Besser? — Ja, besser; wenn man gähnt, kann man freilich nicht pfeifen.

In einem spanischen Schauspiel: die Schöpfung, liegt Adam auf den Knieen vor Gott dem Vater, und fleht, er solle ihn doch erschaffen.

Hans Sachs, in einem ähnlichen Stück, läßt doch nur Kain sich mit den Jungen auf der Straße balgen, und Abel dem lieben Gott Luthers Katechismus aufsagen.

Eine Lady las Voltäre's Sottisen über Shakespear. Sie kam an die Stelle, wo er ihn einen ungeheuern Misthaufen nennt. — Ja, rief sie, das muß Shakspear wohl sein, da er Voltäre's magern Acker so gut gedüngt hat.

Ein holländischer Kaufmann aß in Münster an der Wirthstafel, als man eben einen Komödienzettel brachte. Er fragte, was das für ein Ding sei, eine

Komödie? — Man erklärte es ihm, und er bekam
der Rath, das Stück — es war der Deserteur —
ja nicht zu versäumen. — »Der Desertör!« murmelte er, indem er den Zettel überlas — »Sonderbar! — Aber, da steht ja: d i e H a n d l u n g
g e h t a u f e i n e m D o r f e v o r — Nein! nein!
vors Thor geh' ich darum nicht. Nimmermehr!«

––––––––

Zu einem Arzt in Paris kam ein Mann, der
über beständige Bangigkeit und Schwermuth klagte. — Dafür ist kein anderes Mittel, sagte der
Arzt, als daß Sie sich lustig machen. Gehn Sie
fleißig ins italienische Theater. Wenn K a r l i n,
der Hanswurst, Sie nicht heilt, so möcht' auch ich
Sie wohl schwerlich heilen. —

D e r K r a n k e. Sie selbst wissen wohl nichts
von Schwermuth und Bangigkeit?

A r z t. Glauben Sie mir; ich weiß so gut als
Sie selbst, was Hypochondrie ist?

D. K r. Und brauchen Sie selbst zuweilen die
Kur, die Sie mir vorschlagen?

A r z t. So oft als möglich; auch, wenn mir
nichts fehlt; denn wenn es ein gutes Heilmittel ist;
so ist es noch ein besseres Präservativ.

D. Kr. Was brauchen Sie denn ꝛc. für Ihre Augen? —

Arzt. Für meine Augen, mein Herr? Gott Lob! nichts. Sie sind noch so stark und gesund, als irgend ein Paar Augen in Paris. -

D. Kr. Das weiß ich besser. Wenn Sie nur vier Schritt weit sehen könnten, würden Sie dann nicht mich erkennen? Ich bin ja eben der Karlin, dem Sie so viel schuldig zu sein glauben. Aber, wahrlich! ich bin darum nicht lustiger, weil es mein Beruf ist, Andere lustig zu machen.

––––––

In einer Stadt in Thüringen schlug 1776 eine fahrende Schauspielergesellschaft ihre Bude auf. Die Bürger hatten noch nie ein Schauspiel gesehn; das Haus (sit venia verbo!) war daher bei der Vorstellung gedrängt voll. Man gab grade den Galeerensklaven, und die ehrlichen Spießbürger sahen und hörten eine Weile dem Weinen und Schluchzen, und den jämmerlichen Gebehrden der Schauspieler still zu. Endlich konnten sie 's nicht länger übers Herz bringen, die guten Leute sich so vergeblich martern zu sehen. »Laßt es gut sein, Kinder!« riefen die bei-

den Bürgermeister, »laßt es gut sein! Wir wissen
ja doch, daß es euer Ernst nicht ist.«

Quin klagte einst über sein immer zunehmendes
Alter. Ein frecher junger Mensch fragte ihn, was er
wohl darum geben würde, so jung als er zu seyn? —
Nun, sagte Quin, dafür wollt' ich es mir sogar
gefallen lassen, auch so närrisch zu sein.«

Zwei Schauspieler von Coventgarden stritten sich:
wer von ihnen am besten sänge. Sie wählten endlich den Doktor Arne zum Schiedsrichter. Am bestimmten Tage erschienen beide Parteien, und sangen
aus Leibeskräften. Arne hörte still zu. Als sie fertig waren, sagte er zum Ersten: »Wahrhaftig! mein
Herr, Sie sind der schlechteste Sänger, den ich in
meinem Leben gehört habe.« — Sagt' ichs nicht?
rief der Andere. — »Und Sie, fuhr der Doktor
fort, indem er sich zu dem Andern wandte, »bei meiner Ehre! Sie können gar nicht singen.«

Eine Schauspielergesellschaft spielte in einer kleinen Stadt, am Sonnabend. Nach dem Stück trat

ein Schauſpieler hervor, und fieng an: »Morgen
werden wir ‒ — Morgen iſt Sonntag! — rief
ein rechtgläubiger Bürger im Parterr. — »Das
weiß ich ſehr wohl!« fuhr der Schauſpieler fort, morgen werden wir daher, wie billig, alleſammt in die
Kirche gehen, und eine andächtige Predigt hören!
übermorgen aber werden wir,« u. ſ. w. Dieſe witzige
Wendung gefiel der guten Stadt ſehr wohl, und das
Haus war am Montage geſtopft voll.

─────────

Foote iſt durch einen allgemeinen Zuruf zum
brittiſchen Ariſtophanes erklärt; aber er hat
nicht, wie der Grieche, Tugend, ſondern Laſter und
Thorheit verſpottet. Er reichte weiter, als die Ge-
ſetze, und erhaſchte manchen Verbrecher, welcher den
Gerichten entrann.

Kurz vor meiner Ankunft in London ſollte L...,
ein reicher Betrüger, wegen eines falſchen Eides, am
Pranger ſtehen. An dem Tage des Verhörs fand
ſein Sachwalter, was man in England a flaw in
the indictment *) nennt, und der Prozeß gieng
für diesmal verloren. An dem Abend des nämlichen

─────────

*) Ein Fehler der Formalität in der Denunziation.

Tages war dieser Elende so kühn, sich in einer der vorderſten Logen auf dem Haymarkt zu zeigen. Wie ihn F o o t e erblickte, hielt er ſich die Naſe feſt zu, und fragte den Schauſpieler, der mit ihm auftrat: »Haben Sie nicht eine Priſe Tobak?« Dieſer ſchwieg betroffen. »Ei verdammt!« rief F o o t e, »hätte bald einen falſchen Eid geſchworen, daß der Herr keine Naſe hat. Riechen Sie denn die faulen Eier nicht? *) — Jedermann begriff den Wink; es erhub ſich ein furchtbar Geziſch; L... mußte ſich kümmerlich retten, und hatte wirklich am Pranger geſtanden. — Sturz II, 383.

Foote war einſt bei einem Lord zu Gaſt. Gegen das Ende der Mahlzeit ließ der Lord eine ſehr kleine Flaſche Wein auftragen, deren Alter er nicht genug rühmen konnte. — »Was denken Sie davon?« fragte er F o o t e. — »Wahrhaftig,« ſagte F o o t e, ſie iſt für ihr Alter verzweifelt klein.« —

Ein erbärmlicher Schauſpieler ward, ſeiner Rolle gemäß, mit vielen Stichen und Hieben aus der Welt

---

*) Damit wirft der Pöbel die Verbrecher am Prang..

geschäft. — »Der stirbt eines übeln Todes!« sagte
Einer. »Er hat auch übel gelebt!« sagte ein
Anderer.

———

Quin reiste einmal nach Somnersetshire, und
brachte einige Tage auf einem Meierhof zu, dessen
Lage ihm sehr gefiel. Sein Pferd schickte er indeß
auf eine Wiese, und ließ es grasen. Als er abreisen
wollte, schickte er nach dem Pferde, allein das hatte
sich schon ein ehrlicher Somersetshirer zugeeignet.
Quin lief selbst, es zu suchen. »Giebts denn hier
auch Spitzbuben?« fragte er einen Bauer, den er auf
der Wiese traf. »Ich glaubte, die Somersetshirer wären Alle ehrliche Leute.« — Ja, das sind
wir auch, sagte der Bauer, und von uns ist auch
gewiß Keiner gewesen. Aber da ist hier seit einigen
Tagen ein Herr Quihn, ein Komödiant aus London;
der mags wohl gestohlen haben. —

———

Die bekannte Schauspieldirektrice, Neuber,
war einmal in Hamburg in großer Geldnoth. Ihr
Stolz und ihre Laune verließ sie aber doch nicht, und
sie begegnete einem Juden, den sie hatte rufen lassen,

ziemlich hochmüthig. »Höre, Mayer,« sagte sie endlich, »weißt du was? die große Neuber will sich so tief herablassen, von Dir tausend Thaler zu leihen.« — »Und der kleine Mayer, antwortete der Israelit, will sich nicht so hoch erheben, Ihnen einen Schilling zu borgen.

Eine Schauspielerin hatte, als Julie, in Julie und Romeo, folgendes zu sagen: »O Liebe! Liebe! wie tief hat dein Saame bei mir Wurzel geschlagen!« — Dafür sagte sie in der Eil: O Romeo! Romeo! u. s. w.

Lepper war der beste Hanswurst auf dem Theater der Neuber. Einmal hatte er den närrischen Einfall, sein Glück auch in einer tragischen Rolle zu versuchen, und zwar als Kato in Addisons bekanntem Stücke. Die Neuber mußte ihm nachgeben, um ihn nicht böse zu machen. Das Stück ward also aufgeführt. Lepper-Kato saß beim Phädon, und filosofierte über Tod und Unsterblichkeit. Nach seinem langen Monolog sollte sein Sohn auftreten. Ein Spaßvogel aber hielt den Schauspieler zurück, und stieß dafür einen Pudel aufs Theater. Koppen, ganz in seine Rolle vertieft, deklamierte ihm zu: Was willst du hier, mein Sohn?

———

Ein junger Lord tadelte den Dichter Dryden, daß er einen seiner Helden ein zu langes Tete-a-tete mit seiner Geliebten halten lasse. Ich, sagte er, halte mich bei einem hübschen Mädchen nicht gern lange mit Reden auf. — Das glaub' ich wohl, antwortete Dryden; aber Sie gestehn doch auch, daß Sie kein Held sind?

———

Eine Schauspielergesellschaft kam nach einer kleinen Landstadt, wo noch nie ein Schauspiel gesehen war, und kündigte die Jagd an. »Die Jagd?« rief der Bürgermeister; »sind die Leute toll? — Wo wollen Sie denn mit den vielen Hunden und Pferden hin?« —

———

Als Voltäre zum letzten Mal in Paris war, besuchte er eine alte Bekannte. Sie hatte, trotz ihres Alters, den Busen noch sehr entblößt. Voltäre bemerkt' es, und lächelte. Sie lächelte auch, und
sagte:

ſagte: »Sie haben wohl dieſe Schelme hier (co-
quins) noch nicht vergeſſen?« — »Ei, was ſoll'
ich, verſetzte Voltäre. Ehemals warens noch ganz
liebliche Schelme, jetzt ſind es wahre pendarts
geworden.« (Eine Anſpielung auf pendre, hängen.)

———

Moliere ward einſt von der Stunde der Vorſtellung überraſcht, und konnte in der Eil kein anderes Fuhrwerk haben, als eine Bruette (eine Art von
Tragſeſſel, der auf zwei Rädern ſteht, und von einem Menſchen gezogen wird.) Er ſetzte ſich ein,
und die Bruette gieng ihren gewöhnlichen langſamen
Gang. Ungeduldig über dieſe Trödelei, und doch
ganz in ſeine Rolle verloren, ſprang er endlich heraus, und begann, trotz ſeinen ſeidenen Strümpfen,
und trotz dem tiefen Koth, das Ding aus allen
Kräften zu ſchieben. Des Fuhrmanns unaus-
löſchliches Gelächter weckte ihn endlich aus ſeinem
Traume.

———

Foote war immer heitern, fröhlichen Sinnes;
er gab ſich für keinen Weiſen aus, aber er war ein
Temperamentsweiſer, der es mit den Stoikern auf-

nehmen konnte. Auch selbst im körperlichen Schmerz
verließ ihn seine Munterkeit nicht. Im Jahr 1766
that er auf der Jagd mit dem Herzog von York ei=
nen so gefährlichen Fall, daß man ihm ein Bein ab=
nehmen mußte. Als Pott die Operazion verrichte=
te, rief er einmal ungeduldig: »ob er noch nicht fer=
tig sey?« Pott, ein saurer Mann, gab ihm sati=
risch zur Antwort, daß man hier nichts übereilen
könne. »Nun,« sagte Foote, halb schmerzlich,
»sehen Sie nicht, lieber Pott! Es ist das erste
mal, wenn die Sache wieder vorkommt, will ich
vielleicht besser finden.« Sturz, II.

––––––––

Mutter Cole, in Foote's Minderjähri=
gen, die Kupplerin und Methodistin zugleich. Es
war eine verwunderte Rolle von Foote, dessen Fi=
gur in Frauenkleidern äußerst abentheuerlich ließ. —
Der Erzbischof von Canterbury hatte das Stück
vor der Aufführung gelesen, und sein Mißfallen dar=
über bezeugt. Foote gieng hin, brachte sein Dra=
ma mit, und bat den Prälaten, auszustreichen, was
ihm anstößig deuchtete; aber der Erzbischof gab es
ihm mit einem bedeutenden Lächeln zurück. »Seh=
en Sie,« sprach er, »gern eine Komödie herausge=

ben, und darauf setzen: revidirt und approbirt
durch den Erzbischof von Canterbury? Sturz,
II, 378.

Ein gewisser Schulz ließ, als Orosman in
Zayre, bei den Worten: der Dolch fährt aus
der Hand zurück, den Dolch hinfallen, nach
dem ehmaligen falschen Schauspielergebrauch bei dieser Stelle. Nun wollte er ihn wieder aufheben;
allein in der Zerstreuung ergriff er, nicht seinen Dolch,
sondern einen Fiedelbogen, den Jemand aus dem
Orschester einstweilen aufs Theater gelegt hatte. In
der Meinung, er habe den Dolch, gieng er mit dem
Fiedelbogen auf seine Geliebte los, und wurde des
lächerlichen Irrthums nicht eher inne, als bis, bei
dem heftigen Stoß auf die Schnürbrust der Schauspielerin, sein Gewehr in Stüken sprang.

Eine Schauspielerin erlaubte dem jungen M...,
für 6, sage sechs, Luidor, eine Nacht bei ihr zuzu-
bringen. Der Preis ward erlegt; die Nacht bestimmt; der Paladin kam. Allein, er hatte einige
Flaschen zuviel getrunken, und ein sanfter Schlaf

überraschte ihn im Bette seiner Geliebten, ehe sie
noch selbst erschien. Am Morgen, beim Erwachen,
wunderte er sich, seine Dame bei der Toilette zu finden; er sprang auf, zog sich fluchend an, und — bat
sich seine Louder wieder aus. Allein Madame stellte
ihm sehr richtig vor: er könne eben so wenig etwas
»zurückverlangen, als Jemand, der in die Komödie
»gehe, den Eintritt bezahle, sich aber, indem der
»Vorhang aufgezogen werde, ganz ruhig hinsetze,
»und — schlafe —«

Die bekannte witzige Demoiselle Arnoux war,
wie die meisten Priesterinnen Thaliens, eine schlechte
Wirthin. Sie hielt daher fast beständig Auktion.
Einst, als sie einen Theil ihres Schmucks verkaufte,
beschwerten sich einige Damen über die ausserordent-
lich hohen Preise.

»Aha! meine Damen, ich verstehe Sie, rief
Dem. Arnoux; Sie möchten die Juwelen gern für
den Preis haben, den sie mich kosten.«

1754 wurde das Lustspiel, Les Mécontens,
auf dem französischen Theater gespielt. Das Stück

endigte sich mit einem, von Mouret komponierten, Rundgesang, dessen Refrain so lautete:

Et voilà comme
L'homme
N'est jamais content.

Als die berühmte Demoif. Dangeville ihre Strofe gesungen hatte, ward bis (Da capo) gerufen. Sie wiederholte sie. Ein Paar junge Herren riefen Encore (Noch einmal!). Die Schauspielerin, die schon in der Kulisse war, kam zurück, sahe die jungen Herren schalkhaft an, und wiederholte nichts weiter, als den Refrain:

Et voilà comme
L'homme
N'est jamais content.

(Der Mensch ist doch nimmer zufrieden.)

––––––

In einem Dorfe bei H...e führte eine wandernde Truppe Julius von Tarent auf, und zwar so, wie es sich von ihr erwarten ließ. — Als Blanka gegen das Ende des dritten Akts die Worte herleierte: »Ach! wenn die freie Seele, u. f. w., pfiff ein lustiger Vogel im Parterr. »Ach!« rief die Aebtissin, »solche Klagen hört dies Gewölbe seit Jahrhunderten.« — Im zweiten Akt versicherte

Julius, seiner Blanca, er wolle zu ihr, und wenn
der Weg zu ihrer Zelle rauher wäre, als der Weg
nach Rom (als der Weg zum Ruhm, sollte
der arme Teufel sagen). — Zu Ende des ersten
Akts meint der Fürst, »seine künftige Schwiegertochter solle ihm zu seinem nächsten Geburtstage im
Namen eines Oheims (Enkels) Glück wünschen,«
u. s. w. u. s. w. Das Kostüm war übrigens mo-
dern. Julius, feist und kugelrund, spielte den
Tarentiner in Zopf und Eskarpins, und Constant
erstach Guldo zuletzt mit einem Brodmesser.

Eckhof hatte einst Odoardo gespielt. Das
rebende Klatschen am Ende des Trauerspiels hatte
kaum ein wenig aufgehört, als eine Bürgersfrau sich
zu ihrer Nachbarin wandte, mit den Worten: »Ist
das man wohl was Anders, als eine höfliche Bet-
telei?«

Vor etwa 40 Jahren schrieb ein berühmter deutscher Dichter, der sich damals in Berlin aufhielt,
ein kleines Stück, der blöde Schäfer. Das
Publikum fand damals Geschmack an Schäferei-

cken; das Stück fand Beifall, und der Dichter ſchrieb
auf Bitten des Direktors, bald hinter einander,
zwei ähnliche Stücke, der dreiſte, und der kluge
Schäfer. Jedes dieſer Stücke machte zwar ein
Ganzes für ſich aus; allein ſie konnten doch auch als
ein zuſammenhängendes Schauſpiel hinter einander
aufgeführt werden. Dieſer Umſtand ward dem un-
ſchuldigen Dichter als ein verſteckter Spott auf eine
gewiſſe Glaubenslehre ausgelegt, und er hatte ſich
deshalb überall zu rechtfertigen. Und das geſchah
im philoſophiſchen Jahrhundert, in Berlin!

————————

Die bekannte große Schauſpielerin, Abingdon, fiel auf die Idee, ſich die Modeſucht ihrer
Landsmänninnen zu Nutze zu machen. Sie erfand
beſtändig neue geſchmackvolle Moden, die ſchnell in
Umlauf kamen. Bald zogen ſie vornehme Damen
bei der Wahl ihres Putzes zu Rath, und ſie fuhr
von einer Toilette zur andern. In Kurzem war es
Ton unter allen geſchmackvollen Frauenzimmern,
in Putzangelegenheiten zu Miſtreß Abingdon, wie
zu einem Arzt, zu ſchicken. Es ward faſt keine Hochzeit, oder irgend eine andere Feierlichkeit veranſtaltet,
wobei man ſie nicht über die Brautkleider u. dgl.

un Rath fragte. Daß ihre Kasse sich dabei wohl befand, kann man leicht denken.

———

Auf einem kleinen Theater gab man Klavigo. Der Mann, der den Helden des Stücks hertragirt hatte, und endlich zur Ruhe gebracht war, wollte sich das Ankündigen des nächsten Schauspiels durchaus nicht nehmen laßen. Er entschloß sich also zur Auferstehung, trat hinter dem Verhang hervor, und hub an: »Nur der Beifall eines einsichtsvollen Publikums könnte den todten Klavigo bewegen, wieder ins Leben zurückzukehren,« u. s. w.

———

Voltäre's Merope fand bey der ersten Aufführung in Paris so großen Beifall, daß man am Ende des Stücks den Verfasser zu sehn verlangte. Er erschien in der Loge der Marschallin Villars. Das Parterr, außer sich vor Freude, bestand darauf, die junge, schöne Dame solle den Dichter küssen, und sie entschloß sich endlich dazu.

Voltäre sagte nachher eß: Ich ward öffentlich geküßt, wie Alain Chartiere von der Prinzessin Margarethe von Schottland, nur mit dem Unter-

schiede, daß dieser schlief, ich aber so munter als möglich war.

———— -

Als man Voltäre die berüchtigten: J'ai vu,
u. s. w. zuschrieb, rief ihn einst der Düc-Regent
zu sich. — Herr Arouet, ich wette, daß ich Ihnen etwas zeigen werde, was Sie noch nie gesehn
haben ... »Und was?« — Die Bastille —
»O Monseigneur, ich nehme sie für gesehen an.«

————

Colle' schrieb, nach seiner Partie de chasse
de Henri IV. (woraus Weissens Jagd entstand)
keine Theaterstücke mehr. In diesem Stück, das so
großen Beifall fand, glaubte er sein Genie ganz er-
schöpft zu haben. Wenn Freunde ihn zu neuen Arbeiten aufmunterten, pflegte er zu sagen: Ich will
vor Nacht ausspannen.
Moral — — —!

————

Demoiselle Vestris, eine gebohrne Itallenerin,
bezeigte über die beständige Fruchtbarkeit der Demoiselle dü Rey (auch eine Theaterprinzessin) ihre Verwunderung. Wie ist es möglich, sagte sie, daß sich

das ■■■■■■ so bald ■■■■■ läßt? — »Sie ■■■■ gut reden, rief die witzige Arnoux; eine ■■■■, die nur Ein Leck hat, wird bald gefangen.«

Dufresny, der Dramatist, der mehrere Stücke mit Regnard zusammen gearbeitet hat, war ein ungeheurer Verschwender. Er hatte nie ■■■. Einst kam seine Wäscherin zu ihm, und mahnte ihn um dreißig Pistolen, die er ihr schuldig war. Sie sagte, sie brauche sie zu ihrer Heirath mit einem Kammerdiener. — Da hast du gewiß noch außerdem Geld liegen! rief Dufresny; denn welcher dumme Teufel von Kammerdiener nähme dich um dreißig Pistolen? — Ich habe freilich noch zweihundert Dukaten. — Zweihundert Dukaten?! — Pot Tausend! — Weißt du was? Ich selbst will dich heirathen: so sind wir quit. — Man nahm ihn beim Wort, und die Wäscherin war bald Madam Dufresny.

In N... ward eine neue Operette gespielt. Die ■■■■ dazu war vortrefflich; der Text, wie gewöhnlich, unter aller Kritik. Als das Stück aus war,

eilte ein Mann aufs Theater, und fragte nach dem
Verfasser. Er meinte den Komponisten; der Direkter mißverstand ihn aber, und präsentierte sich selbst;
denn er war der Verfasser des saubern Textes. O!
welche schöne Musik! rief der Mann aus, und umarmte den Versifex. Schade, daß Sie Ihre göttliche
Kunst an einen so erbärmlichen Text haben ver-
schwenden müssen!

———

Holberg gieng einst tiefsinnig auf der Straße.
Er bemerkte ein Paar junge Herren, die ein seltsa-
mes Gemisch von Renomist und Petitmâtre waren,
nicht eher, als bis er sie fühlte. Wir gehen keinem
schlechten Kerl aus dem Wege, riefen sie, und dräng-
ten auf ihn ein. — Nun so muß ich es thun, sagte
der Dichter.

———

Voltäre nannte eine Dame, mit der er in
Gesellschaft war, immer mon Coeur. — Nennen Sie mich lieber mon Esprit, sagte sie.

———

Voltäre war noch nicht zwanzig Jahr alt,

als ihn schon eine Satire auf den Duc Regent in die Bastille brachte. Zu derselben Zeit wurde sein Trauerspiel Oedip aufgeführt, und gefiel dem Herzog so sehr, daß er ihn auf freien Fuß stellte. Voltäre gieng sogleich zu ihm, und bedankte sich. Der Herzog war sehr gütig, und sagte unter andern: Sein Sie vernünftig, Herr Arouet, so werd' ich für Sie sorgen. — Ich bin Ew. Hoheit unendlich verbunden, sagte der Dichter; aber das bitt' ich, für meine Wohnung und Kost sorgen Sie ja nicht mehr.

Eine Dame fragte Newton, ob er wohl je in der Oper gewesen wäre? Er sagte, ein einzigesmal. — Und wie gefiel sie Ihnen? — »Der erste Akt behagte mir; den zweiten hörte ich noch geduldig aus; »aber beim dritten machte ich, daß ich fort kam.«

Bei der Aufführung einer Oper in Paris stürzte ein Page von 10 bis 12 Jahren aus einer Loge im zweiten Rang, nahm unterwegs die Perücke des Präsidenten .... mit, und kam zuletzt glücklich auf einem wohlgepolsterten Stuhl im Parterr zu liegen. —

Ei, ei, Kleiner, rief der Präsident ihm nach, wenn man fällt, muß man hübsch Acht haben auf das, was man thut. — Vergeben Sie mir, versetzte der Page, ich hab' es nicht vorsetzlich gethan.

———

In einem Dorfe bei ** wurden, auf einem ½ und ¾tel Elle hohen Theater, die Räuber aufgeführt. Der papierene Mond kam einem Schauspieler (einem weiland Schneidergesellen) zu früh, und er rief zu wiederholten Malen grimmig in die Szene hinein: den Mond weg! — den Mond weg! — Der Mond blieb. Ausser sich vor Zorn, daß sein Spiel verdorben wurde, griff er in die Tasche, zog seine Scheere heraus, schnitt den lieben Mond vom Himmel herab, warf ihn unsanft in die Szene, und — spielte fort.

———

Georg Benda ward über den Gesang einer Sängerin, die auch tanzte, befragt. — Je nun, sagte er, sie ist sich immer gleich; als Sängerin tanzt sie gut, und als Tänzerin singt sie gut.

———

Der bekannte Rich fuhr einmal in einer Lohn-

kutsche aus der Komödie nach der Oper, einem
Kaffeehause. Es war ein Eckhaus, und Rich benutzte diesen Umstand, um sich einen Spaß zu machen. Indem der Kutscher um die Ecke herumfahr-
tet, springt er behend aus der Kutsche, und durch
ein offenes Fenster ins Haus. Gleich darauf hält
der Kutscher vor der Hausthür. Er erwartet, daß
sein Mann heraussteigen soll. Da dies nicht geschieht, steigt er ab, öfnet die Kutsche, und sieht mit
Erstaunen, daß sie leer ist. Nach einem Dutzend
Flüche auf den Betrüger, der ihn angeführt hat,
setzt er sich wieder auf den Bock, wendet um, und
fährt fort. Dies hatte Rich erwartet. In dem
Augenblick, als die Kutsche wieder vorbeikam vor
dem Fenster, in das er vorher hineingesprungen war,
sprang er wieder heraus, und eben so behend in die
Kutsche zurück. Bei der nächsten Ecke sieht er zum
Kutschfenster hinaus, und fragt den Kutscher, warum
er denn vor dem Hause vorbeigefahren sei. Der
Kutscher wendet bestürzt um, und fährt wieder vor
das Kaffeehaus. Nun steigt Rich heraus, und ver-
weist ihm seine Unachtsamkeit. Der Mensch zittert
am ganzen Leibe. Rich will ihn bezahlen; allein,
er prallt drei Schritte zurück, rettet sich auf seinen
Bock, und sagt: O ich danke gar schön für Ihr Geld,

Herr Teufel; Sie wollen mich doch einmal dafür holen! Und so peitscht er fort.

———

Der Schauspieler Clairval war bei der Marschallin ** sehr gut angeschrieben. Ihr Gemal erfuhr es, und war ausser sich darüber. Ich bin ein geplagter Mann! sagte einst Clairval zu andern seines Gleichen. Der Mann droht mir hundert Prügel, wenn ich wieder komme, und die Frau droht mir hundert Prügel, wenn ich nicht wieder komme. Was soll ich thun? — Der Frau folgen, rief Demoiselle Arnoux; es sind 100 Prozent dabei zu gewinnen.

———

Ein Mann, der vom Parterr aus einer Operette zusahe, hatte einen Nachbar, der alle Arien zwischen den Zähnen-mitbrummte. Er gab unzweideutige Zeichen seines Unwillens über einen so ermüdenden Sänger. Der Brummer bemerkte sie, und fragte, worüber er so unmuthig sei. Ei, versetzte der Andere, ich möchte bersten, daß der impertinente Schauspieler mich hindert, Ihren Gesang zu hören.

1734, am Geburtstage der Erzherzogin Maria Theresia, führte der Oberkapellmeister Fux eine von ihm komponierte Oper auf. Sie gefiel dem Kaiser so sehr, daß er eine Menge Juwelen, goldne Uhren, Dosen, ꝛc. unter die Musiker und Schauspieler verlosen ließ. Alle Loose waren Treffer, und der geringste Gewinn betrug 500, der größte 2000 Florin. Bei der dritten Aufführung dieser Oper spielte Karl VI. selbst den Flügel, und die Erzherzogin agierte. Fux, der hinter dem Kaiser stand, und ihm die Partitur umwandte, gerieth über des Kaisers Diskrezion im Akkompagnieren bei einer kritischen Stelle in ein solches Entzücken, daß er laut ausrief: Bravo! bravo! Ew. Majestät können halt überall einen Kapellmeister abgeben. — Der Kaiser wandte sich lächelnd um, und antwortete: Mein lieber Oberkapellmeister, wir habens als Kaiser besser.

In ** wollte eine durchreisende Schauspielergesellschaft zum Beschluß die Jäger aufführen. Die ganze Stadt wünschte Brühls kleines Lustspiel, den ganzen Kram, das einige Tage verher aufgeführt war, noch einmal zu sehn, und man schlug vor, es als Nachspiel zu geben. — Die Jäger sind aber

aber ſehr lang, ſagte ein Schauſpieler. — El, ſo laſſen Sie den letzten Akt weg! antwortete ein Rathsherr.

———

Friedrich II. begegnete einſt im Schloſſe zu Berlin der bekannten ſchönen Operntänzerin Auguſte. Er fragte: Comment va le commerce, Mademoiſelle? (Wie geht das Gewerbe?) — Auguſte verſtand ihn, und verſetzte: Fort mal, Sire, depuis que les dames de qualité s'en mêlent. (Sehr ſchlecht, Sire, ſeit ſich vornehme Damen damit abgeben.

———

Madam ... in B. war an dieſen Commerce ſo ſehr gewöhnt, daß ſie bei den dringendſten Liebeserklärungen ihrer Paladine — Borſtorfer Aepfel aß, oder Nüſſe knackte. Sie war aber auch erſte Liebhaberin.

———

Eine Schauſpielerhorde gab Johann von Schwaben. Bei der Stelle, wo Johann das Bild der Freiheit entwirft, pfiff der Kanarienvogel, der ſtatt des Sprofſers auf der Bühne ſang, den Deſſauer Marſch, zur Erbauung aller Zuſchauer.

Man gab in B. die drei Pächter. Als das Stück aus war, ſagte ein funfzehnjähriges Mädchen zu ihrer Mutter: Ach, Mama, das war ein ſchönes Stück; alle Mädchen bekamen Männer darin.

»Ich wette, ſagte Miß Woffington, als ſie, nach einer gut geſpielten Mannsrolle in die Kuliſſe trat, ich wette, die Hälfte des Publikums hält mich für eine Mannsperſon.«

»Aber, verſetzte eine Schauſpielerin, die andere Hälfte iſt ſicher vom Gegentheil überzeugt.«

Man fragte die Frau von Murville, wie alt ihre Mutter (die berühmte Arnoux) ſei? — »Ach! ſagte ſie, aus meiner Mutter weiß ich gar nicht mehr klug zu werden; ſie verjüngt ſich täglich. Am Ende werd' ich älter ſein als ſie.

Madam Mentenſier, Direktrice des Theaters zu Verſailles, ward, wegen einiger Ungezo-
genheiten, auf königlichen Befehl verhaftet.

Als ſie in ihre Gefängnißſtube trat, ſagte ſie:
Soll ich denn hier gar keine Geſellſchaft haben? Verlangt der König ausdrücklich, daß ich allein ſchlafen
ſoll?«

Der König lachte über die Naivität, aber er belohnte ſie nicht. Mad. Mentenſier erhielt erſt nach
geraumer Zeit ihre Freiheit und ihre Stelle wieder.

————

Ein Schauſpieler, der erſt aus Flandern gekommen war, debütierte auf dem franzöſiſchen Theater
mit der Rolle des Andronikus. Sein Spiel war
unausſtehlich; jeden Augenblick ein Fehler in der
Ausſprache, oder im Ton. Als er den Vers her-
ſagte:

Mais enfin, mes amis, quel parti dois-je
prendre?

(Was ſoll ich aber jetzt thun, meine Freunde?)
rief eine Stimme im Parterr:

L'ami, prennez la poſte, et retournez
en Flandre?

(Die Poſt nehmen, Freund, und nach Flandern
zurückkehren.)

G 2

Man hielt sich in einer Gesellschaft über eine sehr kokette Schauspielerin auf. Sie denkt edel, sagte Einer: sie möchte, wie Titus, jeden Tag verlieren, wo sie nicht wenigstens Einen glücklich gemacht hat.

————

Prados liebte das Spiel leidenschaftlich, allein er hatte ein Mittel gefunden, immer etwas Geld sich zu erhalten. So oft er sein Honorar für ein neues Stück bekam, steckte er es in eine Sparbüchse, zu der er keinen Schlüssel hatte. Brauchte er dann Geld, so mußte er es durch die Ritze des Büchsendeckels herausschütteln. Die Mühe, die ihm dies machte, überwand immer die Lust, die Büchse ganz zu leeren.

————

Man fragte einen Juden, was zwischen einem Trauerspiel und einem Lustspiel für ein Unterschied sei. — Ei, sagte er, im Lustspiel kriegt der Kerl das Mensch, und im Trauerspiel kriegt ers nicht. Das ist der ganze Unterschied.

————

Der Graf von Artois verliebte sich auch einmal

in Demoiselle Contat. Sie war nicht spröde;
allein er selbst ward des Handels in kurzem müde,
und schickte ihr einen Absagebrief mit 150 Louis.
Wie erstaunte er, als er sein Geld wiederbekam, und
diese Antwort: »Monseigneur, ich habe Liebhaber
gehabt, die mich in den Stand setzten, Ihr Geschenk nicht zu bedürfen.«

* * *

Ein Schauspieler bei einer reisenden Horde erhob
die Talente seiner Frau. »Sie ist keine deutsche
Sängerin!« sagte er unter andern. — Was denn
für Eine? — »Eine Kaiserliche.«

* * *

Eine reisende Schauspielergesellschaft gab Ariadne
auf Naxos. Bei der Stelle, wo Ariadne verzwei-
felnd ihren Geliebten ruft, ward einem Zimmergesel-
len, der in der Kulisse stand, das Herz weich; er
trat hervor, und bat die Schauspielerin, sich zufrieden zu geben; Herr Theseus sei nur ein wenig hin-
ausgegangen, und werde gleich wieder bei ihr sein.

* * *

Eine Schauspielertruppe kündigte den Tod des

tapfern Hektor an. Ein Einfältiger bot dem
Direktor Geld, wenn er diesen braven Kriegsmann
erhalten wollte. Der Direktor nahm es an, und so
ward Hektors Tod von einem Tag zum andern
verschoben, bis des Pinsels Geld ausgieng, und
Achill doch endlich dem braven Kriegsmann eine
Pistolenkugel durch den Kopf jagte.   —

––––––––––

Bei einer andern fahrenden Gesellschaft war es
Gebrauch, in Sekulierszenen statt Weins gefärbtes
Wasser aufzusetzen. Ein galantes Herrchen wollte
einst einer Schauspielerin einen Gefallen thun; er
nahm in ein Schauspiel, worin eine solche Szene
war, eine Flasche Wein mit, und als ein neuer Akt
mit dieser Szene beginnen sollte, sprang er aus der
Kulisse, seinem gewöhnlichen Standorte, hervor, und
vertauschte die Wasserflasche behend mit der seinigen.
Der Schauspieler, der mit der Königin des Herrchens
zu poculieren hatte, schmeckte kaum (was er lange
nicht geschmeckt hatte) Wein, als er außer sich vor
Freuden aufsprang, und in die Kulisse rief: Je,
Herr Je! 's is Wein! 's is Wein!!

––––––––––

. Sie singt erbärmlich: sagte ein Dichterling von

einer Sängerin, als eine seiner Opern aufgeführt wurde; man kann sie gar nicht verstehn. — Immer noch besser, als wenn man sie verstände! flüsterte ein Nachbar.

———

Beaubourg, ein häßlicher, aber sonst vortreflicher Schauspieler, spielte Racine's Mithridat. Bei der Stelle, wo Monime (Mamsell Lecouvreur) zu Mithridat sagt:

Ah! Seigneur, vous changez le visage!

rief eine Stimme vom Parterr: Laissez-le faire. Das Gelächter über diesen Einfall war allgemein; Mamsell Lecouvreur und Beaubourg lachten selbst mit, und man mußte aufhören.

———

Ein Schauspieler war sterblich verliebt in eine Aktrice. Er suchte diese Liebe zu unterdrücken; allein es gelang ihm nicht. — Ich muß sie nur heirathen, sagte er endlich, da werd' ich ihrer wohl überdrüßig werden.

———

Bei der Probe eines Stücks war der Schauspieldirektor uneins mit einem Schauspieler über den

an einer gewissen Stelle. Beide verfechten ihre Meinung hartnäckig. Endlich drehte sich der Schauspieler unwillig herum, und rief: »O Gott! gieb mir Geduld!« — Die können Sie bald lernen, sagte der Direktor, werden Sie nur Schauspieldirektor!

———

Ein Schauspieler verspottete in Gesellschaft einen feinwollenden Theaterkenner. Der Kritiker schwur ihm Rache, und bei der nächsten Vorstellung pfiff er ihn aus. — Können Sie gut pfeifen? fragte der Beleidigte einen Mitspieler. — O Ja! — Nun das ist mir lieb: so können Sie dem Herrn M. Unterricht darin geben; denn er pfeift ganz erbärmlich.

———

Ein junger, reicher Graf war in die Opernsängerin Thesy sterblich verliebt. Er bestand darauf, sie zu heirathen. Der Graf war ihr nicht gleichgültig; aber einen solchen Schritt wollte sie ihn doch nicht thun lassen. Sie machte ihm die vernünftigsten Vorstellungen; sie beschwur ihn, die Ehre seiner Familie, und seine eigne nicht aufs Spiel zu setzen; sie erlaubte ihm, sie zu besuchen, auch ohne die Vorrechte eines Mannes; sie zeigte ihm die Ueberflüßig

keit einer Zeremonie, die wahre Liebe nicht adeln
oder vermehren könne; sie machte endlich gar diese
Zeremonie lächerlich. Alles umsonst; der Graf bestand auf seinem Vorsatz, und erwartete bloß ihre
Einwilligung. — Die gute Thesy schwankte schon,
als ein Auftrag des Hofs ihren Liebhaber zur gele-
gensten Zeit entfernte.

Er war eine geraume Zeit abwesend; allein seine
Liebe ward um nichts kälter; ein leidenschaftlicher
Brief versicherte sie, daß er bald wieder bei ihr sein
wolle, um sie zu besitzen, oder zu sterben. Die
Schauspielerin kannte ihren Liebhaber; sie wußte,
daß dies nicht romanhaftes Auflodern war; sie konnte für ihr eigenes Herz nicht stehen, wenn sie den
Grafen ruhig erwartete; sie war wirklich in der größten Verlegenheit. —

Der Brief war ihr gebracht worden, als sie eben
an ihrem Nachttische saß. Sie war lange verloren
in Gedanken. Endlich hatte sie ein Mittel gefunden, dem geliebten Grafen die Uebereilung, die vielleicht sein ganzes Leben verbittert hätte, unmöglich
zu machen. — »Sind Sie verheirathet?« fragte
sie ihren Frisör. — Nein, Madam. — »Wollen
Sie mich zur Frau?« — Sie scherzen. — (Und
das konnte unser Maitre Peruquier mit Recht

glaubeſt; denn Madem. Theſy war reich.) — »Ich
» ſcherze nicht; Sie gefallen mir nicht übel, und ich
» habe Luſt, ihr Glück zu machen. « — Der Haar-
kräuſeler warf ſich ihr zu Füßen. »O, ſachte! ſach-
» te!« rief ſie, » wir mißverſtehen uns, Sie ſollen
» mein Mann werden, damit die Welt nichts dawi-
» der hat, wenn ich Sie in den Stand ſetze, anſtän-
» dig zu leben; aber auf die Rechte eines Ehemanns
» müſſen Sie Verzicht thun. Sobald die Trauung
» vorbei iſt, ſehen wir uns nicht wieder. Nur Ein
» Mal erbitt' ich mir dann noch Ihre Gegenwart.«

Der Friſeur erſtaunte; allein er gieng Alles ein.
Sie wurden getraut, und er lebte gemächlich an einem andern Ende der Stadt.

Unterdeſſen kam der Graf zurück, und flog auf
den Flügeln der Liebe zu ſeiner Schönen. Nach den
erſten Umarmungen nahm Demoiſelle Theſy ihren
entzückten Liebhaber ernſt bei der Hand, und ſagte.
»Lieber Graf, ich bin Ihrer Liebe nicht werth. Se-
» hen Sie hier meinen Mann!« Mit dieſen Worten öffnete ſie ein Seitenzimmer, in welchem, einer
Verabredung gemäß, der Perückenmacher in Schlaf-
rock und Nachtmütze ſaß. Der Graf ſtarrte ihn an.
»Das iſt mein Mann!« wiederholte die Schauſpielerin bedeutend.

Der Graf errieth ihre edle Absicht: Er erstaunte über die Größe des Opfers, das sie ihm gebracht hatte. Tausend Leidenschaften kämpften in seiner Brust. Er verließ sie mit bekümmertem Herzen, und Dem. Thesy beklagte nachher bisweilen ihre rasche That; denn er betrauerte den Verlust seiner einzig Geliebten in einer steten Ehelosigkeit.

———————

Eine Schauspielerin, die eben nicht die Keuscheste war, spielte Julien in Julie und Romeo.— Sie spielt sehr natürlich, sagte Einer, als das Stück aus war. — Besonders im vierten Akt! (wo sie im Sarge liegt) rief ein Spaßvogel.

———————

Der Schauspieler M.. bat eines Tags seinen Vater um 100 Pfund. — Du kommst auch niemals aus, sagte der Vater unwillig. Als ich in Deinen Jahren war, gab mein Vater zu meinen Bedürfnissen keinen Heller mehr her. — Wohl möglich, erwiederte der Sohn; aber desto reichlicher thats mein Vater.

Ein Lord hatte sich in eine junge, schöne und talenvolle Schauspielerin verliebt. Er schrieb ihr folgendes Billet:

» Miß, «

» Man sagt, daß Sie tugendhaft sind, und sich
» vergesetzt haben, es zu bleiben. Das ist ohne
» Zweifel sehr rühmlich, und für unser Jahrhundert
» neu. Geben Sie diesen Vorsatz nie auf, und lassen
» Sie sich gefallen, beigehenden Kontrakt anzuneh-
» men, der Ihnen monatlich 50 Guineen zusichert,
» so lange Sie bei dem Vorsatze bleiben. Sollten
» Sie ihn von ungefähr ändern, so lassen Sie das
» mich zuerst wissen, und ich werde Ihnen statt 50,
» 100 geben.« u. s. w.

Die Antwort der Schauspielerin lautete so:

» Mylord, «

» Sie müssen nothwendig glauben, daß meine
» Tugend eine Heuchlerin ist, weil Sie dieselbe mit
» Ihren Guineen zu bestechen suchen. Warum wol-
» len Sie mich verführen? Denn, wahrlich! wer
» die Tugend auf Konto ihres Falles belohnt, wäre
» nur, sie todt zu füttern.

» Mylord, ich kenne meine Pflicht; ich kenne
» mein Herz. Das Theater ist mir ein Ort, von
» dem ich Männer geöffnet, und stärker in der Tugend

» zurückkehre. Glänzende Eitelkeiten, schöne Tände-
» leien, und eine volle Börse könnten ~~wohl~~ Männer
» locken, geschweige mich. Aber jetzt wenigstens lo-
» cken Sie mich noch nicht. Die feingewebte Larve
» der Verführung ist Ihnen vom Gesichte gerissen,
» Mylord; und mein Entschluß ist gefaßt. Behal-
» ten Sie Ihre 50 Guineen, damit ich nie Gefahr
» laufe, Ihre 100 anzunehmen. «

———

Bei einer Aufführung von Minna von
Barnhelm in Hamburg, saß ein fremder Offizier
neben dem bekannten Dreyer. Dem Kriegsmann
gefiel das Stück sehr. » Ich möchte wohl den Verfasser kennen, sagte er zu Dreyer; er muß ein großer
Mann sein. « — Das können Sie leicht, versetzte
Dreyer. — » Wie? Ist er etwa hier? « — Dort
drüben sitzt er. Es ist der Hauptpastor Götze. Sie
dürfen nur grade zu ihm gehn; er ist die Leutseligkeit
selbst. — Gesagt, gethan. Der Offizier geht zu
Götze, und komplimentiert ihn, als Verfasser des
Stücks. — Götze erstaunt, und lehnt das Kompliment ab. Der Offizier erneuert es mit noch gröf-
sern Lobeserhebungen. Ich bin nicht der Verfasser,
sagt der erzürnte Pastor ganz laut. — Sind Sie

nicht den Herrn Hauptmann Götze? — Der bin
ich. — Nun so irr' ich mich doch nicht. — Neue
Lobeserhebungen! neue Ablehnungen. Der Offizier
findet endlich die Bescheidenheit des Mannes lächerlich. Götze wird immer hitziger. Mit Mühe ver-
hindert sie endlich ein Nachbar, und ganz Hamburg
lachte über den Spaß, nur Götze nicht.

———

Eine Kostgängerin aus dem Kloster Val de Grace
zu Paris bekam zum ersten Mal Erlaubniß, ins
italienische Schauspiel zu gehn. Jemand fragte sie,
ob sie eine Nonne werden wollte. — O nein, sagte
das naive Mädchen, lieber Komödiantin; das ist
weit hübscher!

———

In einem Trauerspiel, das (hoffentlich im vorigen Jahrhundert) zu Amsterdam aufgeführt wurde,
standen die Köpfe von zwei Enthaupteten in einer
Schüssel auf dem Tisch, d. h. die Dekollierten steckten
durch Tisch und Schüssel, die beide durchlöchert waren, ihre Köpfe hindurch. Boshafter Weise hatte
ein Schauspieler den Rand der Schüssel mit spanischem Pfeffer bestreut, und die Köpfe begannen da-

her, in dem Augenblick, als sie, zum Schrecken aller Zuschauer, aufs pathetischste apostrofirt wurden, ein sehr lustiges Nieseduett.

***

Eben daselbst sollte einst der Schauspieler Duym in einem gewissen versifizierten Trauerspiele seinen Gegner erstechen. In dem entscheidenden Augenblick vermißte er seinen Degen, faßte sich aber schnell, und flocht folgendes Distichon ein:

> Heb ik myn Degen niet? O Hewen, welk
> Verzuym!
> Doch zo gy sterven moet, zo sterv dan door
> myn Duym!
> (Mein Schwert vergessen? Gott! das Unglück trag' ich
> kaum!
> Doch so du sterben mußt, so stirb durch meinen Daum.)

Und damit stieß er dem Andern seinen Daum auf die Brust. Dieser stürzte, und Alles lachte und applaudierte.

***

Eine französische Schauspielergesellschaft führte in der Hauptstadt eines gewissen Fürsten die Posse, L'Isle des Fous, auf. Der Erbprinz, der mit einem Kammerherrn hinter den Kulissen herumgieng

ich auf einem [...], der auf dem Theater [...]
[...] dicken [...] liegen, den man ein[...]
aus der fürstlichen Bibliothek geborgt hatte. [...]
Was ist das für ein Buch? fragte er eine Schauspielerin, die ihre Rolle repetierte. — Es ist das
[...], das in dem Stück [...],
Ihre Durchlaucht. — Der Prinz schlug [...]
das Buch auf, und es war die Geschichte [...]
[...]. — O, sagte er zu dem [...]
herrn, das Register ist nicht vollständig genug. [...]
en Sie [...] einen Theil der allgemeinen Welt-
historie. —

Unglaublicher Unsinn.

Eine [...] Truppe blieb im verflossenen Sommer zu Penzing, einem Dorfe, das an das kaiserl.
[...] Lustschloß Schönbrunn stößt, und von Städtern
häufig bewohnt und besucht wird. Unter [...]
befand sich ein Friseur, Herr Gandersky, der sich
vorzüglich in den Rollen junger Helden, Ritter und
Prinzen [...]. Einst machte dieses [...]
[...] den Hamlet. Schon seine Einladung zu dieser
großen Haupt- und Staatsaktion ist [...].
Sie [...] so:

Hohe

Hohe und gnädigste Gönner!

Da Herr Sandersky schon einigemal die Ehre hatte, in Agnes Bernauerinn als Albrecht aufzutreten; so macht er diesmal seine unterthänigste Einladung auf dieses so berühmte Trauerspiel, verspricht, nachdem er sich alle Mühe gegeben hat, den Prinzen Hamlet auf Begehren eines hohen und gnädigen Adels gut einzustudieren, Sie hohe und gnädige Gönner auf das beste zu unterhalten, indem er alle Kräfte anstrengen wird, seine durch vielen Fleiß erfundene Bilder gut anzubringen. Insonders hofft er den Beifall in dem Monologe Sein und nicht sein zu erhalten, weil er eine Arie (!) dazu verfaßt hat, die sowohl pathetisch, tragisch als unterhaltend lustig sein wird. Seine Phantasien werden Bilder entwerfen, worüber Natur und Kunst sich entsetzen muß; auch wird es an Kleidungen und Dekorazionen nichts ermangeln, um nur unsere gnädigsten Gönner nach Wunsch zu täuschen. In der sichersten Hoffnung eines zahlreichen Zuspruchs verharrt er voll Achtung

Dero

ganz unterthänigster Knecht,
Maximilian Sandersky.

Am Tage der Aufführung selbst besuchte unser
Prinz zu Pferde alle umliegenden Dörfer, und das
Zuschauer. Dies am Vormittage. Nachmittags
passirte er die ganze Gesellschaft, und dann endlich —
trat er als Hamlet auf. Es ist unglaublich, welche widerliche Verzerrungen aller Glieder seine Sub-
ber waren, wie er bebte, wütete, schnaubte, krampf-
te! Man sollte kaum Einem gewöhnlichen Menschen
die Kraft zutrauen, einer so rasenden Gestikulation
nicht zu unterliegen. !··

Daß er Hyperions Locke in eine Pen-
sionsuhr verwandelte; daß er die Worte: Hier
ist ein Magnet, der stärker zieht, in: der
mehr züchtet, verkehrte, u. s. f., das mag vergessen werden; aber die Art, wie er den Anfang des
berühmten Selbstgesprächs emblemisirte, darf nicht
verloren gehen. Er trat (credite posteri!) mit
einem Stückchen brennenden Talglichts auf, und
sagte: Sein — dann blies er aus, und setzte hinzu:
oder nicht sein: Das Licht dampfte so stark, daß
die Zuschauer über Gestank klagten. Der weise
Prinz wußte sich zu helfen: er fuhr mit zwei Fingern
zärtlich durch den Mund, und löschte das Licht vollends aus. Wiener Theatertaschenbuch.
1796.

Der berühmte Komponist und Gambist Abel trank unglaublich viel, und glühte dann zuletzt am ganzen Kopfe, wie die Sonne im Heerrauche. Einst nach einem Mittagsessen auf Foote's Landhause wandelte Abel so in seiner glühenden Gestalt im Garten umher, als ihn Foote neben einer Wand mit Weinstöcken fand, deren Trauben nicht reifen wollten. »Bitte, bitte, rief Foote, steigen Sie auf jene Mauer, und bescheinen Sie mir meine Weinwand, daß sie reife.«

———

Im Jahr 1709 wurde John Dennis' Trauerspiel, Appius und Virginia, in Drury-Lane aufgeführt. Dennis hatte für sein Stück eine neue Art von Donner erfunden, die man brauchbar fand, und die noch jetzt im Gebrauche ist. Allein der Donner war auch vermuthlich das Beste in dem Stück; denn es fiel gänzlich. Ein Paar Abende darauf ward Makbeth gegeben, und Dennis war auch im Parterr. Kaum erschienen die Hexen im Anfang des ersten Akts, unter Donner und Blitz, als der arme Mann, ausser sich vor Zorn, aufsprang, mit den Worten: »Da hör' Einer! das ist, Gott straf' mich! »mein Donner! Mein Stück wollen mir die Schur-

—en nicht spielen, aber meinen Donner fröhlich zu
—mir!«

Rowe, der Engländer, schrieb auch ein Lustspiel;
aber auch nur ein einziges, den Banner (The
Biter), das 1705 in Lincoln's-Inn-Fields aufgeführet wurde. Es mißfiel allgemein; nur nicht ihm
selbst: So oft ein witziger Einfall, seiner Meinung
nach, vorgebracht war, fieng er jedesmal an, überlaut zu lachen.

Das Stück steht nicht einmal in der Sammlung
von Rowe's Werken.

In der Schöpfung, einer Mysterie, die um
1600 in Chester aufgeführt wurde, tritt zuerst
Gott in Person auf, und schaft die Welt. Dann
bläst er Adam Leben ein, und öffnet ihm, als er
schläft, die Seite. Hierauf erscheinen Adam und
Eva nackend, und ohne sich zu schämen, denn
sie sind noch im Stande der Unschuld. Der alte
Drache kommt nun, beklagt seinen Fall, und verführt
Even. Nachdem der Apfel verzehrt ist, bereden sich
Adam und Eva, gewisse Stellen ihres Leibes mit

Feigenblättern zu bedecken. Dies geschehn, und zwar auf dem Theater, tritt Gott auf, und flucht ihnen und der Schlange. Die Schlange geht ab, zischend, u. f. w.

Ein ähnliches Stück findet sich unter Hans Sachsens.

Diese Mysterien wurden übrigens von den Hand= werksgilden in Chester, zur Fastenzeit, aufgeführt, und nahmen gewöhnlich zwei bis drei Tage hin.

——————

In einem ähnlichen Stücke, das 1605 in Oxford vor Jakob I. gespielt wurde, erschienen fünf Männer beinahe nackend auf der Bühne, zum großen Aerger= niß der Königin und ihrer Hofdamen. B a k e r's. Biogr. Dram. Vol. II. 419.

Noch um eben die Zeit führten auch d i e F r a n= z i s k a n e r in Konventry, vom Frohnleichnamstage an, bewegliche Theater auf Karren in der Stadt umher, um den großen Koventryer Markt, der dann einfiel, auch für sich zu nutzen. Ihre Stücke waren eben so wenig delikat. In einem derselben, d i e e r t a p p t e E h e b r e c h e r i n, ist die Ueberschrift der Szene, die der Herausjagung der unglücklichen Schöne selbst vorangeht, folgende:

Hic Iuveniſ quidam extra currit, caligſ
non ligatis et *braccas in manu tenens*, et
dicat Accuſator, u. ſ. w.

In einer ſchottiſchen Bibliothek ſoll, wie Baker (Biographia Dramatica, Vol. II. p. 281.)
verſichert, ein Luſtſpiel von Sir David Lindſay, einem Kammerherrn Jakobs V. von Schottland,
handſchriftlich liegen. In dieſem Luſtſpiel aller Luſt-
ſpiele befeſtigt der Held des Stücks ſeiner Frau, um
ſich ihrer Treue zu verſichern, an einem gewiſſen
Theile des Körpers ein — Vorhängeſchloß, und das
auf dem Theater! — Eben dies holde Paar trennt
ſich zuletzt, und beſchließt die Trennungszeremonie
damit, daß (ſollte mans glauben?) Einer des Andern Poſteriora küßt. — Und ſolch Zeug ſchrieb
und ſahe man noch um 1600.

Foote gieng einmal mit einem Franzoſen in
den Tuillericen, und äffte, aus Schalkheit, alle
Manieren und Albernheiten der Franzoſen im Umgange auf das glücklichſte nach), verſteht ſich, mit etwas Uebertreibung. Statt ſich darüber zu ärgern,

erklärte der Franzose Foote für den einzigen Engländer von gutem Ton, den er je gesehen habe.

1731 ward eines gewissen Tracy Trauerspiel, Periander von Korinth, in Lincolns-Inn-Fields aufgeführt. Das Stück war nicht schlecht, aber Mediocribus esse Poetis — kurz, es fiel. Doktor Ridley war bei einer Vorlesung dieses Trauerspiels in einem Wirthshause, wo der Verfasser einen Schmaus gab. — Nun, Herr Doktor, fragte Tracy bei einer Stelle, was meinen Sie? — »Ich meine, daß es vortreflich ist.« — Gelt? Hm, ich bitte — »Ei, ich meine, das Abendbrodt.«

Um 1693 ward die schlaue Witwe, ein Lustspiel, in Drurylane aufgeführt. Das Stück war nicht schlecht; aber der Verfasser, ein Heinrich Higden, hatte so viel Punschtrinken darin angebracht, daß die Schauspieler sich betranken, und beim dritten Akt, unter allgemeinem Pfeifen und Zischen, aufhören mußten.

Robert Cox, unter Karl I., war in niedrig

...ischen Rollen unübertrefflich. Einst, als er in seiner eigenen Posse, Action und Diana, den Schmidt Simpleton gespielt hatte, trat ihn ein wirklicher Schmidt an, und bot ihm einen Schilling über den gewöhnlichen Wochenlohn, wenn er bei ihm als Geselle in Dienst treten wolle.

———

Der Beifall, den Gay's Bettleroper fand, ist wohl der größte, den je ein Stück erhalten hat. R ich brachte sie im Winter des Jahres 1727 auf die Bühne, und gab sie drei und sechzig Abende hinter einander. Im folgenden Winter fand er wieder seine Rechnung dabei; und nun verbreitete sich das Stück durch alle ansehnliche Städte von England; wurde an manchen Orten dreissig bis vierzig, in Bristel und Bath funfzig Mal aufgeführt; und kam dann nach Wallis, Schottland, Irland, und zuletzt nach Minorka. Auch sahe und las man die Oper nicht bloß, Ankleide- Spiel- und Speisezimmer wurden mit darauf Bezug habenden Tapeten, Gemälden, Aufsätzen verziert, und man las Pope daraus auf den Fächern der Damen, auf spanischen Wänden, Tassen, u. s. w. Miß Fenton, die Polly spielte, eine bisher unbemerkte Schauspiele-

rin, ward nun plötzlich das Idol von London. Ihr
Bild wurde in Kupfer gestochen, und häufig ver-
kauft; man schrieb ihr Leben, publizierte Briefe und
Gedichte an sie, sammelte ihre Bonmots, und Miß
Fenton ward zuletzt Herzogin von Bolton.
Kurz, die Satire des Stücks war so treffend, so in
die Augen springend, und so genießbar für jede
Volksklasse, daß man sogar die italienische Oper,
diesen Dagon des Adels und der schönen Welt, dar-
über vergaß; wenigstens eine Zeitlang.

Daß ein solches Stück erstaunlich viel einbrach-
te, läßt sich denken. Es entstand ein Wortspiel,
That it had made *Rich gay*, and *Gay rich*.
Gay selber soll 2000 Pf. St. davon gezogen haben.

Seine Fortsetzung dieses Stücks, Polly, kam
zwar nicht zur Aufführung, welche der Hof, mit
dem Gay nicht gut stand, verbot; aber er gab nun
diese schlechtere Arbeit auf Subskripzion heraus, und
strich so auch für dies Stück, das vielleicht gefallen
wäre, sehr beträchtliche Summen ein.

Gay starb 1732.

———

Als 1720 Molloy's Reduzierte Offiziere (Half-pay Officers) in London sollten

angeführt werden, die man auf den Komödienzetteln ein Folgendes: Die Lady Richlove will Grete Freyer spielen, die seit funfzig Jahren die Bühne nicht betreten hat. Diese Anzeige zog die Welt ins Schauspiel; und Grete spielte in der That die steinalte Lady Richlove recht gut. Als die Farce aus war, brachte man sie noch einmal aufs Theater, um einen Bauertanz zu tanzen, der auf den Komödienzetteln versprochen war. Sie stolperte beim Auftreten ein Paar Mal, als ob sie fallen wollte, und machte Miene, zu entwischen, als auf Einmal das Orchester den Tanz zu spielen anfieng. Den Augenblick warf sie sich in Postur, und tanzte so rasch und geschickt, wie ein Mädchen von funfzehn Jahren; und sie war schon und achtzig! Sie errichtete nachher in Tottenham Court ein Kaffeehaus, das viele besuchten, um dies Original von Weibe zu sehn.

Das Originalste vielleicht, was man von John Taylor, dem sogenannten Wasserpoeten *)

---

weiß, iſt ſein Wagſtück, mit noch Einem in einem
papiernen Kahn nach Rocheſter überzufahren.
Sie waren kaum am Lande, als das Waſſer durch-
drang, und ohne einige Bäume am Ufer, hätten ſie
ihre Thorheit mit dem Leben gebüßt. S. Baker's
Biog. Dram.

Wignell, ein Schauſpieler beim Theater in
Koventgarden, hatte etwas Komiſchfeierliches in Allem, was er ſprach. Komiſche Szenen machte er
eſt dadurch ernſt, und tragiſche lächerlich.

»Mein Gott! Herr Wignell, rief einmal
Garrick, bei einer Probe des Argwöhniſchen
Ehemanns von Macklin, »können Sie denn
»nicht hereintreten, und ſagen: Herr Strict-
»land, es iſt angeſpannt, ohne zu deklamieren
wie Booth und Quin?« — Wahrhaftig! antwortete Wignell, ich gab mir rechte Mühe, den Gedanken gar nicht zu haben. —

In Makbeth als Arzt erregte ſein komiſches
Pathos jedesmal Gelächter.

---

hier hielt er ein Wirthshaus. — Er ward 1580
geboren, und ſtarb 1654, ſchrieb viele Pamflets,
worunter einige gute ſind; auch ein Paar Stücke.

Der berühmte Doktor Edward Young,*) (zuletzt Dechant von Sarum) hatte viele Sonderbarkeiten. So arbeitete er nie anders, als bei verschlossenen Fensterladen, und behalf sich am hellen Mittage mit Lampenschein. Schädel, Todtenbeine u. dgl. zierten sein Studierzimmer.

Er stand früh auf, aber er gieng dafür auch, nach einem mäßigen Abendbrod, Jahraus Jahrein um acht Uhr zu Bett, und wenn er noch so viel Gäste hatte.

Gesellig war er überhaupt nicht. Einsames Herumirren auf Kirchhöfen, ohne Freund, ohne Buch; (denn er las nicht viel) bloß sich und seiner Fantasie überlassen, das war sein Leben.

Die berufensten Schauspieler sind wohl Nero und Kromwell.

Nero sang, obgleich schlecht, sehr gern auf dem Theater. Einst, als er in Neapel sang, entstand ein Erdbeben; aber Nero ließ sich nicht stören, sondern sang seine Strofe aus.

---

*) geb. 1681, st. 1765. Er schrieb drei Trauerspiele, Busiris, die Rache und die Brüder.

Ueber fünftausend junge Leute, theils aus dem Volke, theils von ritterlicher Geburt, wurden auf seinen Befehl unterrichtet, auf verschiedene Art in die Hände zu klatschen, wenn er sang.

Abscheulich war es, daß, wenn er spielte, Niemand, troß dem dringendsten Bedürfnisse, das Theater verlassen durfte. Daher kamen zuweilen Schwangere nieder, und Manche, des ewigen Singens und Applaudierens satt, sprangen heimlich über die Theatermauer, oder ließen sich hinfallen, um so als Leichen hinausgeschafft zu werden.

Kromwell spielte einst zu Kambridge in einem Lustspiel, Lingua, (die Sprache) *). Der Inhalt desselben ist ein Streit der Sinne um eine Krone, die Lingua dem Sieger bestimmt. Kromwell, als Tactus (Gefühl) erhielt den Sieg; und ein englischer Biograf meint, die Erlangung dieser Theaterkrone habe ihn zuerst auf den Gedanken gebracht, nach einer wirklichen zu streben. Die Stelle, die Tactus, als Sieger, spricht, ist feurig genug:

> Fort, Roß und Lorbeer! fort! Dies Kleid und diese Krone
> Umgiebt und kleidet Stirne mir und Leib.
> Wie schön mirs steht! Der diese Krone machte,

---

*) 1607 gedruckt.

Der Sklave maß gewiß mein Haupt.

Es lügt, wer sagt, man bleibe, wie man ist;
Mein Blut ist edler jetzt, verwandelt bin ich
In eines Königs heil'ge Majestät.
Mich dünkt, ich höre edle Tischgenossen
Mich Cäsar nennen, oder Alexander,
Und meine Füße küssen, u. s. w.

Mangora, König der Timbusier; ein
Trauerspiel, zum Theil in Versen, von Sir Thomas Moore, ist ein lächerliches Stück. Der
Verfasser wurde von Georg I. zum Ritter geschlagen;
man wußte nicht recht, warum; aber (wie Victor.
Hist. of the Theatres, etc, Vol. II. 144. scheint)
gewiß nicht wegen seiner Verse. Auch bewirkte er
die Aufführung seines Machwerks (1717) bloß durch
gute Diners und Soupers, womit er die Coventgar-
dener Schauspieler regalierte. Das Trauerspiel
wimmelt von einfältigen und komisch-feierlichen Stellen. So schwört der König Mangora:

»Bei allen alten Göttern Griechenlands und Roms,
»Ich liebe meine Tochter mehr als meine Nichte,
»Und wenn mich Einer nach der Ursach fragte,
»So sprich' ich — die Natur macht doch das stärkste
Band. «

(By all the ancient Gods of Rome and
Greece,
I love my Daughter better than my Niece;
If any one fhou'd alk the Reafon why —
I'd tell 'em — Nature makes the ftrongeft Tye.

An einer andern Stelle glaubt der König fein Leben
in Gefahr, und fchreit:

» Ruft meine Wachen! ruft fie Mann für Mann!

» Ruft ihr nicht allefammt, fo — ruft mir lieber Keine.«

(Call up my Guards! call 'em up every one!
If you don't call all — you'd as good call none.)

————

Ich habe dem Lefer fo manche Schnurre von
Foote, diefem Hogarth unter den Komikern,
zum Beften gegeben, daß es ihm vielleicht angenehm
fein wird, hier eine fehr originale Szene aus Foote's Rittern anzutreffen.

Herr Samuel Gazette, ein alter zeitungs-
füchtiger und höchft einfältiger Landjunker, will feinen, wo möglich, noch dummern Sohn, Matthis,
mit der reichen Tochter eines andern Landjunkers,
Penurios Treifel, verheirathen, und bewirkt
deshalb ein Rendezvous in einem Kaffeehaufe. Ein
junger verfchuldeter Ebenteurer möchte gern Miß
Treifel für fich fifchen, und ftiftet deshalb die fchlaue

Tochter des Kaffetiers, Dortchen, an, Miß Suse
Treifel, ein wahres Gänschen, vorzustellen. Ein
Freund von ihm macht den alten Treifel; Alles geht
gut; und die beiden Väter lassen bald die jungen
Leute allein. Jetzt beginnt folgendes Gespräch: ...

Matthis. Vater und Schwiegervater sind
fett, meiner Seel!

Dortchen. (beiseite) Wie er doch anfangen
wird.

Matth. Wie — (beiseite) Meiner Seel,
ich weiß nicht, was ich sagen soll — (laut.) Wie
gehts, Miß Suse?

Dortch. J nu, so halbwea, zu dienen.

Matth. Sie haben schönen Weg gehabt.
B ist ein prächtiger Tag, meiner Seel!

Dortch. Ja, der Tag ist all gut.

Matth. Ihr Haus ist wohl 'ne ziemliche
Strecke ab?

Dortch. Drei oder vier Meilen.

Matth. Das ist weit, meiner Seel!

Dortch. Ich mach' mir nichts draus — ich
geh sie auch zurück.

Matth. So so! (pfeift.)

Dortch. (fingt.)

Matth.

Matth. Sie können sich selbst was musizie-
ren, Miß.

Dortch. O ja, ich kann laut genug singen,
wenn ich Lust habe — aber der Vater kann 's Singen nicht leiden.

Matth. So so! (pfeift.)

Dortch. Und ich höre eben nicht gern pfeifen.

Matth. Aha! So so! — Ja, und ich bin
ein armer Sünder im Singen.

Dortch. Aha! So so!

Matth. Sagen Sie, Miß Süse, hatte Sie
sonst schon Einer vorher lieb?

Dortch. Wo vorher?

Matth. Vor anjetzt.

Dortch. Und wenn ichs nun nicht sagen
wollte?

Matth. I nu, so können Sie's lassen, meint-
halben.

Dortch. So so!

Matth. Sagen Sie, Miß Süse, sagte Ihnen Ihr Papa nicht was?

Dortch. Wovon?

Matth. Von mir.

Dortch. Was sollt' er sagen?

Matth. Sagen! I nu, daß ich und Vater
freien wollen.

Dortch. Wen denn?

Matth. I, Sie! Wollten Sie mich wohl
zum Liebsten haben, Miß Euse?

Dortch. Ich weiß nicht.

Matth. Vielleicht sind Sie schon sonst Je-
mandem gut?

Dortch. Nu, und was denn?

Matth. Denn? hm! ich weiß nicht; aber,
möchten Sie mich wohl zu —

Dortch. Wozu?

Matth. Zu Ihrem Schatz?

Dortch. Nu, und was denn?

Matth. Denn? hm! meiner Seel', so könnt's
kommen, daß wir uns nähmen, wenn die Alten ein-
willigen.

Dortch. Und wenn ich Sie nun nicht nehmen wollte?

Matth. Nu, Miß Euse, das müßt' ich mir
gefallen lassen, meiner Seel'! Vater und Mutter
sagten, ich sollt' um sie freien — wenn Sie mich
nicht wollen, so will ich das Vatern sagen.

Dortch. Nu nu — Sie lassen Einem ohch
gar keine Zeit —

Matth. Zeit? O ja; Sie können stehn bis morgen —

Diese Szene wird nie ohne den lebhaftesten Beifall in London gesehn. S. »Samuel Foote's dramatische Werke,« 1796. 1. Th. S. 298 ff. Es ist Schade, daß Bode seine vorgehabte Verdeutschung Foote's nicht zu Stande bringen konnte.

———

Sehr karakteristisch sind folgende Szenen aus Footes Schulzen von Garratt. Die Schulzenwahl im Dorfe Garratt zu sehn, besuchen den Gutsherrn seine Schwiegersöhne, **Bruhn**, ein Fischer, und **Snihk**, ein Schneider, aus benachbarten Städtchen. **Bruhn** kommt zuletzt.

Bruhn. (hinter der Szene.) Na, wo bist Du Grete? Alte Kechliese! Kann sie wieder nicht mit?

Bruhn und seine Frau; **Bruhn** hat eine baumwollene Mütze auf, seine Frau trägt ihm Perucke, Ueberrock und Angelruthe.

Bruhn. Nun gieb mir man die Perucke, Grete — Geschwind — Wenn Du sie mir noch 'mal so krunkelst, Du Beest — Guten Morgen,

Meister Snibk — Sir, Ihr gehorsamer Diener, unbekannter Weise —

Roger. (tritt ein.) Frau Snibk will gern den Herrn Major *) sprechen.

Major. Ich werde gleich die Ehre haben.

Snibk. Machen Sie — machen Sie — sie is ganz erschrecklich ungeduldig.

(Major ab.)

Snibk. Nu, wie gehts denn, Bruder Bruhn? — Hast Dich wohl ein bischen warm gelaufen, übern Anger her?

Frau Bruhn. Ich bin, wie aus dem Wasser gezogen —

Bruhn. Und wer ist Schuld dran? Bist Du nicht selbst Schuld dran, Du alte Hure? Wärst Du früher aufgestanden, so hätten wir uns ordentlich können einschreiben lassen — Aber, da schnubben sie, und schnubben —

Fr. Bruhn. Sieh 'mal Herr Snibken; der hält der Schwester 'n Wagen.

Bruhn. Das mag er thun — ich kann mein Geld besser brauchen — wärs noch 'ne Weile Krieg

---

*) Den Major Sturgeon, von der Landmiliz. M. s. Sturz's Nachrichten von Foote.

geblieben, i nu ja, wer wüßte, was denn geſchehn wäre — aber der vermaledeite Friede — alle Kummerzien liegen ja.

Fr. Bruhn. O, dafür — aushalten können wirs doch wohl.

Bruhn. So? Wie weiß Sie denn das, Frau Naſeweis? — Ich denke, ich weiß beſſer, wie 's in der Welt hergeht — Wenn erſt die Weiber Rath geben wollen — ho ho! — Ne, von ſo 'was laß deine Naſe davon, Gretchen.

Fr. Bruhn. Wie? Was? — Meiner Sixchen, das Weib iſt toll — Halt ja 's Maul, ich rath' Dirs. — Da haſt 'nen Groſchen für den Fährmann — Aber vorher ſieh zu, ob er mir auch keine Pfeife zerbrochen hat — Und die Angelruthen — hörſt Du? die Angelruthen leg mir ordentlich hin. Hörſt Du, Grete?

(Frau Bruhn ab.)

Snihk. Potz Blitz! wie zahm ſie iſt! Was wollt' ich drum geben, wenn ich meine Frau ſo unter' hätte.

Bruhn. 'S iſt Allens ſeine ehg'ne Schuld, Meiſter Snik.

Snihk. Meint Er? 'S iſt aber ſo 'n ſcharmantes nipperliches Weib.

Bruhn. Ein Drache —

Snibt. Na, 's ist wahr, so ab und zu spielt
sie den Herrn ein wenig; und — unter uns — dann
ists ein wahrer Teufel. O Gott! was für 'n Hun-
deleben führ ich! Acht Groschen krieg ich Taschengeld
die Woche — Nicht 'n Kreuzer mehr.

Bruhn. Was?!

Snibt. Ja, ja, Mann! Sie nimmt ein,
und giebt aus — ich muß zusehn — und des Sonntags muß ich hinter ihr hertreten nach der Kirche,
und ihr Mantel, Feuerkieke und Gesangbuch nach-
tragen, vor aller Welt — wie 'n Lehrjunge — und
ich bin doch Meister.

Bruhn. Verflucht! ich trät' sie mit Füßen —

Snibt. Ja, wenn ich dürfte — Und denn
bei Tische — Niemalen krieg' ich, was ich gern
mag —

Bruhn. Ei, so wollt' ich doch —

Snibt. Nein, nein! sie weiß es immer schon
zu machen — Giebts einen Puter, so muß ich den
verwünschten Rückgrad abknaupeln — von Hammel-
hintervierteln krieg' ich die ekligen fetten Weichen;
ich weiß die Zeit nicht, da ich 'mal ein Bischen Kru-
ste gekriegt hätte. Seh' Er auch 'mal, Bruder

Bruhn, wie ich einschrumpfe. Ich bin gar nicht mehr der Alte.

Bruhn. Ein wahres Geripp!

Snik. Nu, was meint Er? Sollt' ichs wohl durchsetzen können? O ich wollte sie gerben — ich wollte sie durchdreschen — maulschellieren wollt' ich das Schätzchen — Wahrhaftig —

Bruhn. Meiner Six, sie verdients reichlich,

Snihk. Bruder, will Er mir beistehn?

Bruhn. Jederzeit; laß Er michs nur wissen.

Snihk. Nu, so will ich auch ein Herz fassen — Das erste Mal, daß sie mir wieder —

Fr. Snihk. (hinter der Szene.) Jeremis! Jeremis!

Snihk. Ach! hört Er wohl? So wahr ich lebe, das ist ihre Stimme. — Sieht Er, Bruder — hier bei andern Leuten will ich nicht gern Spektakel machen; aber sobald ich nach Hause komme —

Bruhn. Ei, was! jetzt ist die Zeit!

Snihk. Nein, nein! das wär' unschicklich.

Fr. Snihk. (hinter der Szene.) Jeremis! Jeremis —

Snihk. Gleich, gleich, Schatz! — Aber, will Er mir auch beistehn?

Bruhn. Ach, Er weiß ja selbst nicht, was Er will.

Snihk. Nu, ich schwörs ihm, wenn ich nicht —

Fr. Snihk. Wo trödelt denn der Affe herum?

Snihk. Ich komme schon, Kind — in der Minute bin ich da — Großer Gott, was für ein elendes Leben muß ich führen! (ab.)

Bruhn. Einfaltspinsel. — Pfui Teufel, sich so hudeln zu lassen — von so 'ner — »Jeremis! Jeremis!« Verflucht! ich wollte sie bejeremisen!

Sam. Foote's dramat. Werke, 1. Th. S. 217 ff. Die ganze Posse (der Schulze von Garratt) ist äusserst launig und unterhaltend, besonders die Schulzenwahl. Vergl. Sturz, a. a. O.

———

Zwei Rezepte,

zum beliebigen Gebrauch.

1) Rezept zu einem Trauerspiel.

Nimm einen Helden, und einen Bösewicht. Begabe Jenen mit allen Tugenden, diesen mit allen

Lastern, deren ein Mensch fähig ist. Rüttle sie
weidlich durch einander, so, daß bald der Eine, bald
der Andere oben kommt. Thu dazu ein Paar Dutzend O! Ach! und Ha! einige Ohnmachten, Todes-
fälle, Mordthaten, und eine Dosis Liebe, ad libi-
tum. Dies laß bis zum fünften Akt kochen, und
ein Paar Mal überwallen. Dann setz' es hin, und
laß es sich ein Paar Tage lang abkühlen: so ist es
zum Gebrauch fertig.

---

2. Rezept zu einem Lustspiel.

Nimm ein junges Mädchen, einen Stutzer, einen Freund, einen alten Eifersüchtigen, einen Fremden, ein Kammermädchen, ein Paar Bediente, und
einen geizigen Vater. Mische diese tüchtig durch
einander. Wirf dazu 12 Unzen Possen, und eine
halbe Unze Witz, auch noch weniger. Laß das Mädchen eine Zeit lang ihren Liebhaber quälen, lange
schwanken, und endlich, zu Beider Verwunderung,
ihn nehmen. Menge dann noch eine Hochzeit ein,
einen Tanz, ein Lied, ein Paar Duelle und eine
Handvoll Ohrfeigen, so ist die Mixtur fertig. Pro-
batum est.

Erbaulicher Komödienzettel.

(Er ward 1788 im Stadttheater zu Augsburg
herausgegeben.)

Genau abgedruckt.

HochEhrwürdigster Herr Herr ꝛc.

Seid Werden Wir Zu jedermanns Condento auf
geführt, Eine sehns Würdige. mid moralien ver
sehne aus den Mollioer Entlehnte Haupt Action,

Betittelt «

Der schreck spiegel ruchloser Jugent
Daß ist,

Der mit ter Ewigen Hellen pein bestrafte Ungehorsam Der Kinder gegen Ihre Eltern,

Worbey sich der Hanß Wurst Heid Extra lustig En-
zeigen Werden.

Der schwartze Wird Held Zeigen Wie die arbeid.
so der Lohn. Den es heist,

glaubst mehr Der Welt,

alß Deinen Gott,

so fahr mit ihr Zur Hellen,

Wilst nicht die Ehr.

so hab den Spodt,

Wie Du hast selbsten Wollen,

Dort Werden Dein,

in Höchster pein,

Die Deisel selbsten lachen,

Darneben aber

schlagen Drein,

Man thuts Kein anders machen,

Der schaublatz, und anfang ist Bekandt,

Befehlen unß jhnen gantz underthänigst gehorsamst,

NB: ganz underthänigstes Bidten Vor meinen sohn um ein pahr abgesetzte schu oder strimpf, Wir haben anallen orthen etwas abgesetztes Von den Wohl Ehrwürdigsten Herrn und frauen geschenckt Beckomen. in ansehung alß ProSelitten, Dar Vor Wird Dausent mahl Vergelts godt sagent ersterben,

Johann george Reinhardt

ProSelit mid Weib und Kindern.

Vademecum

für

Schauspieler

und

Liebhaber des Theaters;

---

enthaltend

ernsthafte und lustige Bruchstücke

und Miscellaneen,

sonderbare Gebräuche und unterhaltende Anekdoten

das Theater betreffend.

Dritter Theil.

Berlin und Leipzig,
bei Carl August Nicolai.
1798.

Vademecum

für

Schauspieler

und

Liebhaber des Theaters.

Vorſprach an die Leſer. *)

Ein Gleichniß, ach! die Beaureſprits geſtehn
          es —
Ein ſchönes Gleichniß iſt was Schönes.
Drum, — daß Ihr gleich ans Lachen Euch gewöhnt,
Das ſicher bald in Log' und Gallerie ertönt —
Vergönnt, daß ich mit Einem Paar Euch diene,
Ganz funkelneu, aus meinem Magazine.
Nachtwächtern ähnlich, ſoll der Dramatiſt
Feſtnehmen eigentlich, was Laſter iſt. —
Nur Wenige thun es, wie Ihr wißt,
Gut greifen eigentlich und ſehen müßten
Nachtwächter ſo wie Dramatiſten.

***

*) Aus Garricks Prolog vor Foote's Cozeners, nach
der neuen Ueberſetzung von Foote's Werken, 4. Th.

A 2

Gott weiß, was jetzt für Zeiten sind,

Denn Beide sind erst lahm und blind.

Wie kann der: Steh; schrei'n, der kaum selber
steht,

Und: Halt' den Dieb! der selber stehlen geht?

Oft kommt dem Wächter auch ein Schälschen
an —

Und wacht wohl jeder Scharmann?

Ja, wachen wir — und das ist wahrlich schlim=
mer —

Die Hörenden, bei Beider Dudeln immer? —

1.

Dramatikeranatomie *) und Physiologie.

Aeschylus, der Vater des Trauerspiels, war Bruder des Cynegirus und des Aminias, die sich in den Treffen bei Marathon und bei Salamis auszeichneten. Auch er selber focht hier; und es ist daher wahrscheinlich, daß er seine Klinge ein wenig besser zu führen verstand, als der Troß unserer Theaterhelden, die sich meist darauf verlassen, daß sie ihre Gegner im Nothfall mit einem Fiedelbogen, oder (wie Jener) mit dem Daum eben so gut todtstechen können, als mit ihren Bratspießen. Aminias rettete unserem Tragiker einmal das Leben, wie Aelian erzählt. Aeschylus war nämlich, wegen angeblicher gotteslästerlicher Ausdrücke in einer Tragö-

---

*) Ich nenne Dramatiker sowohl Schauspieldichter als Schauspieler.

die angeklagt, und verdammt, geſteinigt zu werden. Denn auch Athen hatte ſeine Inquiſitoren; nur giengen ſie öffentlicher zu Werke, und mit mehr Verſtand, als ihre ſpäteren Brüder. Der Dichter ſollte ſchon zum Tode geführt werden, als ſein Bruder Aminias, mit glücklicher Gegenwart des Geiſtes, den Mantel aufſchlug, und den Richtern ſeinen rechten Arm zeigte, von dem in der Schlacht bei Salamis die Hand abgehauen war. Der Anblick rührte Alle, und Aeſchylus ward begnadigt.

Aeſchylus ſetzte ſich, wie man lieſt, nie zum Tragödienſchreiben nieder, ohne eine Flaſche guten Wein neben ſich, die er nicht ſchonte; denn, meint Plutarch (Sympoſiacc.), des Weins Hitze weckt die Erfindungskraft, die bei Nüchternen etwas ſtockt, erregt Bilder, und ſchafft Raſchheit und Vertrauen. Kratinus, der Komiker, Aeſchylus Zeitgenoß, machte es nicht anders; und ich glaube, manche neuere Dramatiſten würden ſo großen Muſtern gern nacheifern, wenn der gute Vater Bacchus nur noch über der dramatiſchen Kunſt waltete, wie ſonſt. Wenigſtens würden viele Stücke, ſo doch irgend eine Art von

Geist haben, und weniger nüchtern sein, wenn anders die Herren Dramenmacher nicht erst dann anfiengen zu schreiben, wenn sie selbst nicht mehr nüchtern wären. Der erwähnte Kratinus gestand in der That ganz offenherzig, daß der Wein die Seele seiner Schauspiele sei. Wassertrinkern, sagt Horaz, gelingt auch einmal nichts; und ein ehrlicher Britte meint, daß sogar Plato, Aristoteles und andere solche Ehrenmänner all' ihre Weisheit dem Pokale dankten. Es ist wohl angenehm, den Spaßvogel zu hören. So lautet sein Lied:

Diogenes, trotzig und frei,
   Der Königen setzt' eine Nase,
Gieng nie einen Keller vorbei;
   Denn Weisheit fand er im Glase.
Wie Thaler und Groschen verflog,
   Und Niemand ihm reichte was Nasses —
Ein Tönnchen der Weise bezog,
   Und lebte vom Dufte des Fasses.

Wein liebte Signor Heraklit,
   Und nimmermehr weinte das Männchen,
Als wenn ihm, bei Mädchen und Lied,
   Leer würde sein Rhodierkännchen.

Viel Narrenvolk bildet sich ein,
    Er thue der Welt Sünden beweinen;
Aus den Augen quoll ihm der Wein;
    Das wird wohl die Chronika meinen.

Demokritus, war er recht voll,
    Dann wars euch ein Gaukler und
                Sprecher!
Er faselt' und lachte, wie toll,
    Wenn er faßte den sträubenden Becher.
War Keller und Flasche nicht leer,
    Dann konnt' er die Nächte durchwachen,
Und pflegte, vermocht' er nicht mehr,
    Ueber nüchterne Gecken zu lachen.

Kopernikus (auch von der Zunft!)
    Hielt, Wissenschaft wohn' im Pokale,
Und, daß bei der Flasche Vernunft
    Und Weisheit viel herrlicher strale.
Mit Rebensaft füllt' er sich an,
    Bis all' seine Weisheit sich drehte;
Dann meinte der ehrliche Mann,
    Daß die ganze Welt eben das thäte.

Aristoteles (den ihr doch kennt?)
    Wär' ein Dunst ohne Trauben geblieben;

Doch der Wein war sein Hauptelement;
    Der Wein, der hat aus ihm geschrieben.
Sein Bauch schwoll ihm auf wie ein Trog,
    Wie alte Geschichten verkünden,
Und endlich ersäuft' er sich noch,
    Um Feuchtes die Fülle zu finden.

Herr Plato, der alte Profet,
    War immer der Weisheit Getreuer;
Doch für Wein, (wie er selber gesteht)
    Fort, Weisheit, und Feder, und Leier!
Guter Wein, uns selbst macht er gut;
    Wein schaffet dem Geiste die Schwingen.
Nah, ferne, zu Land', auf der Fluth,
    Wein, Wein macht (euch) Alles gelingen.

Sophokles war dem Wein nicht weniger hold,
als alle diese braven Leute. Auch läßt ihn Lucian an einem Weinkern ersticken, wie Anakreon,
wiewohl die gewöhnlichere Sage ihn vor Freude sterben läßt darüber, daß sein letztes Stück noch den
Preis erhielt.

Er ward übrigens sehr alt, nach Einigen 90,
nach Andern 95 Jahr, und im 25sten besiegte er
schon seinen Meister Aeschylus. Er soll auch über

hundert Trauerspiele geschrieben haben, und, Notabene, Sophokleische. Er war der Liebling der
Athener, der Liebling der Götter. Aeskulap und
Herkules sollen ihn in seinem eigenen Hause besucht
haben; und Apollonius von Tyana versichert in seiner Harangue der Damäzier, daß Sophokles selbst die Winde dämpfen und mäßigen
konnte, wenn sie ihm zur ungelegnen Zeit oder zu
stark wehten. Wo findet man jetzt solche Tragödien-
schreiber? Und wo wollten sie unsere finanzlastigen
Zeiten anders gebrauchen, als auf den Schiffen zur
Sicherung ihrer ost- oder westindischen Ladungen?

Windmacher giebts wohl freilich genug.

Sophokles lebte und webte aber auch ganz
in Tragödien und Tragödienschreiben. Er hatte, was
Voltäre den Teufel im Leibe haben nennt,
und was er als ein unumgängliches Requisit sowohl
für Dramatisten als für Schauspieler anpries. Er
war immer so ganz verzückt und außer sich, daß
seine eigenen Söhne (man denke!) ihn für
wahnsinnig hielten, ja, daß sie endlich sogar gericht-
lich einkamen, damit man dem Dichter seine Vor-
mundschaft über sie nähme. Sophokles (damals
80 Jahr alt) ward auch vor Gericht gefordert, und
kam; aber er vertheidigte sich nicht; er las blos sein

eben geendigtes Trauerſpiel, Oedip in Kolonos, vor, und fragte dann die Richter, ob ſie ſolch Stück für das Werk eines Tollhäuslers hielten. Auch bedurft' er nichts weiter: die Richter, hingeriſſen von Bewunderung, ſchlugen nicht nur die Klage nieder; ſondern erklärten ſogar, wie Lucian ſagt, ſeine Ankläger des Tollhäuſes werth.

Schönheit, wo ſie ſich zeigte, hatte eine unwiderſtehliche Gewalt über Sophokles. Achtung vor ſeinem großen Genie hatte ihm zu allen Ehrenſtellen den Weg gebahnt. So war er einſt mit Perikles Admiral gegen Samos. Eines Tags ſtanden Beide auf dem Markt in Samos bei einander, und ſprachen über Staatsgeſchäfte. Die Sache war ſehr ernſthaft, und Perikles war mitten im Reden, als unſer Tragiker auf Einmal ausrief: »O Perikles, ſieh doch den ſchönen Knaben dort!« — Perikles bemoraliſirte ihn über dieſe Naivetät, und Ehren-Tullius, in ſeinem Buch von den Pflichten, behandelt ſie als etwas Schimpfliches und gewaltig Fehlerhaftes (Turpe eſt, valdeque vitioſum); aber ich denke, Sophokles ward kein ſchlechterer Feldherr dadurch, daß er etwas Schönes ſchön fand, und

es sagte. "Ich glaube sogar; der feinempfindende
Perikles hat seine Aspal in dem Augenblicke bereuet,
als er sie herausstoßen sollte. ·

———

Daß Sophokles auch sehr verliebt war, kann
man nun schon vermuthen. Philostratus (Leben des Apoll. I, 10.) erzählt, er habe sich über sein
Alter gefreut, »weil das ihn doch endlich von der
Thranei der Liebe befreien werde.«

Man sieht, daß er Deß gar kein Hehl hatte.
Und warum auch? Er spöttelte sogar über Euripides, mit dem er überhaupt, als Rival, nicht sonderlich stand, wegen Euripides anscheinenden
Weiberhasses. »In seinen Stücken« (sagt er, bei
Athenäus, 13. Buch), »in seinen Stücken haßt er
»die guten Weiber; aber sonst gar nicht.

Gellius läßt den Euripides auch, zufolge
dieser Idee von seiner Enthaltsamkeit, Gebrauch
von der gesetzlichen Erlaubniß der Athener machen,
zwei Weiber zu nehmen; seine zwei Weiber seien
aber solche Drachen geworden, daß Euripides von
ihnen das ganze Geschlecht nachher gehaßt
habe.

Sophokles und Euripides waren Rivalen, und folglich (wie ich schon bemerkt habe) keine Freunde. Athenäus erzählt verschiedene Ausbrüche ihrer Eifersucht, die ihnen keineswegs zur Ehre gereichten. Doch der leichtgläubige Athenäus hat auch wohl mehr geschrieben, was er nicht verantworten kann. Gewiß ist, daß Sophokles seine große Achtung vor Euripides erklärte, als dieser — todt war. Er bewirkte die Aufführung eines Trauerspiels, worin er selbst in Trauer auftrat, und seine Schauspieler unbekränzt. König Archelaus, von Macedonien, bey dem Euripides gestorben war, ehrte sein Andenken nicht weniger. Er begrub ihn prächtig, schnitt sich selber das Haar ab, und legte Trauerkleider an. Eben so machte es ganz Athen, und Philemon, ein Freund des Euripides, erklärte, daß, wenn er Todten Bewußtsein zutrauen dürfte, er sich selbst umbringen würde, um wieder bei seinem Freunde zu sein.

Euripides war beinahe 75 Jahr alt, als er der Bühne entrissen wurde. Er hatte von seinem 18ten Jahr an für sie gearbeitet.

———

Der erwähnte König Archelaus liebte

überhaupt Männer von Genie, und erhob sie oft zu den höchsten Ehrenstellen.   So den Euripides; denn, – nach Selin (Kap. 20.), machte er ihn zu seinem Premierminister.   Euripides fand dort den Zeuris, den Musiker Timotheus, und seinen Freund Agathon, den tragischen Dichter.

Dekamnichus, ein Hofmann des Archelaus, warf einst dem Euripides seinen übeln Athem vor.   »Mein Mund kann nicht anders als übel riechen, sagte Euripides, da so viele Geheimnisse darin begraben sind.«

Stobäus (Serm. 39.) erzählt diese Anekdote, die zu beweisen scheint, daß Euripides das besondere Zutrauen des Königs hatte.

————

Bei seinem Genie besaß Euripides (wie der Abbé Barthelemy im Anacharsis, 7. Th. sagt) eine Strenge, welche die Grazien des Lächelns, und die schimmernden Farben der Freude, von ihm entfernte.   Scherz und witzige Einfälle beleidigten ihn. Er und Perikles hatten, wie Plutarch meint, dieß ernste ungesellige Wesen von ihrem gemeinschaftlichen Lehrer, Anaxagoras, angenommen.   Wenn auch Perikles, so erklärt sich hieraus seine oben erzählte Strenge gegen Sophokles auf Samos. Allein ich glaube, daß Perikles bey solcher Härte des Charakters unmöglich der Liebling und der Lenker von Athen hätte sein können. Seine vielfachen und fortdauernden Staatsgeschäfte, sein beständiges Arbeiten für Ehre und Ruhm, sein intrigantes Abwehren von Gegnern, seine Liebe zu den schönen Künsten, Alles dieß mußte seinen Charakter sänftigen.

***

Daß Euripides bei seiner Störrigkeit den athenischen Komikern nicht gefallen konnte, versteht sich von selbst. Besonders Aristophanes neckte ihn beständig, wie noch seine Frösche zeigen. Aber ganz Athen auch setzte ihn dem Sophokles nach, und von 75 Tragödien des Euripides sollen, nach Varro, nur 5 gekrönt sein. Doch Varro bemerkt, daß die meisten seiner Besieger elende Dichterlinge waren, die nur durch niedrige Künste die Gunst der Richter erschlichen hatten. Dem Menander giengs nicht besser. Von seinen 100 Komödien sollen nur 8 den Preis erhalten haben, den der genielosere Philemon etwas öfter errang. Wenn Euripides so von seinen übrigen Mitbürgern etwas vernachläßigt scheint, so ehrt ihn dafür der Vorzug, den ihm Sokrates gab. Er besuchte fast nur seine Trauerspiele.

———

Aristoteles ehrte ihn nicht weniger. Er nennt ihn den tragischsten Dichter, und Leßing bewundert den Euripides, wie es scheint, noch mehr.

» Wenn Aristoteles (sagt der vortreffliche
» Mann, dramat. Num. 49.) den Euripides
» den tragischsten von allen tragischen Dichtern nennt,
» so sahe er nicht bloß darauf, daß die meisten seiner
» Stücke eine unglückliche Katastrophe haben; ob ich
» schon weiß, daß viele den Stagiriten so verstehen.
» Denn das Kunststück wäre ihm ja wohl bald ab-
» gelernt; und der Stümper, der brav würgen und
» morden, und keine von seinen Personen gesund
» oder lebendig von der Bühne kommen ließe,
» würde sich eben so tragisch dünken, als Eu-
» ripides. Aristoteles hatte unstreitig mehrere
» Eigenschaften im Sinne, welchen zu Folge er ihm
» diesen Charakter ertheilte; und ohne Zweifel, daß
» die mit dazu gehörte, vermöge der er den Zuschau-
» ern alle das Unglück, welches seine Personen über-
rasehen

» raschen sollte, lange vorher *) zeigte, um die Zu-
» schauer auch dann schon mit Mitleiden für die Perso-
» nen einzunehmen, wenn diese Personen selbst sich noch
» weit entfernt glaubten, Mitleid zu verdienen. —
» Sokrates war der Lehrer **) und Freund des Euri-
» pides: und wie mancher dürfte der Meinung seyn,
» daß der Dichter dieser Freundschaft des Philosophen
» weiter nichts zu danken habe, als den Reichthum
» von schönen Sittensprüchen, den er so verschwende-
» risch in seinen Stücken ausstreuet. Ich denke, daß er
» ihr weit mehr schuldig war. Er hätte, ohne sie,
» eben so spruchreich seyn können; aber vielleicht wür-
» de er, ohne sie, nicht so tragisch geworden seyn.
» Schöne Sentenzen und Moralen sind überhaupt
» grade das, was wir von einem Philosophen, wie
» Sokrates, am seltensten hören; sein Leben ist die
» einzige Moral, die er prediget. Aber den Men-
» schen, und uns selbst kennen; auf unsere Empfin-
» dungen aufmerksam seyn; in allem die ebensten

---

*) In den Prologen seiner Stücke.
**) Das kann Sokrates füglich gewesen sein, wenn
   er gleich 12 Jahr jünger war, als Euripides. Dieser war übrigens im ersten Jahr der 75 Olympiade
   (ohng. 480 vor Christus) geboren. "

» und kürzesten Wege der Natur ausforschen und
» lieben; jedes Ding nach seiner Absicht beurtheilen:
» das ist es, was wir in seinem Umgange lernen;
» das ist es, was Euripides von dem Sokrates
» lernte, und was ihn zu dem Ersten in seiner
» Kunst machte.

Nicht so vortheilhaft urtheilt Dionys von
Halikarnaß, in seiner Rhetorik, von Euripides. Nachdem er den Sophokles gerühmt hat,
weil er immer die Würde seiner Personen und Charaktere beobachtet: so tadelt er den Euripides,
als habe dieser darauf, und auf die Wahrheit Beider, weniger gesehn. Er giebt dem Sophokles
noch aus zwey andern Gründen den Vorzug; er-
stens, weil er immer die edelsten und erhabensten
Charaktere darstelle, da Euripides die unedlern, ver-
worfenern, weibischern, wähle. Dann, deshalb,
weil Sophokles nie etwas irgend Ueberflüssiges
sage, dem Euripides aber rednerischer Schmuck gefalle.

» In der That (sagt Quintilian) ist Euri-
» pides gerichtlichen Rednern weit nützlicher, als
» Sophokles; denn seine Diktion nähert sich der des
» Redners, wiewohl Manche sie für weniger erha-
» ben halten, als den würdigen, majestätischen, und

»wohlklingenden Styl seines Nebenbuhlers. —
» In seiner Art, eine Materie durchzudisputiren,
» nähert er sich den berühmtesten gerichtlichen Red-
» nern. Er bezaubert Alle, wenn er die Leiden-
» schaften erregen will, und wenn besonders Mit-
» leid, ist er unübertrefflich.

Er war auch in der Redekunst der Schüler des
berühmten Prodikus.

————

Aeusserst rednerisch ist unter den Neuern Corneille.

» Man muß, sagt Diderot (Theater 2 Th.
» S. 396), eine Scene nicht als ein Gespräch
» betrachten. Ein witziger Kopf wird sich leicht aus
» einem einzelnen Gespräche wickeln. Eine Scene
» hingegen ist allezeit das Werk des Genies. Jede
» Scene hat ihre Bewegung und ihre Dauer. Die
» wahre Bewegung läßt sich ohne Anstrengung der
» Einbildungskraft, und das eigentliche Maaß der
» Dauer, ohne Erfahrung und Geschmack nicht
» finden.

» Diese so schwere Kunst des dramatischen Ge-
» sprächs hat vielleicht niemand in einem so hohen
» Grade besessen, als Corneille. Seine Perso-

B 2

»nen setzen einander rechtschaffen zu; sie pariren
»und stehen zu gleicher Zeit; es sind wirkliche Rin-
»ger. Die Antwort bleibt nicht an dem letzten Worte
»der vorhergehenden Rede hangen, sondern geht auf
»die Sache, auf den Grund der Sache.   Man blei-
»be stehen, wo man will: derjenige, der zuletzt
»spricht, wird immer Recht zu haben scheinen.

   »Als ich (fährt Diderot fort) den schönen
»Wissenschaften noch gänzlich oblag, und den Cor-
»neille las, machte ich oft mitten in einem Auf-
»tritte das Buch zu, und dachte selbst auf die Ant-
»wort.   Ich brauche es wohl nicht zu sagen, daß
»meistentheils alle meine Anstrengung zu weiter
»nichts diente, als mich über die Logik und über
»den Kopf des Dichters in Erstaunen zu setzen.
»Ich könnte tausend Beyspiele davon anführen;
»unter andern aber erinnere ich mich itzt eines, das
»aus dem Cinna genommen ist.   Aemilia hat
»den Cinna so weit gebracht, daß er den Augustus
»ermorden will.   Cinna hat sich dazu anheischig ge-
»macht; er geht.   Allein mit eben dem Dolche,
»mit dem er sie wird gerächet haben, will er sich
»selbst durchstoßen.   Aemilia bleibt mit ihrer Ver-
»wirrung zurück.   In ihrer Verwirrung ruft sie:
»Eile ihm nach, Fulvia — — Was soll ich

» ihm sagen? — Sage ihm —, daß er sein
» Wort erfülle, und dann — was er wol=
» le, mich oder den Tod wähle. Und so be=
» obachtet er den Charakter, so weis er der Hoheit
» einer römischen Seele, der Rache, dem Ehrgeize,
» der Liebe, mit Einem Worte Genüge zu thun. Alle
» Scenen des Cinna, des Maximus, und des Augu=
» stus, sind unbegreiflich. ·

  » Leute unterdessen,. die sich eines feinern Ge=
» schmacks bestreben, behaupten, daß diese Art zu
» dialogieren zu schwerfällig sey; daß sie zu viel de=
» clamatorisches habe, und mehr in Erstaunen setze,
» als bewege. Sie wollen lieber Auftritte haben,
» wo man sich so scharf nicht unterhält; Auftritte,
» in welchen mehr Empfindung als Dialektik herr=
» schet. Man kann sich leicht einbilden, daß diese
» Leute in den Racine vernarrt sind; und ich
» muß nur gestehen, daß ich es auch bin.

  » Ich wüßte nichts schwereres, als ein Gespräch,
» wo alles, was gesagt und geantwortet wird, durch
» so feine Empfindungen, durch so flüchtige Gedanken,
» durch so schnelle Bewegungen der Seele, durch so
» unmerkliche Beziehungen verbunden ist, daß es ganz
» ohne Verbindung, und besonders für diejenigen ohne
» Verbindung zu seyn scheinet, die nicht dazu gemacht

»sind, in den nämlichen Umständen das Nämliche zu
»empfinden. — Sie werden sich nie wie-
»dersehen. Sie werden sich ewig lieben.—
»Du wirst dabei sein, meine Tochter.

        »Und die Rede der wahnsinnigen Clementine:
»Meine Mutter war eine gute Mutter.
»Aber sie ist fortgegangen, oder ich bin
»fortgegangen. Ich weiß selbst nicht.« —

        › Und der Abschied des Barnevel von seinem
» Freunde.

        »Barnevel. Du glaubst nicht, wie ra-
»send ich für sie eingenommen war! —
»Wie sehr der Affekt alle gute Empfin-
»dung in mir erstickt hatte! — Glaub
»mir — wenn sie mir befohlen hätte,
»dich umzubringen, dich! — — ich weiß
»nicht, ob ich es nicht gethan hätte.

        »Der Freund. Liebster Freund, vergröß-
»sere Deine Schwachheit doch nicht so
»sehr.

        »Barnevel. Ja, ich glaube gewiß, —
        hätte dich umgebracht.

        »Der Freund. Wir haben uns noch nicht
umarmt. Komm —

        »Wir haben uns noch nicht umarmt;

»welch eine Antwort auf: ich hätte dich um-
»gebracht!

» Wenn ich einen Sohn hätte, der hier die Verbin-
»dung nicht fühlte: so wollte ich lieber, daß er nicht
»gebohren wäre. Ganz gewiß; ich würde ihn är-
»ger verabscheuen, als Barneveln, wenn er seinen
»alten Vetter umbringt.«

So möchte wohl auch Euripides, dem Diderot wenig gefallen haben, vereinigte er nicht
mit Corneillischer Rednerkraft alle Vorzüge
Racine's.

Doch was red' ich so viel von einem Dichter,
der unter uns wenig mehr als dem Namen nach,
oder doch nur Philologen von Profession bekannt ist?
Kaum ein Paar seiner Stücke sind in unsere Sprache übergetragen, und wir haben doch noch beinahe
20 von ihm.

Young steckte am Tage Licht an, und arbeitete
bei verschlossenen Fensterladen. Euripides Ar-
beitszimmer war eine dunkle Höhle auf Salamis,
seiner Geburtsinsel, wohin sich seine Eltern, mit
andern angesehenen Familien aus Athen, bei Xerxes
Heranrücken, gerettet hatten. Gellius (B. 15.)
hat diese Höhle gesehen.

„Keinem war das Versemachen so schwer, als dem Euripides. Einst klagte er dem Dichter Alkestes, er habe, Trotz unablässigem Arbeiten, in den drei letzten Tagen nicht mehr als drei Verse zu schreiben vermocht. Alkestes, sich in die Brust werfend, sagte ihm, daß er in der nämlichen Zeit hundert geschrieben habe. »Ei gut!« hub Euripides wieder an, »da ist aber ein Unterschied: Deine Verse leben nur diese drei Tage; die meinigen werden nie untergehen.«

Ich bin überzeugt, daß mancher heutige Moralist hier die Nase rümpft, und den guten Euripides der Eitelkeit bezüchtigt. Allein, der Grieche war eben so groß gegen sich selbst, als gegen Andere. Man bewunderte einen Flötenspieler, Tänzer, Dichter; und man gestand, daß man selbst Flötenspieler, Tänzer, Dichter sei, mit gleichem Freimuth. Eine Nortis unterrichtete ohne Bedenken in Dichtkunst und Musik, und Pindar und Korinna waren in der Zahl ihrer Schüler. Wenn so auch Euripides sich für einen Dichter hielt, so glaubte er nur der allgemeinen Stimme seiner geschmackvollen Mitbürger. Denn hatte Athen Dramatisten, so hatt' es auch ein Publikum. Dies hätte Euripides für nichts achten müssen, wenn er an seiner Dichter-

schaft hätte zweifeln wollen. *) Den Griechen war
nichts so verhaßt, als jene affektirte Selbstverleug-
nung, die nur wünscht, von Andern das zu hören,
was der offne Grieche selbst ohne Umstände sich und
Andern gestand.

König Ptolemäus **), (erzählt Galen, Opp.
Voll. 5. p. 196.) schickte Gesandten an die Athe-
nienser, um die Originalhandschriften von Aeschy-

---

*) Grade so dachte Moliere. In der Vorrede zu sei-
   nen Precieuses ridicules schreibt er so:
   Je ne veux pas faire ici l'Auteur modeste, et
   méprifer par honneur ma Comédie. J'offense-
   rois mal - à - propos tout Paris, si je l'accusois
   d'avoir pu applaudir à une sottise; comme le
   public est le juge absolu de ces sortes d'ouvrages, il y auroit de l'impertinence à moi de le
   démentir; et quand j'aurois ou la plus mauvaise
   opinion du monde de mes Precieuses ridicules
   avant leur représentation, je dois croire mainte-
   nant, qu'elles valent quelque chose, puisque
   tant de gens ensemble en ont dit du bien.

**) Ptolemäus sagt, der erste Nachfolger Alexan-
    ders des Großen in Aegypten.

las, Sophokles und Euripides von ihm
zu borgen, und sie für seine Bibliothek in Alexandrien
abschreiben zu lassen. Er ließ ihnen funfzehn Sil-
bertalente zur Sicherheit dafür. Als er die Schriften hatte, ließ er sie auf das schönste Pergament abschreiben, und an den Einband wurden die reichsten
Verzierungen verschwendet. Nun behielt er selbst
die Originale, und schickte dafür jene Abschriften
nach Athen, mit den Worten: »Der König bitte
»die Stadt, diese Kopien, nebst den 15 Talenten,
»von ihm anzunehmen. Unwillig zu sein, hätten
»die Athener nicht Ursach; denn gesetzt, er hätte ih-
»nen sogar auch die Kopien nicht geschickt, so wär'
»ihnen nur Recht geschehen, da die Annahme eines
»Unterpfandes an Geld für jene Meisterwerke ja
»offenbar beweise, daß sie deren Verlust für ersetzlich
»gehalten hätten. «

Das heißt Geisteswerke geschätzt. Und am
Ende beurtheilte Ptolemäus die Athener doch wohl
unrichtig.

———

Aristophanes war bei seinen andern Vorzügen auch ein erklärter Feind aller Sklaverei. Sein
Witz und seine Strenge bestraften die Demagogen,

deren Plane er vortrefflich durchschaute und persiflir=
te. So giengs zuerst einem gewissen Kleon. Die=
ser Mensch, der großen Einfluß hatte, ward von
dem Komiker in den Rittern so treffend abgenom=
men, daß kein Schauspieler die Rolle zu übernehmen,
kein Künstler Kleons Maske zu machen wagte.
Aristophanes stellte ihn selbst, ohne Maske, dar,
und riß durch sein Meisterspiel die Athener so hin,
daß sie ihn, nach Endigung des Stücks, mit Blu=
men bewarfen, und, unter lautem Freudengeschrei,
im Triumph durch die Stadt führten. Auch be=
schlossen sie öffentlich, er solle einen Kranz von den
Blättern des heiligen Oelbaums erhalten, der auf
der Burg von Athen stand; die größte Ehre, die ei=
nem Bürger wiederfahren konnte. Daß überdies
Kleon schlecht fuhr, kann man denken. Er mußte
5 Talente Strafgeld bezahlen, und diese bekam
Aristophanes.

––––––

Der athenische Komiker Kratinus war 20
bis 30 Jahr vor Aristophanes am berühmte=
sten. Wir kennen ihn schon als einen leidenschaft=
lichen Trinker. Er starb, nach Aristophanes
(im Frieden) an einer Ohnmacht, die ihm der
Anblick eines Fasses Wein zuzog, das gesprungen

mer, und mit seinem edlen Inhalt die Erde.

Euripides' Selbstgefühl.

In Euripides Trauerspiele Bellerophon sagte der Held des Stücks an einer gewissen Stelle, Reichthum sey allem Uebrigen vorzuziehn. So angemessen beim Charakter Bellerophons diese Maxime war, so empörte sie doch ganz Athen. Alles pfiff und lärmte. Bellerophon zitterte; er sollte vom Theater; das Stück war im Begriff zu fallen, als Euripides selbst auf die Bühne erschien. Nun schrie man, er solle den Vers ausstreichen. Aber der Philosoph der Dramatisten antwortete stolz, »er sey gemacht, Lehren zu »geben, nicht, anzunehmen. Hätte man »Geduld, so würde Bellerophon die verdiente »Strafe erleiden.«

Und dreissigtausend Menschen *) versammten vor Einem großen Mitbürger.

Gewaltig eitel vor der Pantomime Kallippi.

---

*) Sockel faßte das Theater in Athen.

des, der sich rühmte, jeder Versammlung Thränen auszupressen. Einst begegnete er dem König Agesilas von Sparta. Er grüßte ihn, mischte sich dann in sein Gefolge, und erwartete, daß der König ihn schmeichelhaft anreden würde. In seiner Hoffnung getäuscht, hub er endlich an: »König von Lacedämon, kennst du mich nicht?« Agesilas warf einen flüchtigen Blick auf ihn, und antwortete fröstig: »Du bist ja wohl der Komödiant Kallippides?« —

———

Nicht weniger von sich eingenommen war in unsern Tagen der sonst nicht unverdiente Schauspiel= direkter D.... »Ein Gott, Ein Friedrich, und »Ein D....!« war sein Wahlspruch.

———

»Morgen geb' ich Lessings Meister= stück, Nathan den Weisen!« rief dieser D.... einst auf einem Kaffeehause. — »Nathan »den Weisen?« fragte verwundert ein Anwesen= der. — »Und wer spielt denn den Nathan?« — D.... »Den Nathan? Hm, ich! ich!« Jener. »Und wer den Weisen?« —

Einer der berühmtesten römischen Schauspieler
war Aesop, bei dem und Roscius Plutarch selbst
den Cicero Aktion lernen läßt. *) Aesop war
während des Spiels ganz extasiert. Einst, in einer
Scene, wo er, als Atreus, auf die Rache sann,
die er an seinem Bruder Thyestes nehmen wollte,
lief ein Sclave über die Bühne, und Aesop, ganz
im Character des durch Erhebung beleidigten Fürsten,
schlug mit dem Schwert nach dem Unglücklichen,
und tödtete ihn.

———

Mehrere große Schauspieler, unter andern, wie
man sagt, Schröder, halten nichts von solchen
Extasen. Engel ist ihrer Meinung.

»Die Schauspieler, sagt er (Mimik 1 Th. S.
»15.), reden alle von Empfindung, und glauben,
»daß sie sicher vortrefflich spielen werden, wenn sie
»sich nur, nach dem Rath des Cahusac *), bis

*) Aesop war tragischer, Roscius komischer Ac-
teur. In Tragödie und Komödie zugleich
glaubte ein Grieche oder Römer weder als Dichter, noch als Schauspieler Glück zu machen.

**) Historische Abhandlung von der alten und neuen
Tanzkunst.

»zum Enthuſiasmus mit ihrem Stoff erfüllen. Nur von Einem, aber noch immer dem vortreff-
»lichſten Schauſpieler, den ich gekannt habe, von
»unſerm Ekhoff, weiß ich, daß er ſich, we-
» der in Anſehung der Deklamation, noch des
» Spiels, auf die bloße Empfindung verließ; daß er
» ſich vielmehr, während der Vorſtellung, in Acht
» nahm, nicht zu ſehr in Empfindung zu gerathen,
» damit er nicht, bei ermangelnder Beſonnenheit,
» mit weniger Wahrheit, Ausdruck, Harmonie und
» Haltung ſpielte. « —

» Der Rath, « ſagt Engel an einem andern
» Orte *), » ſich die Phantaſie bis zu einem Grade
» zu erhitzen, wo ihre Einbildungen, wie die Wirk-
» lichkeit ſelbſt, rühren, iſt, deucht mir, gefährlich. —
» Der Schauſpieler, der es kann, prüfe ſich ja, eh er
» ſich ganz dem Strome der Phantaſie überläßt, ob er
» genug Genie iſt? kann er, nach Shakeſpears **)
» Ausdruck, noch mitten im Strome, mitten im
» Sturme, mitten, ſo zu ſagen, im Wirbelwinde
» der Leidenſchaften ſich mäßigen, und die Forderun-

---

*) Mimik 1 Th. S. 104.
**) Hamlet, 3 Akt, 3 Auftritt.

»gen seiner Kunst erfüllen: ja, dann ist er wahres
» Genie, und wird uns durch sein Spiel erschüttern,
» wenn uns andere nur rühren. — Das Trauer-
» stück eines alten Schauspielers, Polus (Gell.
» Noct. Attic. 7, 5.), der in der Rolle der Elek-
» tra *) den Aschenkrug seines eignen Sohns hielt,
» wird er ihm nachzuahmen schwerlich Gelegenheit ha-
» ben, und so darf ich ihm nicht dauer trauen.
» Wahre Empfindungen bemächtigen sich des ganzen
» Herzens zu leicht, und hemmen oder verfälschen
» alsdann den Ausdruck, den sie, der Absicht nach,
» nur verstärken sollten. «

Sulzer hat gewiß, wenn er (in der Theorie
d. sch. K.) nicht weiß, wie man es besser machen
könne, als Polus.

Durch nichts ist so leicht zu fehlen, und durch
nichts fehlen daher auch Schauspieler so oft, als
durch Manigfaltigkeit des Ausdrucks.

                                                Mann

*) Auf den alten Theatern, wie noch zu Shake-
   spears Zeit, auf dem englischen, wurden Weiber-
   rollen von Männern gespielt. Die englischen Far-
   cen erlauben dies noch.

Man höre Engel darüber, in den Ideen zu einer Mimik, 1 Th. S. 310 und 308.

»Wie die physische Trunkenheit das ganze Ner-
»vensystem vom Wirbel bis zur Fußzähe angreift, so
»auch die sittliche Trunkenheit der Affekten: denn
»der Mensch hat ja nur Eine Seele, die auf den gan-
»zen Körper einwirkt; und wenn also ein einfacher
»Affekt die ganze Kraft dieser Seele auf Einen Punkt
»richtet, sie ganz mit allen ihren Ideen und Em-
»pfindungen auf Einen Ton stimmt, so muß auch
»der ganze Körper an dem Ausdrucke dieses Affektes
»Theil nehmen, und jede Bewegung jedes Gliedes
»zu seiner Darstellung mitwirken.

»»Sie haben, soll einst Garrick zu einem
»französischen Schauspieler gesagt haben, der ihn
»nach geendigtem Stück um sein Urtheil fragte;
»»Sie haben die Rolle des Trunknen mit viel Wahr-
»»heit, und, was in solchen Rollen mit Wahrheit
»»schwer zu vereinigen ist, auch mit viel Anstand
»»gespielt; nur — wenn Sie mir diesen kleinen
»»Tadel verzeihen wollen — Ihr linker Fuß war
»»zu nüchtern.««

—————

Oft verfallen Schauspieler in einen weit schüler-

haſteren Fehler, wenn ſie ſtatt auszudrücken, ſtaten; das heißt, wenn ſie die Sache ſelbſt, welche
die Seele bewegt, ſinnlich darſtellten, ſtatt nur ihre
Empfindungen darüber, die Faſſung, die Geſinnung,
womit ſie ſie denkt, den ganzen Zuſtand, worin ſie
durch ihr Denken verſetzt wird, auszudrücken. M.
ſ. Engels Mim. 1 Th. S. 79.

Hylas, *) (erzählt Engel, aus Macrobius,
Mimik, 1 Th. S. 556.) Schüler des Pylades,
und von ſeinem Lehrer in der Kunſt (der Pantomime)
ſchon ſo weit gebracht, daß er ihm beynahe den
Rang ablief, ſpielte einſt, oder tanzte, wie es die
Alten nannten, ein Stück, deſſen letzte Worte lauteten: »den großen Agamemnon.« Hylas,
um die Idee der Größe auszudrücken, ſtreckte ſeinen
ganzen Körper empor, nicht anders, als ob er das
Maas eines großen und hohen Mannes hätte angeben wollen. Pylades, welcher ſeinen Sitz unter
den Zuſchauern hatte, konnte ſich nicht halten, und
ſchrie ihm zu: »Du machſt ihn lang, aber nicht groß.«
Augenblicklich verlangte das Volk, daß Pylades
ſelbſt auf die Bühne treten, und die nämliche Rolle
ſpielen ſollte. Dieſer gehorchte, und als er auf die ge

---

*) Pantomim unter Auguſt.

tadelte Stelle kam, ſtellte er den Agamemnon
denkend vor; denn nichts, glaubte er, zieme einem
großen Könige und Heerführer mehr, als, für alle
zu denken.

Engel erwähnt in dem erwähnten Werke mehrere
Beyſpiele von ſolchen Verwirrungen. So fehlte einſt
eine ſonſt, wie er ſagt, vortreffliche Schauſpielerinn,
die Marianen, in dem Gotterſchen Stück dieſes Namens, in Berlin ſpielte. » Die unglückliche
» Mutter,« ſagt er (Mimik 1 Th. S. 379.), » er-
» hält die ſchreckliche Nachricht: daß ihr Sohn, der
» ſchon ſeiner Schweſter das Leben gekoſtet, nun
» auch Wallers Mörder geworden, und bricht ge-
» gen ihren Gemahl, von Schmerz und Wut über-
» mannt, in die fürchterlichen Worte aus: » » daß
» » man ihn einholte, dieſen hoffnungsvollen, die-
» » ſen angebeteten Sohn! daß man ihn gefeſſelt
» » vor dem Hauſe ſeines Vaters, ſeiner Braut
» » vorüberführte! daß ich das ſchadenfrohe Gebrülle
» » des Volks hörte! daß ſein Vater auf dem Richt-
» » platz ſtehen, und ihn bluten ſehn müßte!« «
» Ich hatte, da ich dieſe Stelle las, das empörteſte
» und das empörendſte aller Geſchöpfe vor mir; ich
» ſah den höchſten Ausdruck der Wut, einen zurück-
» liegenden Körper, ſtarrende, weit aus einander

» führende, mehr in die Höhe, als nach unten ſtre-
» bende Arme, und ſterben noch im Geſicht jeden
» wilden, verzerrten Zug der Verzweiflung. So
» fand ich auch in der That die Schauſpielerinn bei
» dem erſten Antrate: daß man ihn einholte!
» Aber bei dem zweiten, wo ſie unglücklicher Weiſe
» auf die Malerei des Feſſelns fiel, war das Alles
» verſchwunden. Der Körper nahm plötzlich durch.
» geraden Stand an, die Arme wurden niedergeze-
» gen, und die Hände an den Gelenken kreuzweis
» über einander gelegt; der ganze Ausdruck der
» Wut, der eine ſo unnatürliche Rede allein ent-
» ſchuldigen konnte, war weg, und mit ihm Wahr-
» heit und Täuſchung. «

Hier noch ein Paar luſtigere Beiſpiele von ſolchen Malereien.

Es iſt ſo ſichtbar, daß Odoardo in der äuſſer-
ſten Ungeduld der Begierde iſt, (ſagt Engel, a. a.
O. 2. Th. S. 15.) wenn er zu Orſina ſagt:
»Schütten Sie nicht Ihren Tropfen Gift in einen
Eymer! « *) Es iſt ſo ſichtbar, daß ſein Spiel nur

---

*) Emilia Galotti, 4. Aufzug, 7. Auftritt.

diese Ungeduld auszudrücken hat; daß er sich unmöglich Zeit lassen kann, der Gräfinn durch sorg-
fältige Ausmalung der Metapher das, was ihm an
ihr so verhaßt ist, noch lange vorzubilden. Und
doch habe ich selbst — freilich nur in einer Bude, in
die ich mich einst aus Neugier schlich — einen
Odoardo gesehen, der jene bildliche Redensart,
was meinen Sie wie? zu geben suchte. Erst erhob
er, ganz nach der Regel des Riccoboni (m. f.
nur Mimik 1. Th. S. 76.), den rechten Arm, legte
den Zeigefinger an den Daumen, und senkte beide
gegen die Erde, als ob er etwas von ihnen herab-
fließen ließe; das war der Tropfen! — Dann hielt
er beide Hände ziemlich weit von einander, spreizte
alle Finger, und schien etwas von nicht geringem
Umfange damit zu umspannen: das war der Eimer!
— Denken Sie nur nicht, fährt Engel fort, daß
ich dieses Beispiel aus meinem eigenen Kopf erdichte,
um Sie lachen zu machen; Sie kennen ja selbst einen
Odoardo, der jedesmal beim Aussprechen des Wortes
Eimer sich mit voller Faust auf den Wanst schlägt;
und ist denn dieser Fehler weniger lächerlich, weniger unglaublich, als jener?« —

Ich weiß nicht, sagt Engel (Mim. 2. Th.
S. 47.), ob sie bei der pantomimischen Vorstellung

der Horazier zugegen waren, die man einmal hier (in Berlin) dem Noverre nachzuſtümpern waren. Welch wunderliches Zeug kam da in der Stelle vor, wo Camilla ihren Bruder, ihr Vaterland, jeden einzelnen Hinter, verwünſcht! Sehen die Art, wie die Zeilen gegeben wurden:

> Qu'elle (Rome) ſur ſoi même renvurſo ſes
>   murailles,
>
> Et de ſes propres mains dechire les entrailles; *)

wie geſchmacklos, wie nichtsſagend war ſie! Aber wie weit geſchmackloſer noch die Malerei eines Gedankens, den der Verfertiger der Pantomime aus der Fülle ſeines eigenen Genies hinzugethan hatte, und der vermuthlich der war: Möchte Rom von der Erde verſchlungen werden! Für die Phantaſie iſt dieſes Bild nicht bles edel und groß, ſondern ſchrecklich: man ſieht die Erde einen weiten Schlund, fürchterlicher als der Rachen eines Meerungeheuers, aufreiſſen, um in ihrem Bauche ein ganzes mächtiges Volk zu begraben; aber in der mimiſchen Malerei? — wie niedrig, wie lächerlich, ſelbſt wie ekelhaft ward die Vorſtellung! Erſt wies die Tänzerin nach hinten, vermuthlich auf die Gegend, hin, wo man ſich Rom denken ſollte; dann bewegte ſie die Hand mit Hef-

---

*) Horaces, Act. 4. Sc. 5.

tigkeit gegen die Erde; dann riß ſie Fratzenweit —
nicht den Rachen eines Ungeheuers, ſondern ihren
eigenen kleinen zierlichen Mund auf und warf mehrmals hinter einander ihre geballte Fauſt dagegen hin,
als ob ſie mitten im gierigſten Schlingen begriffen
wäre Ein Theil der Zuſchauer lachte, ein anderer
ſchien wegen der Bedeutung verlegen. Und in der
That, wie nur errathen, wie nur muthmaßlich iſt
der Sinn, den ich oben dieſer Grimaſſe gegeben habe! wie eine ganz andre, ganz verſchiedne Erklärung
des nämlichen Spiels iſt noch möglich!

Genus irritabile *Vatum* *), ſagt der Dichter mit Recht; aber das Schauſpielervölkchen iſt vielleicht noch reizbarer, weil, wie auch Engel richtig
bemerkt, Tadel ihres Spiels und ihrer Perſon un-
zertrennbar ſcheint. Man weiß, wie ſchnöde Döb-
belin der Vater den verſtorbenen Moritz in öffentlichen Blättern anließ, weil er einige von Döb-
belins Schauſpielern (ihn ſelbſt, glaub ich nicht)
getadelt hatte; und Moritz hätte wahrhaftig der
Mann ſein können, gründlich und mit Nutzen zu
tadeln.

----

*) Das Dichtervolk iſt ſehr reizbar.

So wird vernünftige Kritik zum Schweigen gebracht; die Schauspieler thun, was sie wollen; Schlinge preisen den neuen Geschmack; Stribler brauchen Thor; Unsperienten (ältere oder neue) werden verdrängt, um Stümperrien Platz zu machen, die zum liederlichsten ein gouvernement Direktor versieht, und was kann erschöß mit Panard singen:

Dans ma jeunesse
On voiait des Auteurs,
Fertiles producteurs,
Enchanter les lecteurs,
Charmer les spectateurs,
Par leur délicatesse.
Aujourd' hui ce n'est plus cela:
Les vers assoupissent,
Les scenes languissent,
Les Muses gémissent,
Succombant, périssent,
Pégase va
Cahin, caha.

Sheridan hat in seinen Lectures on Elocution nachläßigen Rednern und Schauspielern eine recht bequeme Ruhebank gesetzt, gewiß, ohne es zu wollen.

»Ob man gleich, (sagt er, in der deutschen Bearbeitung *), 2. Th. S. 174.) ob man gleich in
»Privatunterhaltungen auf die Verbesserung fehler-
»hafter Angewohnheiten nie zu aufmerksam sein
»kann: so muß man doch, wenn man vor einer öf-
»fentlichen Versammlung spricht, gänzlich vergessen,
»daß man solche Fehler hat; denn, während man
»hieran denkt und aufmerksam darauf ist, wird man
»die Stärke des Vortrags verlieren, ohne jedoch
»Anmuth zu gewinnen, die sich mit irgend einer
»sichtbaren Unruhe über diese Fehler nicht verträgt.«
(Vergl. oben die erste Stelle aus Engels Mimik.)

Bis hierher erträglich. Aber was sagt man zu
dem Folgenden?

»Auch darf niemand, wenn es auch
»nicht in seinem Vermögen stünde, An-
»gewohnheiten dieser Art ganz zu über-
»winden, deswegen in grosser Verlegen-
»heit sein; da die häufig vorkommenden
»Fehler und Besonderheiten in diesem

---

*) Betitelt: Ueber die Deklamation oder den mündli-
chen Vortrag in Prose und in Versen. Nach dem
Englischen des Thomas Sheridan. Mit einigen
Zusätzen von D. N. G. Löbel. Leipzig, 1793.
2 Theile.

»Stücke schon seine Vertheidigung über-
»nehmen.« *Defendit numerus. Ve-*
»*niam petimusque damusque vicissim.* Es
»wird von der Menge derer in Schutz
»genommen, die an ähnlichen Fehlern
»leiden, und wechselseitig Nachsicht ge-
»ben und fodern.«

Was nun noch für Noth, ihr Schauspieler? .
Schlägt einen so herrlichen Anspruch an eure Schau-
spielkunst! Spielt, wie man schläft, ohne selbst zu
wissen, wie! Ihr werdet doch Recht auf Beifall haben. Lustig, ihr dimidiati Arlecchini *) (zu
ganzen fehlt euch bei weitem an Geschick), schneidet
Gesichter! weiset uns Zähne und Zunge! setzt euch
laßt aus! macht Impromtu's! macht Lazzi! macht,
was ihr wollt! Andere machens nicht besser. Und
du, hochbeginter Theaterheld,

Quo non Praeordor, quo non Rolandior alter,

greife die Bühne herum, spreize die Arme, wirf den
Kopf in den Nacken, und brülle, daß das Haus
wiederertönt! Was brauchst du weiter zu einem Or-ke

---

*) Die Herren können sich zur Noth mit Terenz
trösten, dem Cäsar ein dimidiate Menander in
den Bart rieb; doch sie sind sehr ti...ber.

von Wittelsbach), besonders, wenn du nicht
versäumst, dich immer dicht am Sufflörkasten zu po-
stiren? Man wird dich bewundern, und nach —
vier Wochen noch wird man dein Gebrüll in einem
Critical Review hören.

Sheridan urtheilt richtiger an einem andern
Orte, wo er die falsche Aussprache vieler Schauspieler
tadelt, und besonders das Heraushalfen (Mou-
thing nennt es Shakespear, Haml. 3, 3.), und das
affektirte Hervorheben akzentloser Sylben.

» Ich habe Schauspieler gesehn, sagt Hamlet
» und habe sie loben hören, (and' that highly,
» not to speak it prophanely), die bey einem
» Ton, wie ihn kein Christenmensch hat, und mit
» Anstand und Gang, weder eines Christen noch
» Heiden, noch Menschen, so strotzten und aufbrüll-
» ten, daß ich dachte, ein Paar Handwerksjungen
» der Natur hätten Menschen gemacht, und sie nicht
» recht gemacht. «

Sheridan meint, es sei sogar lange nicht
her, daß man dergleichen noch gesehn habe. · Einige
(Schauspielergesellschaften), sagt er, *) können

---

*) a. a. O. T. 1. S. 116.

mit Wahrheit von sich rühmen, was der Schauspieler im Hamlet: »wir hoffen, wir haben dies Verwerfen so ziemlich bei uns abgeschafft.« Diesem möchte ich mit Hamlet zurufen: »O schafft es doch vollends ganz ab!«

II.

Leben berühmter Dramatiker;

skizzirt.

---

1. Alte. — Aeschylus.

Aeschylus war aus einer angesehenen attischen Familie. Er war Staatsmann, Feldherr uud Dichter, und blühte um 500 vor Christus (vor 2300
Jahren), in Griechenlands herrlichster Periode.
Miltiades und Leonidas, die Helden bei Marathon und bey Thermopylä, Aristides,
Themistokles, und auf der andern Seite Py-
thagoras, Pindar (ohngefähr 5 Jahr jünger,
als er), Simonides und Sophokles wa-
ren seine ältern oder jüngern Zeitgenossen. Er selbst
focht, mit seinen oben genannten Brüdern, bei
Marathon, bei Salamis, bey Platäa, und

nicht ohne Ruhm. Er machte auch ein Gedicht auf den Sieg bey Marathon; allein Simonides dichtete auch eins darauf, hielt mit Aeschylus seinen Wettstreit, und besiegte ihn. Doch Aeschylus war für etwas Größeres geboren.

Die dramatische Kunst der Griechen hatte kaum ihre ersten Schritte gethan. Thespis fuhr unter Solen, mit rohem Theaterapparat, und eben so rohen Schauspielern, quacksalbermäßig, in Attika herum, und spielte, wo man ihn hören wollte. Seine ganze Kunst war sehr einfach. Entweder vereinigten sich die, im Gesicht mit Weinhefen beschmierten, und zum Theil in Bacchanten und Faunen verkleideten *) Acteurs zu einstimmenden, oder sich antwortenden, Chören zum Lobe der Götter, besonders des guten Vaters Bacchus (denn an den Weinlesefesten waren dergleichen Herumzüge und Mummereien zuerst entstanden); oder Thespis ließ Einen von ihnen, nach Endigung eines Chorgesangs, auftreten, und recitativmäßig, mit schwacher Be-

---

*) Entweder um sich, zur Verstärkung der Illusion, unkenntlich zu machen, oder zur Belustigung der Zuschauer; aus Schaam aber ein wenig ehrenvolles Gewerbe schwerlich.

gleitung meist eines Saiteninstruments, ein Stück
aus der Mythologie haranguiren; oder es traten
ungeschmeidige Tänze an die Stelle des Menologs
und des Chorgesangs. Häufig unterbrachen oder
durchkreuzten auch den letztern schmutzige Lieder der
Bacchanten und Faunen, oder Invektiven auf Pri-
vatpersonen, mehr kräftig als fein. Demohngeachtet
fand dieser Zeitvertreib außerordentlichen Beifall.
Susarion wetteiferte mit Thespis, und beide hatten Schüler und Nachahmer.

Wie mußte nun nicht Aeschylus wirken! denn
wie viel war hier noch zu thun! Alles dies war kein
Drama. Es wurden Handlungen besungen oder erzählt, aber nicht gethan vor den Augen der Zuschauer. Aeschylus verwandelte die Monologe oder
Recitative in Gespräche, erst von zwey Personen,
bald, nach Sophokles, seines jüngern Rivals,
Beyspiele von drei, bisweilen sogar von vier. Nun
geschah wirklich das bisher Erzählte, oder Gesun-
gene: denn die Redenden waren in eine Handlung
verflochten, in der ein großer Charakter hervorstach,
der, indem Alles sich auf ihn bezog, der ganzen Darstellung Einheit und Haltung schaffte; der Chor, sonst
Hauptsache, ward jetzt nur integrirender Theil, und
zwar als Repräsentant des einer großen Begebenheit

zuschauenden Volks, das seine Empfindungen darüber bald durch Lieder äussert, bald durch guten Rath, oder Drohungen. Denn unter den Griechen ward in früherer Zeit (und aus dieser waren fast alle Stoffe des Trauerspiels genommen) jede wichtige Handlung öffentlich verhandelt. Man lebte meist auf den Märkten, und fand es unnatürlich, große Dinge im Kabinet, und ohne Zeugen, zu thun. Bisweilen gab auch das Sujet selber den Chor an die Hand, wie in Aeschylus Flehenden (Supplices, die Danaiden) in welchen die 49 Danaiden als Chor auftraten. Die Handlungen selbst, welche Aeschylus darstellte, waren groß und einfach, der Tod Agamemnons, oder die Gewissensangst seines Mörders, des Muttermörders Orest. Liebeeintrigungen eigneten sich bei den Griechen bloß für das Lustspiel. Die Sprache des Aeschylus war dem Stoff seiner Tragödien gemäß. Sie ist meist erhaben, oft bis zum Schwulst, selten unedel, nie prosaisch. Das Aeussere der Darstellung vermehrte ihren Eindruck. Aeschylus bewirkte die Erbauung eines ordentlichen Theaters in Athen. Ein Künstler Agatharch machte ihm Dekorationen dazu. Er gab seinen Helden Masken, damit sie unkenntlich würden; er gab ihnen hohe Halbstiefel (Kothurne), damit der Hoheit ihrer

ihrer Handlungen und Gesinnungen, auch ihre kör=
perliche Größe entspräche; *). endlich kleidete er die
Schauspieler anständiger, in lange Schleppkleider,
und verbannte die Faunen und Bacchanten. Daß
die Masken sich zu allen Zeiten in griechischen
und römischen Schauspielen erhalten haben, befrem=
det Anfangs. Allein erstlich waren sie fein gemacht
und dicht anschließend; dann vermehrten sie auch die
Täuschung auf mancherlei Art. Man sahe so kein
bekanntes Alltagsgesicht einen Jupiter oder einen
großen König vorstellen. Die Masken waren so
gemalt, und mit Bärten u. s. w. versehen, daß
man theils sogleich den Jüngling, den Greis, den
Sklaven erkannte; theils den verschiedenen Affekt
jeder einzelnen Person in einzelnen Scenen; daher
sie während des Spiels oft umgetauscht wurden.
Die Gewohnheit der Griechen (die Römer hatten
bald ihre Theatertänzerinnen) die Gewohnheit der
Griechen, sag' ich, im Schauspiel nie Frauenzim=
mer auftreten zu lassen, schadete so ferner der Wahr=
heit nicht. Endlich ward durch die Masken, ver=
möge einer besondern Einrichtung, die Stimme
verstärkt, was bei Schauspielhäusern nothwendig

---

*) Ein tragischer Herkules war 4 Ellen hoch.

war, worin 300,000 Menschen (in Rom gar 70,000) Platz finden sollten. Die oben offenen Schauspielhäuser selbst waren, um überall hören zu lassen, nach den Regeln der Akustik gebaut, und bronzene Gefäße in der Mauer verbreiteten den Ton. M. s. Lessings Leben des Sophokles, und Barthelemo's Anacharsis, 7. Th.

So weit brachte schon Aeschylus die Tragödie. Man würde sich darüber noch mehr wundern müssen, wenn nicht sein unerlöschlicher Eifer für sein schönes Werk bekannt wäre. Er machte nicht nur den Schauspieldirektor, indem er selbst die Akteurs ihre Rollen, vielleicht Wort für Wort, genau, und in Ton und Gest richtig, so wie seine Muster die Mimik zu den Worten *) lehrte; er spielte selbst mit, und

*) Denn Musik fehlte in keinem alten Schauspiele. Blasinstrumente (besonders Flöten) begleiteten lebenhaftere Stellen, hauptsächlich den Chorgesang, zu dessen bestimmteren Empfindungen ihr bestimmter Charakter paßte; Saiteninstrumente begleiteten vorzüglich Gespräche, die so ebenfalls entbehrlicher und langsamer gesprochen, und nur auf solche Art so vielen Zuschauern in so großen Häusern verständlich wurden. Denn nicht darum ward, glaub' ich, mit Diderot (Theater

befeuerte Alles, um sich mit seinem Enthusiasmus.

Wirklich blieb auch der Folgezeit wenig mehr
zu thun übrig, als den äußern Glanz der Schauspiele zu vermehren. Dies geschah zur Zeit des
Sophokles *) und des Euripides, in der
Zwischenzeit zwischen dem Kriege der Griechen gegen Xerxes und dem Peloponnesischen. Hier blühten Trauerspiel und Lustspiel am herrlichsten; denn
Athen beherrschte damals Griechenland, und Perikles besonders liebte die Kunst, und wandte,
zum Theil, um die Aufmerksamkeit des Volks von

I. Th. S. 191) griechisches und römisches Drama
durchgängig, und zu allen Zeiten versifizirt, weil es
bei den Griechen auf die lyrische Gattung gepfropft
war; (denn was hätte gehindert, dies bald, zum
Vortheil der Kunst, gänzlich zu vergessen?) sondern der Dramatist machte vielmehr Verse, und
der Schauspieler sprach diese mit erhobner Stimme, die Sylben deutlicher absetzend, und langsamer, um verstanden zu werden. Unser eintöniges,
oft kaum hörbares, Geschnatter, schickt sich für
unsere kleinen Häuser.

*) Sophokles war 31 Jahr jünger als Aeschylus,
und 15 älter als Euripides.

seinen politischen Planen abzulenken, ungeheuere öffentliche Summen an die Aufführung von Schauspielen. Daß Sophokles und Euripides, jeder für sich, die Tragödie auf eine eigene Art modelten, war natürlich. Es schränkte Sophokles den Chor, der sonst öfters aus 50 Personen bestanden hatte, auf 15 ein, und verflocht ihn weniger in die Handlung seiner Helden, da beim Aeschylus der Chor noch eine Hauptrolle spielt. Euripides ging hierin noch weiter. Seine Chöre scheinen öfters gar nicht zur Fabel zu gehören. Doch weit wesentlicher war Sophokles Kunst, gute Plane zu machen, und große Karaktere einfach und edel darzustellen. In diesem Punkt übertraf er den Aeschylus, in jenem den Euripides. Aeschylus, sagt der Abbé Barthelemy (Anacharsis, 7. Th.), Aeschylus malt die Menschen größer, als sie sein können; Sophokles so, wie sie sein sollten; Euripides so, wie sie sind.

Doch genug von der alten Tragödie und Tragödie! Von der alten Komödie nur so viel: Sie bildete sich später als das Trauerspiel; fand schon Verschönerungen seines Theaters; und verschmähte weder seine Dekorationen, noch seine

Masken, noch Sophokles dritte Person im Dialog, langsam kam wesentlichere Verbesserung zu Stande, langsam gingen platte Belustigungen eines republikanischen Pöbels, Abnehmereien selbst der Personen angesehener Staatsbedienten, in die feinen und unbeleidigenden Darstellungen und Scherze eines Me= nander über.*) Doch die Nüancen dieses Ue= bergangs zu zeigen, ist hier nicht der Ort. Man sieht hier doch ohngefähr den Ursprung und die allmälige Bildung der dramatischen Kunst bei ei= nem Volke, das sie enthusiastisch liebte, und dem sie viel zu verdanken hat.

2. Neuere. — William Shakspeare.

Shakspeare, der große Naturdichter, das Kind der Fantasie **), stammte aus einer rechtlichen Familie zu Stratford an der Avon.

---

*) Aristophanes blühte um 406, Menander um 312, vor Christus. Ueber 100 Jahr später schrieb Plautus in Rom seine Komödien, und 20 bis 30 Jahr nach ihm Terenz. Von römi= schen Trauerspielen ist nichts Ganzes übrig, außer Seneca's späten Uebungen in dieser Dichtungs= art.

**) Milton's Allegro.

Sein Vater war einen beträchtlichen Wohlstand,
und zeugte zehn Kinder, wovon unser Dichter das
älteste war. Er wurde den 16. April 1564 geboren.

Im gehörigen Alter brachte man ihn auf die
Stratfordische Freischule, wo er in den Anfangs-
gründen der Wissenschaften gewöhnlichen Unterricht
erhielt. Ob er hier außerordentliches Genie, oder
Reizung zur Gelehrsamkeit, äußerte, ist unbekannt.
Sein Vater hatte nicht die Absicht, ihn studieren
zu lassen; er nahm ihn vielmehr früh aus der
Schule, und brauchte ihn in seinem Gewerb. Dabei blieb jedoch Shakspeare nicht lange, wenigstens nicht unter väterlicher Aufsicht: denn schon
im siebzehnten Jahr heirathete er, und ward Vater, ehe er volljährig war. Jetzt, glaubt man,
habe er an nichts weiter gedacht, als an eigene
Betreibung des Welthandels, als er zufällig mit
einigen Leuten bekannt ward, die sich auf Wild-
dieberei legten. Er ließ sich mit ihnen ein, und
sie beraubten gemeinschaftlich Sir Thomas Lu-
cy's Park, nahe bei Stratford. Sir Thomas,
den sie oft so heimsuchten, rief endlich den Beistand der Gesetze wider sie auf, und unser Shakspeare machte ihn dafür zum Gegenstand einer

Ballade, die so bitter gewesen sein soll, daß ihr Verfasser in und bei seiner Vaterstadt länger nicht sicher war. Dem Gesetze zu entgehen, floh er nach London, und — was sich von einem Manne voller Geist und Leben, in seinen Umständen, erwarten ließ — er ward Schauspieler. So kam dieses große Genie, auf dem sonderbarsten Weg, in seine eigenthümliche Sphäre.

Seine erste Aufnahme beim Theater entsprach den Vortheilen, die ein fremder junger Mensch hoffen ließ, der die Kunst noch nicht kannte. Er wurde mit einem sehr geringen Gehalt angesetzt, und sein Spiel berechtigte ihn zu keiner Auszeichnung. Die Rolle eines Unterschauspielers war der Aufmerksamkeit eines Shakspeare unwürdig. Sie füllte einen solchen Geist nicht, und er wandte daher die Muße, die ihm seine Lage gewährte, zu höhern und würdigen Zwecken an. Er kannte jetzt, durch Uebung und Beobachtung, die mechanische Oekonomie des Theaters; sein Genie that das Uebrige. Da er indeß Anfangs bloß für Brodt schrieb: so bemühte er sich einzig und allein, den Geschmack und die Laune des gemeinen Volks zu befriedigen, aus dem sein Auditorium meist bestand. Die Originale seiner Gemälde auf dem Theater waren gemeine Leute.

Auf diese Art also ward Shakspeare zur Bühne, ohne sonderlich erzogen zu seyn, ohne Rath oder Beistand von Gelehrten, ohne Beschützer, selbst ohne bessere Bekanntschaft. Aber sein Genie erwarb ihm erst den Beifall der Stadt, bald auch seines Königs, und er vervollkommnete sich von Jahr zu Jahr. An seinem Fallstaff (in den beiden Theilen Heinrichs des Vierten) ergötzte sich, der Sage nach, die Königin Elisabeth so sehr, daß sie Shakspeare bat, den dicken Ritter auch einmal verliebt zu zeigen; was der Dichter in den lustigen Weibern von Windsor so meisterhaft that.

Die Namen von Shakspeare's Gönnern sind jetzt unbekannt, außer dem Earl von Southampton, den er besonders geehrt hat durch die Weisung zweier Gedichte, Venus und Adonis, und, der Raub der Lukrezia. Die Dedikazion des letztern besonders zeigt, daß Southampten sich sehr großmüthig gegen ihn gezeigt haben muß.

Im Anfang der Regierung Jakobs I. (wo nicht früher) war er Einer von den Hauptdirekteurs des

Hoftheaters, und blieb das mehrere Jahre lang; bis er mit so viel Vermögen, als seinen mäßigen Wünschen genügte, die Bühne verließ, und den Rest seiner Tage, in ehrenvoller Behaglichkeit, zu Stratford verlebte. Er bewohnte hier, mit seiner Familie, ein artiges Haus, das er sich gekauft hatte, und New-Place (der neue Platz, das neue Haus) nannte. Er hatte das Glück, es 1614 zu retten, als ein schreckliches Feuer den größten Theil der Stadt in die Asche legte.

Im Anfang des Jahrs 1616 machte er sein Testament. Er bezeugte hierin seinen ehemaligen Mitdirektoren des Theaters seine Hochachtung. Seine jüngste Tochter und ihren Mann bestimmte er zu Vollziehern des Testaments, und vermachte ihnen den besten Theil seines Vermögens, in dessen Besitz sie auch bald gesetzt wurden.

Er starb den 23. April desselben Jahrs, etwas über 52 Jahr alt, und ward in der Hauptkirche zu Stratford, bei seinen Vorfahren, an der Nordseite der Kanzel, begraben, wo man ihm ein artiges Denkmal errichtet hat. Ein weit edleres ehrt ihn in der Westminsterabtei. 1738, den 28. April ward, zu dessen Errichtung, sein Trauerspiel Ju-

Julius Cäsar, aufgeführet, und 1740 war das Denkmal errichtet.

Von Shakspeare's Genie zu reden, ist eben so schwer als überflüssig. Denn man seine Stücke nach dem strengen Morale des Drama's beurtheilt, so wünscht man Manches geändert, Manches gestrichen, aber wenn man wirklich Hand ans Werk legt, will man doch nichts missen; wie denn wie Warger *) mit Recht sagt: „dieser Tempel so voll ist, daß viel fehlen kann, ohne daß mans vermißt." Die Sache ist die, daß Shakspeare nur minder wesentliche Theaterregeln betätigt, und dafür durch doppelte Wirkung, doppeltes Vergnügen belohnt. **)

Er selbst hat sich um seine Werke nicht sonderlich bekümmert. Sie erschienen zuerst gesammelt 1623. in Folio. Die Herausgeber waren zwei Schauspieler, und Shakspeare's Hauptfreunde, Heminge und Condell. Nachher sind sie sehr oft herausgegeben. M. s. A new and general biographical Dictionary, in 12 Vol. London 1784, 8.

---

*) Vorrede zu seinem Macbeth.
**) Man s. die Literaturbriefe, 17. Brief.

Corneille.

Peter Corneille ward zu Rouen 1606, den 6. Junius, geboren. Seine Eltern waren von gutem Stande; und der Vater bekleidete ansehnliche Ehrenstellen unter Ludwig XIII. Er sollte Advokat werden; war es auch eine kurze Zeit; aber sein Genie verekelte ihn bald diese Beschäftigung. Er hatte indessen bisher dem Publikum noch keine Probe seines Dichtertalents gegeben; er selbst wußte noch nicht, daß er es besaß. Eine unbedeutende Galanterie veranlaßte, wie man sagt, sein erstes Drama, Melite, ein Lustspiel. Das französische Trauerspiel war damals höchst platt und matt; das Lustspiel so viel als nichts. „Melite fand unerhörten Beifall. Das vorher fast aufgegebene französische Theater schien auf einmal zu blühen, und Paris hatte plötzlich eine neue bessere Gesellschaft von Schauspielern. Corneille widmete sich nun ganz dem Theater. Er schrieb noch einige Lustspiele, freilich schlechter, als seine nachherigen Trauerspiele; aber bei weitem besser, als Alles, was man in Frankreich bisher kannte.

Seine Medea erschien zunächst, eine Tragödie, zum Theil nach Seneka.

1637 ward endlich sein Cid aufgeführt, das Meisterstück seines Genies. Ganz Europa hat Cid gesehn. Er ist in fast alle Sprachen übersetzt, und es giebt keinen bessern Beweis, daß es des Uebersetzens werth war, als die Verschwörung fast aller damaligen Schöngeister Frankreichs wider der Cornelie, wegen dieses Stücks. Einige verachteten es; Andere schrieben dagegen. Selbst Kardinal Richelieu soll an dieser Kabale Theil gehabt haben; denn nicht zufrieden, für einen großen Staatsminister zu gelten, wollte er auch größer Dichter seyn. Corneille hatte durch ihn eine Pension erhalten, aber gegen den Cid (die Krone von Corneille's Werken) intriguirte der Kardinal doch. Sein Einfluß soll der französischen Akademie Kritik desselben veranlaßt haben, die den beleidigenden Titel führt: Sentimens de l'Académie Françaiſe ſur la Tragi-Comédie du Cid. Dennoch ließ ſie ſogar vielen Stellen des Trauerspiels Gerechtigkeit widerfahren. Und überhaupt krümmten all' dieſe Belferer unſerm Dichter kein Haar. Sein Ruhm stand fest, und er erhöhte ihn, wo möglich, durch neue Arbeiten, »die,« nach Bayle's übertriebenem Ausdruck, »das französische Theater auf die höchste Stufe

»seiner Vollkommenheit, und sicherlich höher, ho-
»ben, als einst das Theater von Athen stand.«

1647 ward er endlich selbst zum Mitgliede der
Akademie erwählt, die ihn so hart kritisirt hätte;
und gegen seinen Tod war er Dechant derselben.

Corneille starb 1684 in seinem 79. Jahre.
Der König schickte ihm in seiner letzten Krankheit
— ein Geschenk.

Er war ein frommer, würdiger, rechtschaffener
Mann; aber etwas still und melancholisch, daher
es kam, daß er in Gesellschaft wenig redete, selbst
über Dinge, die er sehr gut verstand. Großen
den Hof zu machen, war seine Sache nicht, und
das ist vermuthlich die Hauptursach, warum er
aus seinen Werken nie sonderlichen Vortheil zog,
den großen Ruhm ausgenommen, der seinen Namen immer begleiten wird. — »Dieser Mann,«
sagt Racine *), »besaß alle die großen Talente,
»die den Dichter bilden: Kunst, Stärke, Ur-
»theil und Geist. Welche große Gedanken!
»Welche Geschicklichkeit in Anlegung der Pläne!
»Wie meisterhaft rührt er das Herz! Und seine

---

*) Eloge de P. Corneille; gesprochen in der französi-
schen Akademie im Anfang des Jahrs 1685.

»Karaktere, wie würdevoll und wie mannichfaltig!«

Die Zahl von Corneille's Stücken, Tragödien und Komödien beläuft sich auf 33.

Aus Mißmuth über die kalte Aufnahme seines Perthorite fiel unser Dichter zuletzt noch auf eine ganz heterogene Arbeit — auf die Uebersetzung von Thomas a Kempis berufenem Buche Von der Nachahmung Christi. Diese Uebersetzung soll 32 Mal aufgelegt sein; »was zu glauben (sagt Voltäre, Siècle de Loüis XIV.), eben so schwer ist, als, sie ein einziges »Mal zu lesen.« M. f. auch hier, und bei dem »Folgenden das angeführte Dictionary.

***

Racine.

»Jean Racine ward 1639 in La Ferté Milon geboren. Seine erste Erziehung bekam er in Pert-Royal, wo er drey Jahr blieb. Er machte hier schnelle Fortschritte im Griechischen und Lateinischen, so wie in den schönen Wissen-

schaften. Sein Genie neigte sich schon zur Dichtkunst: er liebte den Sophokles und den Euripides so sehr, daß er diese Dichter soll auswendig gelernt haben. So verschlang er auch einst
Heliodors Theagenes und Chariklea, als
sein Direktor ihn überraschte, das Buch ihm weg-
nahm, und es ins Feuer warf. Racine verschaffte sich ein anderes Exemplar, dem es nicht besser
gieng; ein Drittes lernte er zuletzt auch auswendig, und nun lief er selber zum Direktor damit,
und sagte: » Da haben Sie das Buch auch; Sie
mögen es nun verbrennen, wie die zwei vorigen.«

Von Port-Royal gieng er nach Paris, und
studierte eine Zeit hindurch Logik im College
d'Harcourt. 1660, als alle Welt Verse auf die
Vermählung des Königs machte, trat auch Racine zuerst öffentlich auf. Das Gedicht » La
Nymphe de la Seine,« das er auf jene Feierlichkeit schrieb, ward von Chapelain überall,
und besonders dem Minister Colbert, so gewaltig erhoben, daß dieser dem Dichter nicht nur
hundert Pistolen im Namen des Königs schickte,
sondern ihm auch, als einem Gelehrten, 600 Livres Jahrgehalt aussetzte, die ihm bis zu seinem
Tode ausgezahlt wurden.

Dieses Glück nährete ihm jedoch in Paris nicht. Er begab sich nach Uzes, zu einem Oheim, der ordentlicher Domherr und Generalvikar von Uzes war, und ihm eine Priesterstelle seines Ordens versprach, wenn er zu demselben überträte. Racine trug wirklich geistliche Tracht, als er den Thraganred schrieb, seine erste Tragödie. Er überreichte sie seinem Herrn, der ihm den Stoff dazu gegeben, Les Frères ennemies an die Hand gab, die er 1664 vollendete.

Um diese Zeit war seine Liebe zum Theater entschieden, und er arbeitete im dramatischen Fach unablässig fort. Mit seiner »Alexandra,« die 1666 erschien, soll es ihm sonderbar gegangen seyn. Er las diese Tragödie Corneillen vor, und erhielt die größten Lobsprüche. Wie erstaunte er, als Corneille ihm zum Beschluß den Rath gab, sich auf andere Dichtungsarten zu legen, die seinem Genie angemessener wären, als die dramatische. »Corneille, sagt der Erzähler dieser Anekdote, *) war niedriger Eifersucht unfähig. Denn

*) De Valincour, in einem Brief in des Abbé d'Olivet Histoire de l'Academie française. Racine selbst hatte sie ihm erzählt.

» er zu Racine so sprach, so ist es gewiß, daß er
» auch so dachte. Aber man weiß ja, daß ihm
» Lukan lieber war, als Virgil. Die Kunst, schö-
» ne Verse zu schreiben, und die Fähigkeit, über
» Dichtkunst und Dichter zu urtheilen, sind nicht
» immer vereinigt. «

1668 folgte ein Lustspiel, les Plaideurs,
und die Tragödie Andromache, die gewaltigen
Beifall fand, und dafür nicht wenig kritisirt
wurde. Besonders Pyrrhus' Karakter schien übertrieben und zu heftig. Daß der des Orest aber
auch beides war, scheint der berühmte Schauspieler Montfleuri zu beweisen, dem die Anstrengung, diesen Karakter ganz darzustellen, das Leben kostete.

Von 1670 bis 1673 machte nun unser Dichter jährlich ein Trauerspiel, nämlich Britanni-
kus, Berenice, Bajazet, und Mithridat.
1675 folgte Iphigenia; und zwei Jahre darauf
Phädra. Neid und Kabale setzten ihm nun alle
die Schwierigkeiten entgegen, die jedes Genie zu
bekämpfen hat. Personen vom ersten Rang hatten
einen Pradon im Solde, um der Phädra unseres Dichters durch seine Phädra zu begegnen,
und sie fallen zu machen.

Nach der Vorstellung dieses Stücks faßte Racine den Entschluß, für das Theater nicht mehr zu arbeiten. Er war zwar nicht älter als 38 Jahr, und die einzige Hoffnung von Paris, bei Corneille's hohem Alter; aber er hatte in seiner Jugend ein inniges Gefühl für Religion eingesogen; seine Theaterverbindungen, besonders mit der berühmten Schauspielerin Champmeslé, die ihm auch einen Sohn gebar; hatten es unterdrückt; allein jetzt erwachte es, und bemächtigten sich der Größe des Dichters ganz. Er wollte nun nicht nur keine Stücke mehr schreiben; strenge Buße auch wollte er ihnen für alle, die er geschrieben hatte: kurz — Racine wollte Karthäuser werden, und wär' es geworden, wenn ihn sein verständiger Beichtvater nicht auf andere Gedanken gebracht hätte. Er schlug ihm vor, zu heirathen; Racine that es, und ward Vater von sieben Kindern. Doch blieb seine religiöse Stimmung. Er war ehemals mit einigen gelehrten Klosterbrüdern von Port-Royal in ein Mißverständniß gerathen. Er versöhnte sich nun mit ihnen, und nannte ihren Tadel dramatischer Dichter für gerecht. Mit Nicole vertrug er sich zuerst, und Boileau (immer sein vertrauter Freund) führte ihn zu Arnaud, der ihn mit offenen Armen empfing.

1673. ward er Mitglied der französischen Akademie, und 1677. bekam er mit Boileau den Auftrag, die Geschichte Ludwigs XIV. zu schreiben. Von solchen Schriftstellern versprach man sich große Dinge; allein, »nach einiger Arbeit an » dem Werke, sagt Valincour, fanden Beide, » daß es ihrem Genie ganz entgegen sei. Auch » urtheilten sie mit Grund, die Geschichte eines » solchen Prinzen müsse und könne nicht eher ge- » schrieben werden, als hundert Jahr nach seinem » Tode.«

Racine hatte es zu einem Religionspunkt gemacht, sich nicht wieder mit Dichten zu befassen; aber er mußte es doch noch einmal. Madam de Maintenon bat ihn, ein Trauerspiel zu schreiben, das ihre Hofdamen im Kloster St. Cyr aufführen könnten. Sie wünschte zugleich, er möchte den Stoff aus der Bibel nehmen. So entstand das Trauerspiel Esther, das zuerst in St. Cyr, und 1689 in Versailles vor dem König aufgeführt wurde. » Es scheint mir merkwürdig ge- » nug,« sagt Voltäre (Siècle de Louis XIV.); » daß diese Tragödie damals allgemeinen Beifall » erhielt, und daß zwei Jahre darauf, Athalia, » obgleich von den nämlichen Personen aufgeführt,

» durchfiel. Völlig das Gegentheil erfolgte, als
» man, lange nach des Dichters Tode, dieselben
» Stücke in Paris gab, zu einer Zeit, wo Vor-
» urtheil und Partheilichkeit aufgehört hatten:
» Athalia, als 1717 gespielt wurde, ward, wie
» billig, mit Entzücken gesehen; Esther erregte
» 1721 nur Langeweile, und erschien nie wieder,
» Allein jetzt gab es auch keine Hofleute, die in
» Esther gefällig Madam de Maintenon er-
» kannten; so wie in Vasthi boshafter Weise
» Madam Montespan, im Haman Louvois,
» und vornehmlich in der Ausrottung der Juden
» die Hugenottenverfolgung dieses Ministers. Ein
» unpartheiisches Publikum sahe darin nichts, als
» eine uninteressante unwahrscheinliche Geschichte;
» einen albernen Prinzen, der ein halbes Jahr
» mit seiner Frau gelebt hat, ohne mit ihr bekannt
» zu seyn; der ohne den geringsten Grund eine
» ganze Nation will umbringen lassen; und der
» endlich eben so unbekannt seinen Günstling auf-
» knüpfen läßt.« Trotz der Schlechtheit des Stoffs,
meint jedoch Voltäre, wären dreißig Verse aus
Esther mehr werth, als manche Tragödien, die
großen Zulauf erhabt hätten. Er meint gewiß
keine von den seinigen.

Beleidigt über die schlechte Aufnahme der Athalia, entsagte nun Racine der Dichtkunst auf
immer. Seine letzten Jahre verwandte er auf die
Schreibung einer Geschichte des Klosters Port-
Royal, die, obgleich, nach vieler Aussage, vortrefflich, niemals erschienen ist. Nervenschwäche
(wie seine Freunde sagten), oder richtiger, Gei-
stesunvermögenheit, beschleunigte seinen Tod. Obgleich er viel am Hofe gewesen war, so hatte er
doch nicht gelernt, was man da am besten lernt,
die Kunst, seine Gesinnungen zu verbergen. Er
hatte ein sehr durchdachtes Memorial geschrieben:
»über die Bedrückungen des Volks, und
»über die Mittel, ihm aufzuhelfen.«
Diese Schrift hinterließ er einst der Madam
Maintenon zum Lesen; und sie saß eben dabei,
als der König hereintrat. Er sah das Memorial
auch an, und lobte es, tadelte jedoch Racine's
Eifer, sich in Dinge zu mischen, die ihn nichts
angingen. »Weil er versteht, Verse zu machen,
»rief er, denkt der Mann darum, daß er Alles
»weiß? Will er Minister werden, weil er ein
»guter Dichter ist?« Diese Worte ängstigten
Racine unbeschreiblich; er machte sich fürchter-
liche Vorstellungen von des Königs Ungnade; be-

davon ein Fieber, und starb, unter heftigen Schmerzen 1699. Der König, der ihn liebte und hochschätzte, hatte während seiner Krankheit, ist zu ihm geschickt. Itzt, da es sich fand, daß Racine mehr Schulden als Reichthümer, hinterlassen hatte, setzte er seiner Familie eine artige Pension aus. — Racine ward, seinem Testamente gemäß, in Port-Royal beerdigt. Als das Kloster zerstört wurde, ist seine Asche nach St. Etienne du Mont in Paris gebracht.

Racine war mittler Größe; von offnem gefälligem Gesicht; ein großer Spaßmacher bis zuletzt, wo Frömmigkeit das Talent fast erstickte; ward er in Gesellschaft warm, so war seine Beredsamkeit so lebhaft und so überredend, daß er selbst es bisweilen bedauerte, nicht Parlamentsadvokat geworden zu sein.

Er ist mit Corneille verglichen, z. B. in Baillet's Jugemens de Savans, Tom. 5. Perrault in seinen Eloges (Tom. 2.) meint Corneille's Sentiments wären heroischer, und die Karaktere seiner Personen größer; aber Racine rühre das Herz gewaltiger, und rede religiöser. Diderots Vergleichung beider hab' ich oben gegeben.

Kleinere Arbeiten von Racine, sind noch folgende: Idylle sur la Paix, 1685. —. Difcours prononcé à la réception de Thom. Corneille et de Mr. Bergeret à l'Académie françaiſe, en 1685. —. Cantiques ſpirituelles, 1689. — Epigrammes diverſes. Alle ſeine Werke ſind unter andern 1722 zu Amſterdam in zwei Ducdez-bänden gedruckt; und das Jahr darauf zu London ſehr prachtvoll in zwei Quartanten.

Crebillon.

Prosper Joliot de Crebillon ward 1674 in Dijon geboren. Er ſollte erſt die Rechte ſtudieren, und ward deswegen nach Paris gebracht. Seine Heftigkeit verekelte ihm dieſe Beſchäftigung; einige Freunde, die ſein Talent merkten, munterten ihn auf, Dramatiſt zu werden. Er weigerte ſich lange; endlich ſchrieb er ein Trauerſpiel, das vielen Beifall fand; und nun arbeitete er raſch in dem Fache fort, bis ihm die Liebe einen Queerſtrich machte. Er vergaffte ſich in eine Apothekerstochter, und — heirathete ſie. Sein Vater, nun doppelt erzürnt, enterbte ihn, ließ ſich indeß einige Jahre

darauf, 1705, auf dem Todbette, den raschen Entschluß reuen, und setzte unsern Tragiker wieder in
seine Rechte ein. Crebillon kam aber doch, und
ungeachtet seines Rufes, und seiner noch unverrin,
gerten Kraft, nicht vorwärts. 1711 verlor er seine Frau, die er sehr liebte, und die wie geboren
für ihn war. Erst lange nachher schien ihm das
Glück zu lächeln, als er Akademist und zum Cen-
sor ernannt wurde. Von nun an lebte er sehr gemächlich bis an seinen Tod, der 1762 in seinem
88sten Jahre erfolgte.

Alle Welt bedauerte ihn, denn er war ein sehr
würdiger tugendhafter Mann. Sein Körper war
stark, sonst hätte er wohl schwerlich so lange gelebt;
denn er aß gewaltig, und blieb bis zu seinem Tode
bei dieser Gewohnheit. Er schlief wenig, und lag
so hart, wie auf bloßer Erde; nicht aus Religiosi-
tät, um sich zu kasteien, sondern weil er Geschmack
daran fand. Hunde und Katzen liebte er sehr; er
hatte immer an dreißig um sich, und verrauchte eine
tüchtige Menge Taback, um ihre Ausdünstung
nicht zu empfinden. War er krank, so behandelte
er sich nach eigenem Gefühl und Gutdünken; denn
über Aerzte und Arzneikunde hielt er sich immer auf.
Er war reich an Bonmots. Als man ihn einst·in

großer Gesellschaft fragte, welches von seinen Werken er für das beste ansähe, sagte er: »Welches
»mein bestes ist, das weiß ich in der That nicht;
»aber dies hier (und er zeigte auf seinen Sohn,
»den berühmten Romanschreiber) dies hier ist sicher
»mein schlechtestes.« Das Dictionnaire histo-
rique portatif in vier Bänden erzählt diese Anekdote, über die Voltäre sein »Wir glauben es
nicht!« ausspricht, ohne den geringsten Grund seines Zweifels hinzuzufügen.

Moliere.

Moliere, der Vater des französischen Lustspiels,
verdient wohl hier einen Platz.

Er ward 1620 in Paris geboren, und hieß eigentlich Jean Baptist Pocquelin. Sein Vater
(wie schon sein Großvater) war Tapezier Ludwigs
XIII.; und Moliere ward für dasselbe Gewerbe
bestimmt, und hatte Aussicht, den Dienst seines
Vaters zu bekommen. Aber der Großvater, der
den Knaben sehr liebte, nahm ihn oft mit sich nach
dem Hotel de Bourgogne ins Schauspiel, was der
alte Mann gern besuchte; und so ward plötzlich

Moliere's Genie geweckt, das Tapezieren wurde ihm je länger je unerträglicher, und sein Vater willigte zuletzt ein, ihn unter den Jesuiten im Collège de Clermont, studieren zu lassen. Er endigte hier seine Studien in 5 Jahren, und schloß enge Freundschaft mit Chapelle, Bernier und Cyrano. Chapelle hatte den berühmten Gassendi zu seinem Privatlehrer; Bernier studierte von Anfang an mit Chapelle zusammen; aber Gassendi erlaubte nachher auch Moliere und Cyrano, seine Vorlesungen mitzuhören. Hier erwarb unser Komiker sich ein Verdienst, das (wenn man Voltäre glaubt) weder Corneille, noch Racine, noch Boileau, noch La Fontaine hatten: er ward Philosoph, theoretischer und praktischer.

Als Ludwig XIII., 1641, nach Narbonne ging, mußte Moliere das Kollegium verlassen; denn sein Vater war zu schwach, dem Hofe zu folgen; Moliere mußte es für ihn. Als er darauf nach Paris zurückkam, war sein Vater todt, und die Leidenschaft fürs Theater, die ihn hatte studieren machen, erwachte mit doppelter Heftigkeit. Wenn es wahr ist, was Einige behaupten, daß er jetzt Advokat wurde, so blieb er das wenigstens nicht lange.

Der Geschmack am Theater war fast allgemein in Frankreich, seit Richelieu die Dramatisten so besonders in Schutz genommen hatte. Viele kleine Gesellschaften spielten zum Vergnügen in ihren Häusern. In eine solche (L'illustre Théatre nannte sie selbst sich pomphaft genug) ließ auch unser Pocquelin sich aufnehmen, und vertauschte hier einen Familiennamen, den er vermuthlich für einen Schauspieler zu gut hielt, gegen seinen bekannteren. *)

Von 1648 bis 1652 verliert man ihn über den Bürgerkriegen aus den Augen. Vermuthlich arbeitete er jetzt seine ersten Werke aus. La Bejart, eine fahrende Schauspielerinn, die auch auf

---

*) Der Verfasser der Mémoires sur la vie et les ouvrages de Moliere führt zur Erklärung dieser Namenumtauschung noch den Gebrauch, dies zu thun, der damaligen Schauspieler im Hotel de Bourgogne an. Die italiänischen Schauspieler führen, glaub' ich, noch bis auf diese Stunde neben ihren Taufnamen gewisse Theaternamen. So hieß der berühmte Pietro Cotta im vorigen Jahrhundert mit seinem Theaternamen Cello. M. s. Riccoboni Gesch. des ital. Theat.

bessere Zeiten hoffte, gefiel Moliere, er verband sich mit ihr, sie bildeten eine Truppe, und reisten 1653 nach Lyon. Hier war schon eine Schauspielergesellschaft, allein Moliere's erstes Stück, L'Etourdi, den er hier zuerst gab, lockte die ganze Stadt zu der neuen Truppe; die alte verließ theils die Stadt, theils gieng sie zu Moliere über, der bald nach Bezieres in Languedoc gieng, um seine Dienste dem Prinzen Conti anzubieten, der sie auch gern annahm. So reiste Moliere auch nach Grenoble, nach Rouen, und zuletzt (doch allein) mehrmals nach Paris. Hier nun hatt'er das Stück, dem Bruder des Königs zu gefallen, der ihn und seine Gesellschaft in Dienst nahm, und ihn dem König und der Königinn Mutter vorstellte. 1658 im October spielte die neue Truppe zuerst vor dem ganzen Hof, und gefiel so sehr, daß der König sie nicht wieder weglaffen wollte. Sie ward also stehende Gesellschaft, und sie und die italiänische spielten, auf königlichen Befehl, abwechselnd in der Halle des Petit Bourbon. — 1663 erhielt Moliere ein Jahrgehalt von tausend Livres, und er schrieb und spielte nun unablaßig fort, und noch glücklicher, weil er weniger Sorgen hatte. Die Fruchtbarkeit seiner Feder in

ohngefähr zwanzig Jahren war damals eine Art
von Wunder

Seine letzte Komödie war der eingebilde-
te Kranke, oder der Hypochondrist, der den
17. Februar 167⅓ zum viertenmal aufgeführt ward.
Moliere selbst spielte den Kranken, der bekanntlich in einer gewissen Scene behauptet, er sei
todt. In dieser Scene nun, sagen Einige, sei
Moliere gestorben. Glaubwürdiger ist die Nachricht, daß er die Rolle mit genauer Noth aus-
spielte, aber eine halbe Stunde nachher an der
Blutstürzung starb. Ein, nach jener Sage ge-
machtes Epitaph ist indeß zu artig, um hier nicht
eine Stelle zu verdienen. Es heißt so:

Roscius hic situs est tristi Molierus in urna,
　　Cui, genus humanum ludere, ludus erat.
Dum ludit mortem, Mors indignata iocantem
　　Corripit, et minum fingere saeva negat.

Roscius Moliere's Staub ist in dieser Urne gesammelt.
　　Rings der Menschen Geschlecht spielen, war
　　　　Diesem ein Spiel.
Doch einst spielt' er den Tod, da ergrimmend ihm,
　　raffte der Tod den
Gaukelnden fort, und der Scherz endet' in
　　schrecklichen Ernst.

¶ So starb Moliere, noch nicht 53 Jahre, bedauert von allen Liebhabern der Kunst, die ihn so lieb zu erhalten hatte. Heuchlerische Geistliche nur freuten sich, daß sie nun von dem Verfasser des Tartüffe nichts mehr zu befürchten hatten. Ja, sie wollten sich jetzt, nach ihrer Art, an ihm rächen. Harlai, der unphilosophische wollüstige Erzbischof von Paris, wollte den philosophischen braven Dichter nicht in geweihtem Boden begraben lassen. Der König selbst mußte es vermitteln, daß Moliere's Leichnam auf dem Kirchhof der kleinen Kapelle St. Joseph in der Vorstadt Montmartre beerdigt ward. — —

Ich schließe mit einigen Bemerkungen und Nachrichten des Verfassers der schon erwähnten Mémoires.

»Die Natur, sagt er, schien Molieren zum
»Dramatiker bestimmt zu haben; aber nicht zum
»Schauspieler. Eine dumpfe, nicht sehr biegsame
»Stimme, und dabei ein Schnattern, über das
»er nicht Herr war, setzten ihn weit unter die Schau-
»spieler des Hotel de Bourgogne. Jenes Schnat-
»tern war ihm besonders verhaßt. Seine unauf-
»hörlichen Bemühungen, es los zu werden, zogen
»ihm einen andern Fehler zu, eine Art von Schluch-

» zen, von dem er indeß oft guten Gebrauch machte.
» Eben so versteckt' er die Dumpfheit seiner Stimme
» nur durch unnatürlich erhöhte Töne, die man an-
» fangs für Affektazion hielt, bis man sich daran
» gewöhnt hatte. Moliere fühlte seine Schwäche,
» und schränkte sich auf die Komödie ein, aber hier
» spielte er nun auch einen Maskarill, oder Sga-
» narell, oder Ali, und die hochkomischen Karak-
» tere Arnolf, Orgon und Harpagon un-
» nachahmlich. Man vergaß bey seinem Spiele,
» daß man im Theater war.

⋅ » Und eben so sorgfältig, wie an seinem eigenen
» Spiele, bildete er auch an dem seiner Mitschauspie-
» ler. Die Posse L'Impromptu de Versailles
» ist ein Blick in eine Molierische Probe. Kei-
» ne Verschönerung eines nachahmenden Zuges, kein
» falscher Stand oder Gestus entgieng seiner Auf-
» merksamkeit. Wahrheit ehrte er über Alles.
» Seine Frau, die sich einst gewaltig geputzt hat-
» te, mußte sich anders anziehen, weil Putz für
» die genesende Elmire im Tartüff, die sie spielen
» sollte, unschicklich war. Mancher Schauspieldi-
» rektor würde sich einbilden, hiermit alles gethan
» zu haben. Moliere dachte nicht so; er beküm-
» merte sich auch um Alles, was seine Schauspie

»ter betraf, im Allgemeinen oder im Besondern.
»Er war ihr Meister und ihr Kamarad, ihr
»Freund und ihr Beschützer *); er dichtete Rol-
»len, ihrem Talenten gemäß **), und war immer
»darauf bedacht, seiner Gesellschaft neue Mitglie-
»der zu verschaffen, durch die sie noch mehr
»empor kam. So hatte La Raisin, die Witwe
»eines Organisten in Troyes, eine Truppe von
»Kindern errichtet, und bat Moliere 1664, ihr
»für drei Vorstellungen sein Theater zu leihen.
»Der junge Baron, Sohn eines Akteurs vom
»Hotel de Bourgogne, war bei dieser Truppe. Moliere

---

*) So berichte er 1665 für sie den Titel: Troupe
du Roi, mit 7000 Livres Pension. Auf die wiederholten Bitten der Schauspieler, verschaffte er
sich auch einen Königlichen Befehl, daß keine zu
seinem Hause gehörige Person umsonst ins Theater gehen solle. M. s. Grimarest Leben des
Moliere, S. 131.

**) So hatte er beim Tartüffe den Du Crolsy
im Sinne gehabt; und so bestimmte er dem
noch jungen Baron, wegen seines Wuchses
und seiner Krankheit, die Rolle des Amors in
Psyche.

»liere erfuhr, mit wie großem Beyfall er die
»beiden erſten Male geſpielt habe. Er war krank,
»aber zum dritten Mal ließ er ſich zum Palais
»Royal hintragen, um den hoffnungsvollen Kna-
»ben ſelbſt ſpielen zu ſehn. Er gefiel ihm ſehr,
»und ſchon Tags darauf war ein königlicher Be-
»fehl ausgewirkt, Baron ſolle in die Molieri-
»ſche Truppe treten.

»Moliere beluſtigte ſich auf dem Theater
»über fremde Schwachheiten; zu Hauſe erlag
»er ſeinen eigenen. Die Geſellſchaft einer liebens-
»würdigen Frau war ihm unentbehrlich. Seine
»Arbeiten, meinte er, verlangten ſolche Erholung.
»So nahm er die Tochter der oben erwähnten
»La Béjart zur Frau, ein leichtſinniges kokettes
»Geſchöpf, die den verliebten Philoſophen baß
»ängſtigte. Den Eiferſüchtigen, den getäuſchten
»Ehemann, hat er vermuthlich an ſich ſelbſt ken-
»nen gelernt. Kurz, er büßte zuletzt ſeine Ruhe
»ein; aber er rettete jede Annehmlichkeit ſeines
»Geiſtes. Wenn er nicht in Paris oder am Hofe
»ſein mußte: ſo verſammelte er ſeine Freunde in
»Auteuil. Geſchätzt von ſeinen genievollſten Zeit-
»genoſſen, ward er von den Großen nicht weniger
»geliebkoſet. Der Marſchall Duc de Vivonne

»lebte mit ihm in jener Vertraulichkeit, die das
»Verdienst der Geburt gleich macht. Der große
»Condé verlangte von Moliere häufige Be-
»suche, und gestand, seine Unterhaltung lehre ihn
»stets etwas Neues. Was Moliere viel Ehre
»machte, war, daß ihm solche Auszeichnungen we-
»der den Geist, noch das Herz verdarben. Nie
»verfiel er in Trägheit, und nie verlor er sein
»gutherziges menschenfreundliches Wesen.« —

Betterton.

Thomas Betterton (sagt das oft angeführte Dictionary) heißt allgemein der englische
Roscius. Er war 1635 in Tothill-street, in West-
minster, geboren, und glänzte auf dem Londoner
Theater, das 1682 oder 1684 aus der Vereinigung
der zwei, unter Karl II. privilegirten Theater in
Drury-Lane und in Lincoln's-Inn-fields entstand.

Cibber spricht ganz begeistert von Betterton, in seinem Leben des Letztern.

»Betterton, sagt er, war Schauspieler, wie
»Shakspeare Dramatist; Beide einzig, und zu

» gegenseitiger Unterstützung und Verherrlichung
» ihres Genies bestimmt. Wie Shakspeare schrieb,
» das kann Jeder, der Geschmack für Natur hat,
» lesen und erkennen; aber wie weit entzückter lä-
» se man ihn gewiß, wenn man sich einbilden
» könnte, wie Betterton ihn spielte! Dann würde
» man einsehen, daß der Eine allein geboren war,
» zu sprechen, was der Andere allein zu schreiben
» verstand. « —

Booth, der ihn doch nur sehr alt kannte,
gestand, er sähe Betterton nie, weder auf der Bühne, noch sonst, ohne etwas von ihm zu lernen.
» Betterton, « sagte er oft, » ist gar kein Schau-
» spieler; er zieht die Rolle mit den Theaterkleidern
» an, und ist wirklich der Mann, den er spielt,
» nichts mehr und nichts weniger, bis das Stück
» aus ist. «

Als Booth zuerst im Hamlet den Geist
spielte, so erstaunte er über Bettertons unbeschreiblich wahren Blick der Ueberraschung so sehr,
daß er einige Augenblicke unfähig war, fortzu-
spielen.

Nicht weniger vortrefflich machte Betterton
Othello, Brutus, Hotspur, und auf der andern Seite den launigen dicken Schelm Fallstaff.

Betterton starb den 28. April 1710, und ward in der Westminsterabtei begraben. Sir Richard Steele folgte der Leiche, und setzte dem großen Schauspieler ein Denkmal im Tatler, No. 167. »Ich mußte (so schreibt er) die letzte Ehre »einem Manne erweisen sehen, den ich immer »höchlich bewunderte, und aus dessen Spiel ich »mehr lernte, was groß und edel in der menschli- »lichen Natur ist, als aus den gründlichsten Be- »weisen der Philosophen, als aus den hinreissend- »sten Schilderungen aller Dichter, die ich je »las.« —

Otway.

Thomas Otway, der Dramatist, war der Sohn eines Predigers zu Woolbeding in Sussex, und 1651 gebohren. Er studirte in Oxford, nahm aber dort keinen Grad an, sondern eilte nach Lon- don, machte sich mit den Schauspielern bekannt, und agierte und schrieb Stücke. Nach einiger Zeit wurde Charles Fitz-Charles, Earl von Ply- mouth, ein natürlicher Sohn Karls II., sein Beschützer. Dieser verschaffte ihm einen Kornets- posten in einem nach Flandern bestimmten Regi- ment; Otway gieng auch dahin, aber er schickte

sich nicht zum Soldaten, kam daher bald, in sehr
dürftigen Umständen, zurück, und schriftstellerte von
neuem. Den 14. April 1685 starb er, »auf eine
» Art (sagt Doktor Johnson), die ich ungern er-
» zähle. Durch Noth gedrängt, Schulden zu ma-
» chen, und vermuthlich von den Spürhunden des
» Gesetzes verfolgt, hatte er sich in ein Wirthshaus
» auf dem Tower-hill gerettet. Hier starb er vor
» Mangel, oder, wie Einer von seinen Biographen
» erzählt, daran, daß er, nach einem langen Fa-
» sten, ein Stück Brodt, das Mitleid ihm gereicht
» hatte, zu gierig verschlang. Er gieng aus, (sagt
» man) fast nackend, in der Wuth des Hungers,
» und bat einen Mann in dem nächsten Kaffeehause
» um einen Schilling. Der Mann gab ihm eine
» Guinee; Otway eilte fort, kaufte ein Brodt, und
» erstickte an dem ersten Mundvoll. «

» Alles dies (beschließt Johnson) ist hoffent-
» lich nicht wahr; aber, daß Dürftigkeit, und ihre
» Begleiter, Kummer und Verzweiflung, ihn ins
» Grab stürzten, ist niemals geleugnet. «

Was Otway als Dramatist betrifft, so meint
Langbaine, in seinem Account of the Eng-
lish dramatic Poets, er habe, wie andere
Dichter der Zeit, häufig Shakspeare besteh-

tes; und an seinen Tragödien rühmt er nur die gewöhnliche Beobachtung des Dekorums. Allgemein gesteht man dagegen, daß er hier die zärtlichen Leidenschaften meisterhaft zu rühren verstand. Sein »Unmündiger«, und »das befreite Venedig« beweisen dies unwidersprechlich. Auch sind sie die einzigen von Otway's 10 Stücken, die noch immer gespielt werden. Mistreß Barry, die berühmte Schauspielerinn, gestand, sie spreche Monimia's Worte im Unmündigen: »Ach! armer Kastalio!« nie ohne Thränen aus. — Nur mußte Otway nicht viel, versifizirte nachläßig, und beleidigte oft den Anstand.

. Seine sämmtlichen Werke sind 1757 in London in drei Duodezbänden gedruckt.

Warum es ihm so erbärmlich ging? Wahrscheinlich, weil er eifriger Royalist war; denn der Sohn des Royalisten war damals, vernachläßigt zu leben und zu sterben.

Regnard.

Johann Franz Regnard, der vortreffliche Komiker, war 1647 in Paris geboren. Er hatte

kaum ausstudirt, als ihn eine Wuth zu reisen ergriff. Er gieng zuerst nach Italien, und von da
nach Süd = Frankreich. Allein das Englische Fahr-
zeug, das ihn von Genua nach Marseille bringen
sollte, fiel unfern der Küste von Provence Korsa-
ren in die Hände, und unser Regnard kam
unverhofft nach Algier. Er hatte von jeher gutes
Essen geliebt, und verstand, leckere Ragouts zu machen. So erlangte er einen Dienst in seines Herrn
Küche, und die Sklaverei lag weniger hart auf
ihm. Seine frohe Laune und die gefälligsten
Sitten, erhaben durch ein gutes Aeußere, machten ihn überdies im ganzen Hause beliebt,
vornehmlich bey den Weibern. Eine Liebesin-
trigue mit Einem derselben stürzte ihn in die
schrecklichste Verlegenheit. Sein Herr überraschte
ihn im kritischten Augenblick, und er sollte entweder, den Landesgesetzen gemäß, Muselmann
werden, oder den Tod durchs Feuer sterben. Regnard hatte zu beidem nicht Lust, doch dem französischen Konsul war gerade ein großes Lösegeld
für ihn überschickt; er ward frei, und kehrte nach
Frankreich zurück.

Aber nicht lange, so erwachte die Lust zu reisen aufs neue. Im April 1681 gieng er nach

Flandern und Holland, von da nach Dänemark
und nach Schweden.. Er leistete dem König von
Schweden einen gewissen wichtigen Dienst; der
König hatte ihn liebgewonnen, und da er merkte,
wie gern Regnard reise, erzählt' er ihm von
den Merkwürdigkeiten Lapplands; und befahl seinem Schatzmeister, ihn, wenn er dahin wollte,
mit allem Nöthigen zu versorgen. Regnard
trat wirklich mit zwei andern Franzosen die Reise
an. Sie schifften auf dem Fluß Torne bis zu
der Stadt gleiches Namens, der äussersten europäi-
schen gegen Norden, am Bottnischen Meerbusen.
Dennoch drangen sie weiter, und zuletzt ins Eis-
meer. Hier endlich, als sie nicht weiter konnten,
gruben sie folgende Verse in einen Fels:

> Gallia nos genuit, vidit nos Africa, Gangem
> Hausimus, Europamque oculis lustravimus
> omnem;
> Casibus et variis acti terraque marique,
> Hic tandem stetimus, nobis ubi defuit orbis.

Galliens Zögling und sah Afrika, Fluthen des
Ganges
Schöpften wir ein, und erblickten Europa's sämmt-
liche Reiche.

Weiter allſtets vom Geſchick durch Länder und Mee-
re getrieben,
Standen zuletzt wir ſtill allhier, denn die Erde ge-
brach uns.

Man ſieht hier, daß Regnard auch in Aſien
geweſen war. Oder beziehn ſich die Worte Gan-
gem haulimus auf die Reiſen eines ſeiner Ge-
fährten?

Nun kehrte das Kleeblatt um nach Stockholm,
und von da giengs weiter nach Pohlen, nach Wien,
und, nach dreijährigem Herumſtreifen, zurück nach
Paris.

Regnard blieb hier nicht unbemerkt. Er
ſtieg von Stufe zu Stufe, und ward endlich
Tréſorier de France, und Lieutenant des
Eaux et Forêts. Er lebte, wie es Voltäre
ausdrückt, en voluptueux et en philoſophe.
Sein Geiſt war lebhaft, froh und ächt komiſch.
Unter ſeinen zahlreichen Komödien ſticht der
Spieler hervor.

Trotz ſeiner fröhlichen Laune, ſtarb er, wie
man ſagt, aus Verdruß (ob aus unbefriedigter Rei-
ſeſucht?) 1699 im 52ſten Jahre; vielleicht gar durch
Selbſtmord.

Seine Werke (die Reisen, und seine Lustspiele) sind 1731 zu Rouen in 5 Duodezbänden zusammengedruckt. Aber es fehlt Manches in dieser Sammlung.

———

Lulli.

Jean Baptist Lulli, Kapellmeister Ludwigs XIV., ward unbekannten Eltern in Florenz 1634 geboren. Ein Geistlicher, der Neigung zur Musik bei ihm bemerkte, lehrte ihn die Guitarre. Zehn Jahr alt, ward er nach Paris geschickt, um Page der Madam de Montpensier, einer Nichte Ludwigs XIV., zu werden, aber sein Aeußeres versprach wenig; Madam goutirte ihn nicht, und Baptist wurde, statt Page — unterster Küchenjunge. Diese Herabsetzung schlug ihn nicht nieder. Musik blieb ihm werth, und er pflegte oft auf einer elenden Fiedel zu kratzen. Ein Kenner hörte ihn eines Tages, und empfahl ihn seiner Gebieterinn, als eine Person, die Talente und Hand für Musik hätte. Madam Montpensier nahm sogleich einen Violinmeister für ihn an, und in wenigen Monaten war Lulli so weit, daß man ihn für die Kapelle der Prinzessinn tauglich fand.

Wegen eines Versehns aus ihren Diensten entlassen, verschaffte er sich Aufnahme unter des Königs Violinisten, und war bald im Stande, zu komponiren. Einige seiner Arien fielen dem König auf; er fragte nach dem Verfasser, und Lulli's Spiel auf der Violine gefiel ihm so sehr, daß er eine neue musikalische Truppe, Les petits Violons, errichtete, der er Lulli vorsetzte. Dies geschah gegen 1660. Nachher ward Lulli Oberkapellmeister des Königs (Sur - intendant de la musique de la chambre du Roi), und komponirte nun die Opern des Hofpoeten Quinault. Quinault und Lulli waren für einander geboren, und Quinaults Dichtungen sind, nach dem Urtheil eines Diderot und Voltäre mehr als, was Boileau meint,

— lieux communs de morale lubrique,
Que Lulli réschauffa des sons de sa musique.

Lulli's Recitative werden noch jetzt bewundert. Rameau, sagt Voltäre, bezaubert die Ohren; Lulli das Herz. —

1686 verfiel der König in eine Krankheit, die für sein Leben besorgt machte. Er genas indessen, und Lulli setzte ein Te Deum, das eben so merkwürdig ist wegen seiner Vortrefflichkeit, als ~~~ des unglücklichen Vorganges, den die Aufführung desselben für ihn hatte. Um seinen Eifer zu zeigen, schlug er nämlich zu dieser Musik selber den Takt. Was geschieht? In der Hitze der Aktion schlägt er, statt aufs Musikpult, auf sein Schienbein; die Wunde eitert in Krebs, und die geschicktesten Wundärzte können ihn nicht retten.

Lulli starb den 22. März 1687.

Man erzählt eine lustige Anekdote von diesem Tonkünstler, aus der Zeit seiner letzten Krankheit. Sein Beichtvater setzte ihm hart zu, seine weltlichen Kompositionen würden ihn in die Hölle bringen; er solle wenigstens, zum Zeichen ~~~ Reue (denn der arme Lulli war ganz zerknirscht) seine letzte Oper ins Feuer werfen. Lulli will das; die Oper wird verbrannt. Nicht lange darauf, als man Lulli außer Gefahr glaubte, besucht ihn Einer von den jungen Prinzen; sie kommen auf jenen possierlichen Auto da Fe, und der Prinz ruft aus: »Wie, Baptist, Ihre Oper »ins Feuer? der Jansenist von Pfaffen war ein »Träumer, und Sie haben um nichts und wieder »nichts gute Musik verbrannt.« — »Oh, gnä- »diger Herr;« antwortet Lulli, »ich wußte

» wohl, was ich that. Ich habe eine nette Ab-
» schrift davon. « — Unglücklicher Weise folgte
nun bald ein Rückfall; der Krebs nahm zu, und die
Vorstellung unvermeidlichen Todes verursachte dem
armen Musiker solche Gewissensbisse, daß er sich,
einen Strick um den Hals, auf einen Aschhau-
fen legen ließ, und die tiefste Reue wegen seines
letzten Vergehens bekannte. Wieder ins Bett gebracht, sang er, seine bessere Gesinnung noch mehr
zu bewähren, folgende Worte, nach seiner eignen
Komposition: Il faut mourir, pécheur, il
faut mourir. (Du mußt sterben, o Sünder, du
mußt sterben.)

———

Thomson.

Jakob Thomson ward zu Edham, in der
Grafschaft (Thire) Roxburgh in Schottland, 1700
gebohren. Sein Vater, ein guter braver Mann,
war daselbst Prediger. Riccarton und Guß-
hart, auch Prediger, waren die besondern Freunde des Thomsonschen Hauses. Riccarton, ein
Mann von ungewöhnlichem Scharfsinn und Geschmack, hatte bei unserm Jakob bald Anlage be-

merkt. Er übernahm, mit des Vaters Bewilli
gung, die Leitung seiner Studien, versorgte ihn
mit Büchern, u. s. w. Einshart war besonders
der Witwe Thomson, nach dem Tode ihres
Mannes, durch Führung ihrer größern Geschäfte,
nützlich. Für 'eine Predigerwitwe mit neun
Kindern war ein solcher Freund wahrer Segen.

Auch Sir William Bennet, ein Mann
von der frohsten Laune und schnellem poetischen
Witz, fand großen Geschmack an dem jungen Dich‐
ter. Er pflegte ihn, für die Sommerschulferien
auf seinen Landsitz einzuladen, und Thomson erin‐
nerte sich dieser Zeiten nie ohne besonderes Ver‐
gnügen. Aber was er dort schrieb, entweder zur
Belustigung des Ritters und Riccartons, oder
zu seiner eigenen, Alles das verbrannte er, Stück
vor Stück, regelmäßig an jedem Neujahrstag,
und er beschloß diesen literarischen Auto da Fe
mit der Schreibung eines Gedichts, worinn die
Verdammungsgründe bey jedem einzelnen Stück
launig erzählt waren.

Auf der Schule zu Jedbargh hatte Thom‐
son einen geschickten Lehrer. Er gieng von da
auf die Universität Edinburgh; aber er war nicht

viel über ein Jahr dort, als sein Vater starb, und so plötzlich, daß unser Thomson, so sehr er eilte, nicht einmal seinen Seegen erhalten konnte. Dieser Unfall schlug ihn außerordentlich nieder, und unterbrach auf eine Zeit seine Studien. Seine Mutter, die ihn besonders liebte, verpfändete jetzt, auf Gustharts Rath, ihre halbe Pachtung, und zog nach Edinburgh. Thomson hat der Liebe seiner Mutter noch viel mehr zu danken. Sie besaß nicht nur jede häusliche und gesellige Tugend, sondern auch eine Einbildungskraft, die an Lebhaftigkeit und Wärme der ihres Sohns kaum nachstand. Ihre Religionsübungen waren daher enthusiastisch. Sie war es, die ihren Sohn früh mit den Schönheiten der Bibel bekannt machte, und ihm Geschmack an jenem Erhabenen einflößte, das nachher seine eigenen Werke auszeichnete. In seinen ersten Schriften, den Jahrszeiten, ist er majestätisch kühn, wie ein Morgenländer; er ergreift die großen Bilder, so wie sie sich erheben, kleidet sie in seine eigene ausdrucksvolle Sprache, und bewahrt durchaus die Anmuth, die Mannichfaltigkeit und die Würde eines Meisterwerks, ohne die Steifheit formaler Methode.

Nachdem Thomson ausstudirt hatte, ließ er sich

in die Zahl der Predigtamtskandidaten *) aufnehmen, und besuchte die homiletischen Vorlesungen und Predigerübungen des damaligen gelehrten Hauptpastors in Edinburgh, Hamilton. Hier mußte er einst, zur Uebung, einen Psalm, über Gottes Macht und Majestät, umschreiben und erklären, und er that dies in einem so höchst poetischen Styl, daß alle Anwesende erstaunten. Hamilton selbst lobte ihn, wie gewöhnlich, als er fertig war; allein er rieth ihm lächelnd, wenn er der Kirche dienen wolle, seine Einbildungskraft und seinen Ausdruck besser zu beherrschen, um gewöhnlichen Zuhörern verständlich zu sein. Thomson mag diesen Wink zu sehr ausgelegt haben. Aber vermuthlich hatte er überhaupt wenig Lust zum Predigen. Dazu kam der Eifer für die schönen Wissenschaften, den die in Schottland bekannt werdenden Schriften eines Addison, (besonders die über Milton) eines Pope u. s. w. allgemein erregten. Persönliche Aufmunterungen thaten das Uebrige. Kurz, auf die unbedeutendste Ein-

---

*) Sie bilden in Edinburgh ein ordentliches Kollegium, worin sie 6 Jahr bleiben müssen, ehe sie ihre Probe ablegen.

Einladung und Schutzverſprechung einer Dame von
Stande, die eine Freundinn ſeiner Mutter war, machte ſich unſer Thomſon auf den Weg nach London.

Einige Landsleute empfiengen ihn hier ſehr
freundſchaftlich, beſonders Mallet, damals Hofmei-
ſter (private tutor) des Herzogs von Montroſe
und des Lords Georg Graham. Man munterte ihn auf, und er wagte 1726 die Bekanntma-
chung ſeines Winters, für den ihm jedoch Mallet einen Verleger hatte ſchaffen müſſen.

Anfangs wollte dies Gedicht ſich auch gar nicht
verkaufen, bis es von ohngefähr einem gewiſſen
Whatley in die Hände fiel. Dies war ein
Mann, dem es an Kenntniſſen und an Geſchmack
eben nicht fehlte, der aber die Bewunderung alles
deſſen, was ihm gefiel, bis zum Enthuſiasmus
übertrieb. Einige Stellen gefallen ihm, indem er
blättert; er lieſt das Gedicht ganz durch; er
iſt entzückt; er erſtaunt, daß es ſo unbekannt ſei,
wie ſein Verfaſſer, er nimmt es mit; er rühmt es,
wie einſt Lafontaine ſeinen Baruch, allen Bekannten auf allen Kaffeehäuſern, und plötzlich iſt
die ganze Auflage verkauft, und der Dichter bekannt und von Jedermann bewundert. Nur Solche thatens nicht gleich, ſagt Murdoch in ſeinem

Life of Thomson, die, bei Gedichten nichts Weiter zu empfinden und zu bemerken, gewohnt waren,
als eine satirische oder epigrammatische Pointe, eine
spröde Antithese, in reiche Reime gestutzt, oder
die Sanftheit einer elegischen Klage. Diesen
konnte Thomsons männlicher klassischer Geist nicht
gefallen; doch bald lasen auch sie entweder sein Gedicht besser, oder sie mußten schweigen. Wenig Un-
bere schwankten noch, bloß, weil sie schon längst
ihr poetisches Glaubensbekenntniß gemacht, und
gänzlich verzweifelt, hatten, je noch etwas Neues,
Originales, zu sehn.

Thomson, in dem bloß Natur und eignes Genie sprach, machte sie jetzt irr. Sie wollten sich
wenigstens mehr gleich ergeben. Doch bald war
der Beifall allgemein. So alltägliche Scenen
so rührend in solcher Beschreibung! Und seine Digreß-
sionen! Die Ergüsse eines zärtlichen wohlwollenden
Herzens! Man wußte nicht, wen man bewundern sollte, den Dichter oder den Menschen.

Nun suchte Alles, was auf Geschmack Anspruch
machte, Thomsons Bekanntschaft. Einige Damen von hohem Stand wurden seine erklärten Gönnerinnen: so die Gräfinn Hertford, Miß Dru-
lincourt, nachher Viscountß Primrose, Mi-

streß Stanley und Andere. Aber besonders
machte ihn sein Werk mit D. Rundle, nachmaligem Lord Bischof von Derry bekannt. Rundle
lernte bald mehr als den Dichter an. Thomson
schätzen; er schenkte ihm sein Vertrauen; empfahl
ihn überall, und besonders seinem mächtigen Freund,
dem Lord Kanzler Talbot, mit dessen ältesten
Sohn Thomson in der Folge auf Reisen ging.

Schon 1727 erschien nun sein Sommer, und
das schöne Lobgedicht auf Newton; bei dem
Gray, auch ein wackerer Newtonianer, unserem
Dichter eben den Dienst leistete, den Boling-
broke Pope'n bei dem Essay on Man. Bald
kamen auch die übrigen Jahrszeiten heraus; und
1729 sein erster dramatischer Versuch, das Trauerspiel Sophonisbe, das Beifall fand.

Nach seiner Zurückkunft von der Reise mit dem
jungen Talbot machte ihm der Lord Kanzler zu
seinem Sekretär. Aber leider starb sowohl der
junge Talbot, ein liebenswürdiger junger Mann
und Thomsons Freund, sehr bald, als auch der
Lord selbst. So verlor Thomson Stelle und
Aussichten, und blieb auch immer in prekärer Ab-
hängigkeit. Denn nie erlangte er mehr, als durch
Lord Lyttelton die Stelle eines Oberaufsehers über

Die Leeward-Inseln, und, ebenfalls durch den Tod, eine artige Pension dem Prinzen von Wales. Der Tod des Erbprinzen schlug indeß seinen Muth nicht nieder. Er bekam sogar allmählich seinen gewohnten Frohsinn zurück; und lebte fort, wie er pflegte, einfach, aber doch behaglich und elegant. Auch brachten ihm seine Werke nicht unbeträchtliche Summen ein. So sein Trauerspiel Agamemnon, das 1738 gespielt wurde. Auch war Millar, sein Buchhändler, immer bereit, Bitten des Dichters zu erfüllen, und selbst ihnen zuvorzukommen.

Die Maske Alfred schrieb Thomson mit Mallet. Aber mehr Beifall führten von Anfang an Garrik und Mallet Edvard seinem Tankred, der sich auch noch auf der Bühne erhält. Er ward 1745 selbst angegeben.

Thomsons letztes Werk war sein vortreffliches allegorisches Gedicht, The Castle of Indolence in zwei Gesängen. Die Tragödie Coriolan selbst herauszugeben, verhinderte ihn der Tod, 1748. Doch bewirkten Lord Lyttelton und Mitchel, ein Freund Thomsons, die Aufführung, deren Ertrag, nebst dem der Handschriften und Sachen die Schulden deckte, und Thomsons Schwester noch eine mäßige Summe brachte. Lord Lyttelton selbst schrieb einen bewunderten Prolog dazu, und Quin, Thomsons Freund, sprach ihn wirklich als Freund, nicht als Schauspieler. Bei den Worten

> He lov'd his friends (forgive this gushing
> tear:
> Alas! J feel J am no actor here)
> He lov'd his friends with such a warmth of
> heart.
> So clear of int'rest, so devoid of art,
> Such generous freedom, such unshaken zeal,
> No words can speak it, but our tears may
> tell;

bei diesen Worten bemächtigten sich die Erinnerungen an Thomsons lange genoßnen Umgang seiner Einbildungskraft und seines Herzens; wahrhafte Thränen flossen über sein Gesicht, und er schien niemals, sagt Cibber *), ein größrer Schauspieler als in dem Augenblick, da er von sich gestand, daß er keiner sei.

Uebrigens war Thomson wirklich der beste Mensch; ein ächter Gottesverehrer, und ein wah-

---

*) In den Lives of the Poets of Great Britain and Ireland.

er Freund. Aber Satire war ihm verhaßt. Er
liebte nichts mehr, als freie Herzenergießung in
der Gesellschaft weniger Freunde; denn, in großer
verlor er sich; besonders, da sein Aeußeres nicht ein
nehmend war.

Die liebste Jahrszeit für Thomson den Dichter
war der Herbst. Denn, in der tiefen Stille der
Nacht, pflegte er zu arbeiten.

Die Beschäftigungen seiner müßigen Stunden
waren bürgerliche und Naturgeschichte, und Reise
beschreibungen. Musik liebte er sehr, ob er gleich
selbst kein Instrument spielte. In Richmond lag
er oft Stunden lang im Fenster und hörte den
Nachtigallen zu. Daher gefiel ihm auch das italiä
nische Drama, und der musikalische Metastasio,
so sehr. Er wünschte dem brittischen Theater oft
wenigstens einen Chor, und ein besseres Rezita
tiv. Auch in Malerei, Bildhauerkunst
und Architektur besaß Thomson seinen Geschmack,
der durch seine Reisen gebildet und genährt war.
In seinem Gedicht Liberty sind mehrere alte Kunst
werke malerisch und scharfsinnig beschrieben.

Thomsons Leichnam liegt in der Kirche sei
nes geliebten Richmond, unter einem einfachen
Stein, ohne alle Inschrift.

M. s. Murdoch Life of Thomson, und Lessings theatral. Bibl. 1. St.

———

Karl Goldoni.

Meist aus und nach einer Abhandlung in den Nachträgen zu Sulzers Theorie d. sch K.

Im Ueberflusse 1707 zu Venedig geboren, lernte Goldoni, nach dem Tode seines Großvaters, früh das Bittere des heruntergekommenen Wohlstandes kennen. Er studierte Anfangs die Theologie, nachher Medicin, dann die Rechte; bekam hierin das Doktorat, ward nun Schreiber bei einem Sachwalter, Adjunkt, und bald Koadjutor bei einem Kriminalkanzler zu Chiozza und Feltre, dann Advokat zu Venedig, Gesellschafter des venetianischen Gesandten zu Mailand, Gesandschafts-Sekretair zu Crema, Theaterdichter zu Verona, Consul von Genua zu Venedig, welchen Dienst er verließ, um Kantaten und Komödien für den Fürsten Lobkowitz zu schreiben, nun Advokat zu Pisa, und dann wieder Theaterdichter auf Zeitlebens, wobei er, so wie in den vorigen Stellen, nach und nach Gelegenheit fand, ganz Italien kennen zu lernen. Dies Reisen, das Herumreisen in so verschiedene Länder, und ihm die ausgebreitete Welt- und Menschenkenntniß, die aus seinen Schauspielen hervorleuchtet. Am nützlichsten dazu waren ihm die beiden Stellen zu Chiozza und Feltre. » Das Kriminalwesen » (sagt er in seinen Mémoires *) ist äußerst nütz, » lich zur Kenntniß des Menschen. Der Schuldige » sucht sein Verbrechen von sich abzulehnen, oder, » wenn er das nicht kann, es wenigstens zu beschö- » nigen. Er ist von Natur listig, oder er wird es » doch durch die Furcht. Er weiß, daß er mit un- » errichteren Personen, wie denen von Handwerk, » zu thun hat, und doch verzweifelt er nicht, sie zu » betrügen. — Das Gesetz hat ein Fragformular » vorgeschrieben, damit die Fragen für schwache und » unwissende Personen nicht verfänglich sein können. » Bei dem allen muß man Karakter und Geist ei- » nes Examinanden ein wenig kennen, oder zu er- » rathen suchen, und schlägt man eine richtige Mit- » telstraße zwischen Strenge und Milde ein, so » wird man größtentheils die Wahrheit ohne Zwangs-

---

*) Mémoires de Mr. Goldoni, pour servir à l'hi-
stoire de sa vie, et de celle de son théâtre, Paris 1787. 3 Vols. Schatz gab sie 1788 deutsch,
mit Anmerkungen, heraus.

» mittel erfahren. — Was mich immer am mei-
» sten interessirte, war das Protokoll beim Verhör,
» und die Relazion, die ich daraus für den Kanzler
» machte. Von diesen Protokollen und Relazionen
» hängt oft Vermögen, Ehre und Leben eines Men-
» schen ab. Es ist wahr, der Beklagte wird ver-
» theidigt, die Sache wird untersucht; aber die
» Relazion macht den ersten Eindruck. Der hat
» schwere Verantwortung, der Protokolle ohne Kennt-
» niß, und Relazionen ohne Ueberlegung macht. «
Auch Fielding gestand, daß er seine Menschenkenntniß dem Friedensrichteramte verdanke. —

Von 1748 bis 1761 widmete sich G. ganz dem
Theater, und er nimmt unter den Dramatisten nicht
nur Italiens, sondern überhaupt der neueren Zeit eine
ehrenvolle Stelle ein. Mit einer unerhörten Fruchtbarkeit schrieb er eine Reihe von Dramen, von denen keins ganz verwerflich, einige vortreflich sind.
Er fand die Schauspielerkunst in seinem Vaterlande
aufs tiefste herabgesunken, und versuchte es, dem
Geschmack seiner Nation eine bessere Richtung zu
geben. Umsonst. Die Italiener kehrten, sobald er
aufhörte, für sie zu schreiben, auf den gewohnten
Weg zurück.

Die italienische Komödie hat sich von alten
Zeiten her immer ähnlich gesehen, und das Volk
hat durch alle Zeiträume hindurch ohngefähr denselben Geschmack gezeigt. Terenz und Plautus
waren die Gelehrten ihrer Zeit. Auch sie fanden
eine rohe Gattung vor *), und beeiferten sich, dem
römischen Volke den feinern Geschmack der Griechen einzuimpfen, und eine regelmäßigere Gattung
unter ihnen einzuführen. Aber das Volk, aller
fremden Art und Kunst abhold, entlief ihrer Schule
noch während ihres Lebens, und ergötzte sich an
Mimen und attellanischen Possenspielen. Die Einwohner Italiens, ein lebhaftes und sinnliches Volk,
haben immer einen starken Ausdruck der Leidenschaften, Uebertreibung in Scherz und Ernst, auf
ihren Theatern gesucht. Das Regelmäßige schien
ihnen zu frostig, und ein geschriebnes und auswendig gelerntes Stück dünkte ihnen langweilig
zu sein. Je mehr den Schauspielern überlassen
blieb, desto besser. Handlung und Ausdruck muß

---

*) Die Fescenninischen Schauspiele, die ihren Ursprung
in Hetrurien hatten. Horaz in der Epistel an
August, V. 145 s. S. Wielands sämmtl. S. 109
neueste Ausgabe.

ten, so viel als möglich, ein Werk des Zufalls und
einer augenblicklichen Eingebung sein. *)

Die italienische Komödie aus dem Stegreif
(Comedia dell' arte) hat, allem Ansehn nach,
eine große Aehnlichkeit mit den Fescenninen und
Atellanen der Alten, ohne doch gerade aus ihnen
entstanden zu sein. **) Beide waren ein Produkt

---

*) Die Dichter, welche für die Comedia dell' arte
arbeiten, schreiben nichts weiter auf, als einen
Entwurf des Stücks; nebst der Abtheilung in Akte
und Scenen, deren Inhalt nur mit wenigen Worten angedeutet wird. Dieses Canevas, welches
man lo Scenario nennt, wird an beiden Seiten
der Bühne angeheftet; jeder Schauspieler durch-
läuft, wenn ihn seine Rolle auf die Bühne ruft,
den Inhalt derselben, und überläßt sich dann den
Eingebungen seines Genius.

**) Dieser Meinung ist Riccoboni, in seiner Gesch.
des ital. Theat. »Wir wissen,« sagt er, nach
Lessings Uebersetzung (theatral. Bibl.), »aus dem
»Zeugnisse des Cassiodors Lib. 1. Epist. 20.,
»daß zu den Zeiten des Theodorich das Thea-
»ter in Italien noch bestand. Cassiodor starb
»gegen das Jahr 560. Wenn also in dem sechsten
»Jahrhunderte nach Christi Geburt die Spiele der
»Mimen und Pantomimen noch blühten« (denn

des originalen Geistes der Einwohner Italiens, der
von unsere Klasse sich in allen Zeiten auf eine be-
wundernswürdige Weise ähnlich geblieben ist.   So
sind auch vielleicht die Larven, deren sich die neuere
italienische Komödie bedient, nicht sowohl eine Nachahmung des Alterthums, als vielmehr in der alten
und neuen Zeit, eine dem Geschmack des Volks an-
gemessene Erfindung zu nennen. *)

» von diesem heißt Casnotor eigentlich) »es ist zu
»vermuthen, daß sie ihr Wesen bei den kalids
»raschen Sitten beständig erhielten, und bloß den
»unerheblich Veränderungen ausgesetzt waren,
»welche sich in den Sitten und in dem Geschmack
»dieser Völker äußerten. «   D. Herausg.

*) »Man kann mit Grunde vermuthen, sagt Ricco-
boni, a. a. O. 1. Kap., »daß von allen Schau-
»spielen, welche bei den Römern bekannt waren,
»sich diejenigen, welche unter der Barbarei der
»auf den Verfall des Reichs folgenden Jahrhun-
»derte, am längsten werden erhalten haben, wel-
»che des Beistandes der sch. Wiss. am wenigsten
»bedurften.   Und dieses waren die Spiele der Mi-
»men und Pantomimen, ferner die Spiele der
»Seiltänzer auf den öffentlichen Plätzen, und
»die Marionetten, deren Andenken Statten noch

Die Comedia dell' Arte stellt in jedem Stück 4 verlarvte Personen fast immer unter dem-

---

» bis jetzt zu der Zeit des Carnevals erneuert.
» Sollte es also wohl zu verwundern sein, wenn
» diese Schauspiele noch einige von den Kleidungen
» und Spielen der alten Mimen und Pantomimen
» auf uns gebracht hätten. « Riccoboni findet
so in dem Centunculus mimi beim Apulejus
(Apol.) eine Art von Harlekinjacke. Der Kopf
des Harlekins ist geschoren. Eben so spielten die
Sannionen, eine Art von Mimen, mit geschornem
Kopf. (Voss. Inst. Poet. l. 2. §. 4. c. 32.) Die
Füße des H. sind bloß mit Leder umwickelt und ohne Absätze. Aehnlich gieng eine Art von Mimen,
die Planipedes, baarfuß. (Diomed. lib. 3.) Bei
der schwarzen Larve des Harlekins denkt er an die
alten Mimen, die sich mit Ruß beschmierten, und
Du Bos hätte ihn belehren können, daß die
Mimen und Pantomimen wenigstens eben so gut
Larven trugen, als andere Akteurs. Sogar den
Namen Zanni, den Harlekin und Scapin in Italien führen, erklärt er sehr wahrscheinlich aus dem
lateinischen Sannio. Ueberhaupt, könnte man fragen, wozu lieber noch einmal erfinden, als das
Erfundene beibehalten, wenn man kann? —

Der Herausg.

selben Namen und demselben äußern Karakter auf. Dieses ist ganz dem Geschmack des Volkes gemäß, welches gern Personen erscheinen sieht, deren Ansehn, Namen und Sprache ihm schon zum voraus einen bestimmten Begriff von ihrem Karakter und ihren Verhältnissen zu den übrigen giebt, und das Gemüth für gewisse Empfindungen stimmt und vorbereitet. Jede dieser Personen spricht einen andern Dialekt. Diese Mischung der Sprachen hat für die Ohren des Volks eine unglaublich komische Kraft. So bedienten sich die Römer in ihren Atellanen der alten oskischen Sprache selbst dann noch, als diese Sprache aus der wirklichen Welt schon längst verschwunden war.

In der Wahl dieser 4 Personen wurden sie wahrscheinlich eben so sehr durch gewisse Umstände der Zeit, in welcher man sie zuerst aufgeführt haben mag, als durch den Kontrast bestimmt. Der Pantalon ist gemeiniglich lebhaft, der Doktor zierlich, Brighella schlau und gewandt; Arlecchino täpisch und einfältig. (Pantalone und il Dottore spielen Väter. Der erste ist ein venetianischer Kaufmann, der zweite ein bolognesischer Rechtsgelehrter, wahrscheinlich, weil im 15 und 16. Jahrhundert dieses die angesehensten Leute

aus dem bürgerlichen Stande waren. Sie sprechen
den Dialect ihres Vaterlands, so wie die Bedienten Brighella und Alecchino Bergamaskisch sprechen.
Die Karaktere dieser Personen entwickelt G o l d o n i
in seinen Memoiren, 2. Th. 24. Kap., wo er auch
die Ursache anzeigt, warum man die Bedienten aus
Bergamo genommen hat. Die beiden letztern Personen verändern bisweilen ihre Namen, so daß der
Birghella auch bisweilen S c a p i n o, F i n o c h i o
und F i q u e t o, der Arlecchino auch T r a c a g n i n o,
T r u f f a l d i n o und G r a d e l i n o heißt. Die
Liebhaber und die Scubrette sind Toskaner. So
weit die Note des Verfassers. Der Herausgeber setzt hinzu, daß, da jene Masken auch, wenigstens allgemein, bestimmte moralische Karaktere
anzeigen, sie so eben den Vortheil für das Drama
gewähren können, den die Thiere für die Fabel gewähren; nämlich den der g r ö ß e r n L e i c h t i g k e i t
und A n s c h a u l i c h k e i t der D a r s t e l l u n g. Er
zweifelt kaum, daß auch hiervon das fortdauernde
Behagen der Italiäner an diesen Masken herrühre.)

Diese Art der Komödie herrschte im Anfang
dieses Jahrhunderts auf allen Theatern Italiens.
Die Anlage derselben war abentheuerlich; die Ausführung ungereimt. Auch die Kunst der Schauspie-

der selbst war, ich weiß nicht durch welche Zufälle,
in Verfall gerathen; und da in den extemporirten
Stücken alles von ihnen abhieng, so war die dramatische Kunst Italiens auf die niedrigste Stufe
herabgesunken. (Eine kurze Geschichte der Komödie
in Italien findet man in Riccobonis Gesch. der kom.
Dic. 4. B. S. 245 f. In den Mém. de Goldoni Vol. 2. p. 24.)

Goldoni bemerkte den Verfall einer Kunst,
die er liebte, für die er geboren war. Die Schauspiele des Plautus, des Terenz, und die
Mandragora des Macchiavell gaben ihm zuerst
die Idee einer regelmäßigern Gattung, und er beschloß, diese seinen Landsleuten beliebt zu machen.
Die regelmäßige Komödie war also in Italien keine
neue Erscheinung. Außer Macchiavell war
auch Ariost in die Fußstapfen der alten Dichter getreten, und keine kleine Anzahl guter Köpfe waren
auf ihrem Wege fortgegangen. Aber niemand hatte
sich der guten Sache mit einem so lebhaften Eifer
angenommen, als Goldoni that. Die Schauspiele jener ältern Dichter, so sorgfältig sie ausge-
arbeitet sein mochten, erschienen nirgends als vor
den Augen einer ausgesuchten Anzahl von Zuschauern, während das Volk, seinem alten Hange ge-
treu

treu, den extemporifirten Komödien nachzog. Für diese letztere Gattung aber war nichts zu thun, als daß man die Entwürfe verbesserte, und wenigstens den Gang der Handlung den Gesetzen des Geschmacks unterwarf. Einige Truppen unternahmen es zwar, gegen das Ende des 16ten Jahrhunderts, geschriebene Schauspiele öffentlich aufzuführen; aber ihr Beispiel blieb ohne Nachahmung, und die Comedia dell' Arte behielt die Oberhand.

Dieser entschiedene Geschmack der Nation für die alte regellose Gattung, und für die Masken, ist hinreichend zur Erklärung des vorübergehenden Beifalls, dessen die Arbeiten unsers Dichters in seinem Vaterlande genossen haben. Goldoni hatte eine gänzliche Reform beschlossen. Er wollte das Possenspiel von den Theatern Italiens verbannen, die ernsthafte Gattung in Ansehn-bringen, und auch dem wirklichen Lustspiel eine anständigere Gestalt geben. Er fing seine Laufbahn mit einigen skizzirten Komödien (aus dem Stegreif) an; als aber sein Ruhm einigermaaßen begründet war, wagte er die Reform, und überließ seine Plane nicht mehr dem Zufall der Ausführung aus dem Stegreif. —

.« Aber nie ▨▨▨ die ▨▨▨▨, welche ▨▨▨▨
ni in seinem Vaterlande in Aufnahme zu bring▨
suchte, den Beifall gefunden haben, deffen fie ▨
▨▨, ▨▨▨ er ▨ der ▨ die Stelle des Abnehmen▨
▨▨▨ ▨▨ ▨▨▨▨▨▨ten einen ▨▨▨▨ Reiz geseht
▨▨▨, welcher das Volk, eine Zeit land wenigst▨▨,
für den ▨▨▨▨ jener beliebten Eigenschaften ▨▨▨
▨▨ hielt. Dieser Reiz ▨estand in der Darste▨▨
▨▨▨▨▨▨▨ Gegenstände. Eine Menge feiner
Dramen find ganz ltbol, und was ihnen den ▨▨▨
ten ▨▨▨▨ ▨▨▨▨▨te, war ▨▨▨ diese Letalität.
So sind ▨▨▨▨▨ Stücke ganz auf den venetian▨
▨▨▨ ▨▨▨▨ ▨▨▨▨. J Rultighi, die ▨▨
Glane, ein ▨▨▨▨▨▨▨ ▨▨▨▨ in s ▨▨▨
Le Mat▨r-. die Köchinnen. Goldoni sagt
von tiesm ▨▨▨▨ »Ich begnüge mich, zu sagen,
»daß es, ▨▨ seiner Schwäche, viel Vergnügen
»machte. ▨▨ ist nicht zu verwundern. Eine ▨▨
»mödie in Versen, ein Stoff aus der venetianisch▨▨
»Welt: dies zusammen genommen mußte seine
Wirkung ▨▨▨.« Le Paruffe Chiozzotte, die
Zänkereien des Pöbels in Chiozza; ein▨
▨▨▨, die außerordentlich gefiel.- Mit Stücken
▨▨▨ Art pflegte Goldoni das Carneval zu be-
schließen, um den größten Theil des Publikums
auszusöhnen, und durch den letzten günstigen Ein-

druck für sich zu gewinnen. — In andern Stücken
sind wenigstens einzelne Scenen dieser Klasse von Zu=
schauern gewidmet. Die Gondelierscenen, welche
er in der Putta onorata angebracht hatte, ge=
wannen ihm die Gunst dieser Leute, und veran=
laßten seine Feinde, zu sagen, Goldoni habe in
Venedig bloß die Ohren des Pöbels und die Her=
zen der Gondeliere gefesselt, die er sich durch seine
Anpreisungen zu Freunden gemacht hätte. (Ba=
retti 1. S. 145.) — Hierher kann man auch
den venezianischen Advokaten rechnen, ein
ernsthaftes Stück, das in Venedig außerordentli=
chen Beifall fand, das aber nicht leicht ein ande=
rer Ort aushalten würde. Ein förmliches Gericht,
die vollständige Verhandlung eines trocknen Pro=
zesses in Geldsachen, lange Reden dafür und da=
wider, dies ist überall langweilig, außer da, wo
dieselben Formen gebräuchlich sind, und wo man
an dem Ruhm eines Advokaten und an dem Aus=
schlage seines Prozesses öffentlichen Antheil nimmt.
— Die Form des Ganzen und die wesentlichen
Schönheiten solcher Stücke kamen bei Goldoni's
Zuhörern weniger in Betrachtung, als die konven=
zionelle Anmuth des Stoffs überhaupt, oder ein=
zelner Scenen. Dazu kommt der Umstand, daß in

Italien ein Stück selten öfter als eine Carnevals
zeit hindurch aufgeführt wird. Da giebt man es,
wenn es einmal Beifall gefunden hat, so oft, als
das Publikum es verstattet. Im nächsten Jahre
wird es vielleicht noch einmal aufgeführt, aber dann
legt mans nach auf immer bei Seite. Auf diese
Art ist es sehr begreiflich, daß unser Dichter gar
bald die Bearbeitung des wesentlichen schwereren,
und von dem Publikum doch minder beachteten
Theils der Kunst der Wirksamkeit einzelner Si-
tuationen und allen den Kunstgriffen, nachgesetzt
haben wird, deren sich jeder Dichter bedient, der
für einen augenblicklichen Eindruck arbeitet. Selbst
die Schauspieler verlangten ihre besondere Rücksicht.
Ihr vorzügliches Talent für diese oder jene Gattung, Situation und Karakter, ihre Mängel,
und selbst ihre gegenseitige Eifersucht bestimmten
nicht selten die Wahl des Dichters und den Gang
der Handlung.

Wenn man dies zusammen bedenkt, so erklären sich alle Mängel der Goldonischen Stücke.
Ein Dichter, der in dem Laufe von 30 Jahren
die Bühne mit 200 Stücken bereichert, von denen
er 16 in einem einzigen Jahre schrieb, (1750 S.
die Mem. 2 Th. 7 Kap. ff.) ein Solcher mußte

dem Zufall nothwendig sehr viel überlaffen, um so
mehr, da fein Werk doch nur Beluftigung des
Augenblicks wurde. Gieng die Handlung nur in
den Mauern einer Stadt vor, so war er zufrieden. Ja er nimmts mit der Einheit der Handlung nicht eben genau. Seine Familie des
Antiquars theilt das Intereffe zwischen dem
Antiquar, seiner Frau, und der Schwiegertochter
gleichmäßig. Noch mehr. Abentheuerlich und ro-
mantisch sollten seine Handlungen nicht sein, und so
wurden sie oft gemein, alltäglich. Ohne die An-
forderungen der Kunft entweder zu kennen oder zu
bedenken, glaubte er blos durch Natur schon zu
gefallen. Er brachte oft wirkliche Begebenheiten
aufs Theater, schilderte nicht Klaffen, sondern In-
dividuen, und wurde bei der höchften Wahrheit
unwahrscheinlich und langweilig. So soll Graf Ot-
tavio in der gehorsamen Tochter die Kopie
einer wirklichen Person sein, so wie in demselben
Stück der lächerliche Vater einer schönen und reichen Tänzerinn. Aber man hat auch vielleicht
an der folgenden Probe aus diesem Stück genug.
Sie ift aus der Scene genommen, wo der Graf
zum erftenmale mit seiner Braut zusammenkommt.
Er verlangt ihre Hand. Rofaura reicht sie ihm

auf Befehl ihres Vaters, mit dem Handschuh. Flugs zieht der Graf seine Hand zurück, legt auch erst einen Handschuh an, und reicht seine Hand so wieder. Bei dieser Scene ist eine Freundinn Rosaurens gegenwärtig. Sie sagt: Liebe geht auch durch den Handschuh. Der Graf sieht sie an, und bemerkt, daß ihre Hände bloß sind. Er giebt ihr seine andere Hand. Sie nimmt sie an.

Graf. (zu Beatrix) Kleine Dicke! —

Rosaura. (Ach, wenn mich doch der Himmel von dem unerträglichen Grafen befreiete! Mit Freuden wollt' ich ihn abtreten, ihn und alles sein Geld!)

Graf. Rosaura, ich kann die Handschuh nicht leiden.

Ros. Aber Herr Graf — die gute Lebensart —

Graf. Haben Sie die Krätze?

Ros. Ich weiß nicht, Herr Graf — (zornig).

Graf. Uh! (mit Verzweiflung. Wendet sich lächelnd gegen Beatrix.)

Pantalon. Herr Graf, wenn Ihnen das Betragen meiner Tochter mißfällt, und Ihr gegebenes Wort Sie gereut: so wissen Sie, daß ich, als ein Mann von Ehre, bereit bin, Ihnen Ihre völlige Freiheit wieder zu geben.

Graf. (zieht die Schnupftabakdose aus der Tasche, und präsentirt sie an die ganze Gesellschaft.)

Pant. Ich sage Ihnen meine wahre Herzens meinung. Ich habe alle Ehrfurcht vor Ihren Stand und Vermögen; aber das Wohl meiner Tochter liegt mir am Herzen, und ich wollte um alles in der Welt willen nicht, daß es Ihnen gereute —

Graf. Still! Nehmen Sie. (bietet Rosauren Tabak.)

Ros. Ich danke Ihnen; ich nehme keinen Tabak.

Graf. Nehmen Sie.

Ros. In der That, ich dank Ihnen.

Graf. Kleine Dicke, hier — (zu Beatrix).

Beatrix. Mir, Herr Graf?

Graf. Ihnen.

Beatrix. Unterthänigsten Dank. (Nimmt Tabak.)

Pant. (Nun, die macht nicht viel Umstände.) Herr Graf, ich wiederhole Ihnen noch einmal, daß meine Tochter nicht auf den vornehmen Fuß erzo gen ist, und wenn es Ihnen gereut haben sollte —

Graf. Still! (zieht ein Papier aus der Tasche.)

Ros. (Ach! gäbe doch der Himmel, daß es ihm wirklich gereut hätte!)

Graf. Sehn Sie? (zeigt dem Pant. das Papier.)

Pant. Ja; es ist unser Kontrakt. — Wenn Sie ihn zerreißen wollen.

Graf. Sind Sie ein Mann von Ehre?

Pant. Ich hoffe, daß Niemand hieran zweifelt.

Graf. Was Sie sind, bin ich auch. Was geschrieben ist, ist geschrieben. (steckt den Kontrakt ein.)

Pant. Dem ohngeachtet — —

Graf. Diesen Abend geben Sie mir Ihre Hand, u. s. w.

Auf dramatische Oekonomie versteht Goldoni sich auch wenig. Vorn schleicht die Handlung; gegen das Ende folgt Schlag auf Schlag. Bizarre Situazionen sind sein Augenmerk, und nächst diesen ein herbeigeführter oder herbeigezogener guter Ausgang, eine Heirath, und Bestrafung der Böse-wichter, mag er auch dabei den Karakter der Letztern zehnmal besser ins Licht gesetzt, und also zehnmal mehr für sie interessirt haben, als für die guten Karaktere. Sein Dialog hinkt dagegen, besonders gegen den lebhaften der französischen Komödie.

Doch genug von Goldoni's Fehlern. Er ist, nächst Lopez de Vega, der fruchtbarste neuere

Dramatist. Welch ein Reichthum von Karakteren, die zum Theil nur skizzirt in seinen Stücken da liegen. Und es ist auch ein Lügner darunter, und mehrere Komödien, die dieser gleich kommen: Goldoni stieg vom Theater herab, und sammelte in der wirklichen Welt Karaktere, die zum Theil hohe komische Kraft haben.

Dank gebührt ihm vorzüglich, daß er, von der Würde seiner Kunst durchdrungen, der ernsten Komödie seine meiste Zeit schenkte, und so wacker und unermüdet den herrschenden Geschmack bestritt.

———

Metastasio.

Aus »Metastasio, eine Skizze für seinen künftigen Biographen, entworfen von Joseph von ....er.« Wien, 1782. 40 S. 8.

Peter Antonius Dominikus Ventura Trapassi war zu Rom 1698 geboren. Sein Vater hieß Felix Trapassi von Assisi, und hatte sich in Rom als Zuckerbäcker niedergelassen. *) Ein

———

*) S. Memoirs of the Life and Writings of the Abate Metastasio, etc. By Charles Burney, Muf. D. 8. 3 Vols. London, 1796.

Brief M.'s selbst an Algarotti zu Berlin aus
dem Jahre 1751 bestätigt die Sage, daß er
bei ihm schon zwischen dem 10. und 11. Jahre ein
mehr als gewöhnliches Talent für Harmonie und
Silbenmaaß zeigte. Der berühmte Rechtsgelehrte
und Philolog Janus Vinzentius Gravina
ward dadurch so für ihn eingenommen, daß er ihn,
mit seinem Bruder Leopold, in sein Haus nahm,
»und bis in mein frühestes Jahr, sagt M., in
dem Briefe, »ließ er mich, nach Art des Gor-
»gias, über allerlei Gegenstände Stegreifverse,
»Gott weiß, wie, hersagen. Rolli, Vannini
»und Perfetti, damals schon reife Männer, wa-
»ren die angesehensten, die mir auf eben die Art
»antworteten. «

Doch Gravina that mehr an den jungen
Trapassi. Er begnügte sich nicht mir, nach der
Sitte seiner Zeit, ihren Namen mit dem griechischen Metastasio zu vertauschen; sondern er
machte sie auch mit der griechischen Litteratur, der
Quelle alles Guten und Schönen, im ganzen
Umfange, und durch die berühmtesten Lehrer, mit
allen Wissenschaften, auch mit der Theologie, genau bekannt. Uebrigens widmete er beide Brüder
der Rechtsgelehrsamkeit, durch eigene Erfahrung

belehrt, daß diese Wissenschaft ihren Zöglingen nicht blos unfruchtbaren Ruhm, sondern auch Brod, verschaffen könne. Der ältere Bruder, Leopold, ward wirklich ein berühmter Jurist, wie einige Schriften hinlänglich zeigen. Peter, ohne diese Wissenschaft zu vernachläßigen, von der er mehrere Jahre hindurch sowohl in Rom, als Neapel, Gebrauch machte, obwohl er 1714 sich dem geistlichen Stande widmete, und die sogenannten vier kleinen Weihen erhielt, folgte doch immer seinem Hange zur Dichtkunst, diesem Triebe, der so mächtig ist, wenn er, wie bei M., aus der Natur, und nicht, wie es so oft zu geschehen pflegt, aus übel verstandener Eigenliebe, entspringt. Schon in seinem 14ten Jahr machte er das Trauerspiel: Il Giustino, ganz, wie es Gravina wollte, nach griechischem Zuschnitt.

Hätte es an Gravina gelegen, so wäre mit M. die Zahl jener italienischen Dichter vermehrt worden, von denen Bettinelli in seinem Discorso al Teatro Italiano, e alla Tragedia so richtig urtheilt: »Ihre Trauerspiele, um es aufrichtig zu sagen, waren nichts als Deklamationen, »in Scenen eingetheilt, Dissertationen, rhetorische »Probestücke; kurz, seelenlose Ueberfetzungen.

»schafft das Erhabene, das Heftige, das Rührende oder Grelle war niemals in italienische Verse gebracht.« Aber die Natur wurde stärker als Gravina, und das Beispiel so vieler damals noch berühmter Dichter auf M.; er war von ihr zum Schöpfer, und nicht zum Nachahmer bestimmt.

1717 machte M. von Gravina, laut folgenden Worten seines Testaments: J. Vinc. Gravina in testor: Annam Lombardam, matrem meam, haeredem instituo, in bonis, quae habeo in Consentina provincia Brutiorum; in bonis vero meis aliis omnibus haeredem instituo Petrum Trapassum, alias Metastasium, Romanum, adolescentem egregium, aliumdam meum, etc. zum Erben eingesetzt. So vollendete Gravina auf die würdigste Art die Vollendung seiner Erziehung, und widmete einen großen Theil seines durch Wissenschaften erworbenen Vermögens wieder den Wissenschaften. M. befand sich nun im 19ten Jahre seines Alters, in welchem die meisten Menschen sich um ihren Unterhalt ängstigen, und sich noch glücklich schätzen müssen, die eine Hälfte ihres Lebens zu verkaufen, um in der andern nicht elend hungern zu müssen, in der glücklichsten Lage von der Welt. Unabhängig, mit einem Vermögen von ohngefähr 30,000 fl. gegen alle menschliche Zufälle gesichert, konnte er sich nun ganz seinem Hange zur Dicht- kunst überlassen.

Noch in dem nämlichen Jahre 1717 kam bei Felir Mosca in Neapel die erste Auflage sei- ner jugendlichen Poesien heraus, die er in den nachfolgenden Ausgaben seiner Werke immer abson- derte, und welche seit der Venediger Auflage von 1736 in allen übrigen unter dem Namen Aggiun- ta vorkommen. Er ward hier Cicisbeo der Sän- gerinn Romanina, und mit der Didone abban- donata, die zu Neapel 1724 komponirt von Sarro zum erstenmal aufg.führt wurde, betrat er die Laufbahn, auf welcher er bestimmt war, das Ziel zu erreichen.

Die Oper, bei der sich fast alle freien Künste schwesterlich die Hand bieten, um Vergnügen zu schaffen, war seit 1600, um welches Jahr herum Rinuccini als ihr Stifter anzusehen ist, trotz des von den großen und kleinen Fürsten in und außer Italien gegebenen Schutzes und gemachten Aufwandes, bisher doch nichts mehr und nichts weniger als gesungener Unsinn. Durch M.

.... sie jene Voll........heit, die unser ....gen mit des .... aussöhnte, ... des Oper ...... Fein....... ührigen, ... Dichter, die sich .... lassen, es sei ...., wenn sich Cato mit einer Arie im .... ersticht, ... wenn Brutus seine Mit........ in fünffüßigen Jamben, Versi sdruccioli, oder Blank Versen eine Anrede hält, ... die .... aus ....ten Alexandrinen. ...... füllten Coße-Grübler, die nicht wissen oder nicht wissen wollen, daß die Chöre der Alten, ... Chor von der Musik stets .... Deklamation, mit einem Metastasischen ....keit als mit unserm ....siel haben. Sollte man die Chöre nicht als Muster der Arie, die Deklamationen ...... Melopöie der Alten, nicht als Muster des Rez......... ansehen ......?

Von dieser Zeit an vermehrte M. fast täglich mit neuen Werken des Genies seinen Ruhm, der bald die .... Italiens überstieg, und seinen Namen in Wien und Madrid eben so sehr als in Rom und dem übrigen Italien bekannt machte.

1729 bekam er den Ruf nach Wien als C.

Hofpoet. Der bisherige, Apostolo Zene, der vielleicht selbst fühlte, daß er mehr Gelehrter als Dichter war, hatte seine Stelle freiwillig niedergelegt, und, ohne den geringsten Neid, selbst M. dazu vorgeschlagen. M., der, ungeachtet seines Ruhms, wie gewöhnlich Dichter, von seinem Vaterlande verkannt wurde, und eine geistliche Pfründe, die er eben damals suchte, nicht erhielt, entschlüß sich, Italien zu verlassen, und trat den 17. April 1730 zu Wien mit 4000 fl Gehalt in wirkliche Dienste. Er zog sogleich in das Haus des Ceremonienmeisters der päbstlichen Nunciatur, Nicolaus Martines, mit dessen Familie er 53 Jahr lebte, und das Vergnügen genoß, den ältesten Sohn Joseph von Martines, als k. Rath und ersten Custos an der k. Hofbibliothek zu sehn, und an der ältesten Tochter Marie Anne, die vortrefflichste Klavierspielerinn, Sängerinn und Komponistinn, zu erleben.

M. weihte sich ganz dem Hofe Karls VI. Kein Fest, das er nicht, auf Befehl des Kaisers oder der Kaiserinn Elisabeth, mit einem seiner Werke verherrlichte. Dagegen eiferten die Höfe von Wien und Madrid, ihn mit Ehrenbezeugungen und Geschenken zu überhäufen. M. genoß vorzüglich die Gunst Karls VI.

... der Elisabeth. Wie sehr Theresia ... schätzen ..., zeigten die vielfältigen ... und dabei die ihnen ... über alles ..., ... wahrhaft empfan-
denen Hochachtung.

Da er nach dem Tode seines mächtigen ... Kaisers Franz I. I Voti pubblici ..., erhielt er eine mit Diamanten besetzte Dose, ... auf der Monarchin Porträt mit Brillanten ... war, begleitet von einem sehr artigen Billet, dessen Schluß die Anweisung einer jährlichen Pension von 1200 fl., neben seinem Gehalt, enthielt.

M. hatte das Glück gehabt, nebst einem ... Geist von der Natur auch körperliche Schönheit zu erhalten, wovon er noch in hohem Alter die deutlichsten Spuren trug. Er war mittler Statur, mehr fett als mager, wohlproportionirt, hatte sehr regelmäßige Gesichtszüge, braune, überaus scharfe und durchdringende Augen, eine ... sichtsnase, einen etwas großen, aber doch wohl geformten Mund; das Gesicht war weiß, und ... viel natürliche Farbe. Dies alles zusammen machte ... höchst angenehme Physiognomie aus, die man in der von Binazar in Wien ein Paar Jahre ... verfertigten Büste, und in dem von

Joh.

Joh. Steiner gemalten und von Joh. Ernst Mansfeld 1779 gestochenen Porträt lebhaft erkennt.

M. führte ein sehr glückliches Leben, aber auch ein sehr weises. Er lebte stets sehr ordentlich, und war daher immer gesund, Nervenzuckungen und hypochondrische Anfälle abgerechnet, über die er seit 1741 klagte, die aber auf seine natürlich muntere Laune nur wenig Einfluß hatten. Vergnügungen, die großen Aufwand fordern, und der Gesundheit schädlich sein konnten, entsagte er, wie dem Kartenspiel, auf immer. Seit 1742 vermied er alle Gastmale. In seiner Wohnung und Kleidung (er gieng immer im Abbeekleide) herrschte stets die höchste Reinlichkeit, wie in allen seinen Handlungen fast zu gewissenhafte Genauigkeit und Ordnung. Er pflegte immer scherzweise zu sagen, er fürchte sich nur deshalb in die Hölle zu kommen, weil dieß der Ort sein solle: ubi nullus ordo, sed sempiternus horror inhabitat. Er hatte sogar seine bestimmten Arbeitsstunden nicht nur zum Briefschreiben, sondern auch zum Dichten, die er unverbrüchlich hielt. Wie sich dieser so genau abgemessene Gang mit dem allgewaltigen Drange der Begeisterung (besonders shakspearischer) vereinigen läßt, mögen Psychologen

aufhalten. Aber M. ▇▇▇ ▇▇ ▇▇ selten an ▇▇ genem An▇▇bie, ▇▇▇▇ Kleinigkeiten ▇▇ genommen. Nach geschehener Arbeit war auf sei▇ ▇▇ Tische ▇▇▇▇ ▇▇▇ Papier zu sehen.

M. war in allen seinen Handlungen sehr geschickt. Er spielte das Clavier, und war in der Musik überhaupt sehr erfahren. Auf seine Ali▇▇ und auf die Palinodie hat er selbst die erste Musik ge▇▇▇. —

Seine Abende beschloß er immer an einem ▇▇▇. Die Gräfinn von Althan, eine gebohrne ▇▇▇inn von Pignatelli, auf deren Gütern er mehrere Jahre die Herbstmonate zubrachte, besuch▇▇ er täglich Vormittags von 11 bis 2 Uhr, und Abends von ▇ bis ▇. Nach ihrem Tode brachte er die näm= liche Zeit mit dem Grafen Perlas, Domherrn von Breslau, zu. Auch bestand zwischen dem verstorb= nen sardinischen Gesandten, Grafen von Canal, dem Reichshofrathspräsidenten Freiherrn von Ha= gen und M. seit mehrern Jahren die engste Freund= schaft. Beide kamen alle Tage unausbleiblich um 6 Uhr Abends zu ihm, und lasen mit ihm bis 8 ▇▇▇ ▇▇brechen alle klassischen Griechen und Römer, die M. seit seiner ersten Bekanntschaft mit ihnen durch ▇▇▇ in a von Jahr zu Jahr immer mehr liebgewann. Sein Lieblingsdichter war Horaz, den er im hohen Alter fast noch ganz auswendig hersagen konnte; denn sein Gedächtniß verließ ihn nie, so wenig als sein gutes Gesicht, indem er nie Augengläser gebrauchte.

Sein übriger Umgang waren Landsleute, Fremde von Ansehen, und Wienerischer hoher Adel. Doch hatte alle Sonntage, Vormittags von 9 bis 12 Uhr, jeder Fremde Zutritt zu ihm, und um 12 Uhr Sonntags fuhr er stets in die Kapuzinerkirche, und hörte sogar immer auf dem nämlichen Platz Messe.

M. war ein sehr guter Mensch, gutthätig, ein aufrichtiger Freund, sehr behutsam im Reden, und allen Satiren und sittenverderblichen Schriften gram. So lebte er über 50 Jahr in Wien, ohne einen Feind zu haben. Seine Arbeiten gnügten ihm nie ganz; denn er war wahrhaft bescheiden. Als Karl VI. ihm, nach seiner Oper: Achille in Sciro, antragen ließ, ihn zum Grafen, Freiherrn oder Hofrath zu machen, bat er sich es zur Gnade aus, dem Kaiser noch ferner nur als Metastasio dienen zu dürfen. Eben so entschuldigte er sich, als Theresia ihn fragen ließ, ob das kleine Stephanskreuz ihm wohl Freude ma-

ihn würde, mit seinem hohen Alter, das ihn vor der den Gerechtigkeiten bewohnen, nach die Vorzüge des Ordens würde genießen laffen. — Unzählige Akademien in Italien wetteiferten, ihn als Mitglied zu haben. Er ließ es geschehen; aber nie suchte er sich von einer einzigen.

Was seine Religion betrifft, so sagt er, wie sich von Retzer ausdrückt, » zwischen dem schwan»kenden Scepticismus, der so vielen Rechtschaffe»nen das Leben hienieden verbittert, und dem die » Vernunft entehrenden Aberglauben, doch mehr »letzterm, als ersterem, geneigt, glücklich » faft immer den Mittelweg ein, und fand es für » seine Ruhe zuträglicher, zu glauben, als zu un»tersuchen. «

So geliebt von vielen, und so sehr bewundert von allen, selbst von Kunstrichtern, durchlebte M. in einer ftoischen Ruhe seine Tage, und genoß das glücklichfte Alter, ganz nach dem Wunsche seines Herz:

Frui paratis & valido mihi,
Latoe, dones, at precor, integra
   Cum mente, nec turpem fenectam ,
     Degere, nec cithara carentem.

1782 den 12ten April starb er, ganz sanft, 84 Jahr und 3 Monat alt, und wurde durch Joseph von Martines Sonntags, den 14ten April, Abends um 8 Uhr mit einem seinen Verdiensten angemessenen Gepränge (ob er dies gleich nicht gewollt hatte) in der Pfarrkirche zu St. Michael begraben. Vermöge eines Testaments von 1765 war Martines Universalerbe aller Habschaften M's, die, nebst einer wohl eingerichteten Wohnung, Pferden und Wagen, einer Menge kostbarer Fürstengeschenke, und einer ansehnlichen Sammlung französischer und spänischer Bücher, griechischer und lateinischer Klassiker, und italienischer Dichter, in einem Vermögen von mehr als 130000 fl. bestanden; wovon aber jede seiner zwo Schwestern 20000 fl., und jeder seiner drei jüngern Brüder 2000 bekam. Martines verdiente diese Ehre durch eine fast 50jährige Freundschaft, die, wie sie bei edlen Seelen pflegt, bis an Enthusiasmus gränzte.

Die ebeste Ausgabe von M's. Werken ist die von ihm selbst besorgte, die 1780 zu Paris bei der Wittwe Herissant in 12 Bänden, zugleich in 4. und 8. mit den herrlichsten Kupfern erschien. Einige seiner Opern sind fast in alle europäische

Sprachen übersetzt. Es findet sich sogar eine Uebersetzung ins Neugriechische. Besonders schön ist
Hooles englische Uebersetzung der Werke M's.

Die »neuen Poesien vermischten Inhalts«
(sagt von Meyer a. a. O.) »übergeht man bei
»M., ganz wie seinen dramatischen Werken beschäf-
»tige, meist mit Stillschweigen, ob sie gleich einem
»andern einen nicht unansehnlichen Platz unter den
»Dichtern Italiens verschafft hätten.« Ihn dünken, die Kantaten und Oratorien abgerechnet,
der Frühling, der Sommer, das Hochzeit-
gedicht an den Fürsten Pignatelli; besonders aber die Canzoncten: die Freiheit an Nice, die Palinodie, und der Abschied, vorzüglich.

Es ist meinen Lesern gewiß nicht unangenehm,
hier das berühmteste jener Gedichte, die Freiheit
an Nice, im Original, und Gotters schöne
Nachahmung zu finden. Auch Rousseau hat es
nachgeahmt. M. s. die Zweibr. Ausg. 15. Th.
S. 192.

La Libertà.

Grazie agl' inganni tuoi,
Al fin respiro, o Nice.

Al fin d'un infelice
Ebber gli Dei pietà.

Sento da' lacci fuoi,
Santo che l'alma è fciolta,
Non fogno quella volta,
Non fogno libertà.

Mancò l'antico ardore,
E fon tranquillo a fegno,
Che in me non trova fdegno,
Per mafcherarfi amòr.
Non cangio più colore,
Quando il tuo nomé afcolto;
Quando ti miro in volto,
Più non mi batte il cor.

Sogno, ma te non miro
Sempre ne' fogni miei;
Mi defto, e tu non fei
Il primo mio penfier.
Lungi da te m'aggiro,
Senza bramarti mai;
Son teco e non mi fai
Nè pena, ne piacer.

Di tua beltà ragiono,
Nè intenerir mi fento;

I torti miei rammento,
E non mi fo fdegnar.

Confuſo più non ſono,
Quando mi vieni appreſſo;
Col mio rivale ſteſſo
Poſſo di te parlar.

Volgi mi il guardo altero.
Parlami in volto umano:
Il tuo diſprezzo è vano,
E vano il tuo favor;
Che più l'uſato impero
Quei labbri in me non hanno,
Quegli occhi più non fanno
La via di queſto cor.

Quel, che or m' alletta, o ſpiace,
Se lieto, o meſto or ſono,
Chi non è più tuo dono,
Già colpa tua non è.
Che ſenza te mi piace
La ſelva, il colle, il prato;
Ogni ſoggiorno ingrato
M'annoia ancor con te.

O di, s' io ſon ſincero;
Ancor mi ſembri bella,

Ma non mi sembri quella,
Che paragon non ha.

E (non t' offenda il vero
Nel tuo leggiadro aspetto
Or vedo alcun difetto,
Che mi parea beltà.

Quando lo stral spezzai,
Confesso il mio rossore,
Spezzar m' intesi il core,
Mi parve di morir.

Ma per uscir di guai,
Per non vedersi oppresso,
Per racquistar se stesso,
Tutto si può soffrir.

Nel visco, in cui s'avvenne
Quell' augellin talora,
Lascia le penne ancora,
Ma torna in libertà.

Poi le perdute penne
In pochi dì rinnova,
Canto divien per prova,
Nè più tradir si fa.

Se, che non credi estinto
In me l'incendio antico,

Perchè sì spesso il dico,
Perchè... non fo.
  Qual naturale istinto,
... a parlar mi sprona,
Per cui ciascun ragiona
De' rischi, che passo.

Dopo il crudel cimento
  Narra i passati sdegni,
  Or fra forse i sogni,
  Mostra il guerrier così.
    Mostra così contento
  Sentivo, che uscì di pena,
  La barbara catena,
  Che strascinava un dì.

Parlo, ma sol parlando
  Me soddisfar procuro;
  Parlo, ma nulla io curo
  Che tu mi presti fè.
    Parlo, ma non dimando
  Se approvi i detti miei,
  Nè se tranquilla sei,
  Nel ragionar di me.

  Io lascio un' incostante;
  Tu perdi un cor sincero;

Non ſo di noi primiero
Chi s'abbia a conſolar.

So, che un ſi fido amante
Non troverà piu Nice,
Ch' un altra ingannatrice
E facile a trovar.

———

Die Freiheit.

Endlich, endlich leb' ich wieder,
Dank ſei deinem Unbeſtand!
Endlich ſahn die Götter nieder
Auf die Qual, die ich empfand!
Abgeſchüttelt iſt, Selinde,
Meine Feſſel, meine Binde;
Frei der Geiſt, das Auge frei,
Und mein Glück nicht Phantaſei.

Leer von Lieb' iſt jede Falte
Meines Herzens, kalt mein Blut;
Schwachheit lauſcht im Hinterhalte
Nicht mehr, in Geſtalt der Wuth;
Und bei deines Namens Klange
Klopft mein Buſen nicht mehr bange;
Ich entfärbe jetzt mich nicht,
Seh ich dir ins Angeſicht.

Wenn der Schlaf mein Auge deckt,
Schreckt dein Schatten nicht um mich;
Wenn des Morgens Gott mich wecket,
Denk' ich nicht zuerst an dich.
Einsam auf den weiten Fluren
Such' ich nicht mehr deine Spuren;
Du genahst, bin ich bei dir,
Nicht Verdruß, nicht Freude mir.

Ich kann wieder von dir sprechen,
Und kein Seufzer hebt die Brust:
Ich gedenk' an dein Verbrechen,
Keines Goldes mir bewußt;
Fliehe nicht, wenn ich dich sehe,
Gleich dem aufgescheuchten Rehe;
Höre selbst von dir mit Ruh
Keinem Nebenbuhler zu.

Sieh verachtend auf mich Thoren,
Sprich mit mir, voll süßer Kunst;
An mir ist dein Stolz verloren;
Und verloren deine Gunst!
Sonst geschaffen zum Versühren,
Kann mich dieser Mund nicht rühren;
Mein verschloßnes Herz verlacht
Dieses Blickes Zaubermacht.

Freuden, die mich nun beseelen,
Dank' ich nicht mehr deiner Huld;
Und an Sorgen, die mich quälen,
Ist Selinde nicht mehr Schuld.
Hain und Hügel, Bach und Weide
Geben ohne dich mir Freude,
Und ein trauriger Pallast
Ist mir auch mit dir verhaßt.

Daß ich immer schön dich finde,
Sag' ich ohne Schmeichelei,
Doch nicht länger, daß Selinde
Reizender, als alle, sei.
Bei so vielen sanften Zügen,
(Hör' es nicht mit Mißvergnügen!)
Merk' ich kleine Fehler da,
Wo ich sonst nur Schönheit sah.

Schmerzen gingen mir ans Leben,
Mich ergriff des Todes Hand,
Als ich mir den Pfeil, mit Beben,
Aus dem wunden Herzen wand.
Doch den Qualen zu entrinnen,
Selbst sich wieder zu gewinnen,
Sich vom Joche zu befrei'n,
Werden alle Schmerzen klein.

So, von den .... Stangen
Reißt ein ....
Läßt am .... die Federn ....,
Flattert in der .... Schooß;
Sein .... Gefieder
.... in ..... Tagen ....
Schüchtern sieht es um sich her;
Fangen läßt es sich nichts mehr.

...., die Liebe ....
Aus der Asche noch ....,
Weil ich so von Freiheit ....?
Reizet mein .... dein Ohr?
Dich .... zum Erzählen
Ein .... Trieb der Seelen;
Von vergangnen ....,
Schildert .. ein jeder gern.

.... schildern nach dem Streite,
So das .... der Gefahr,
Felsen, ... der goldnen Sonne,
Lächelnd ihre .... dar.
So, von .... Qual ....,
...... ein ...... froh die Wunden,
Die ihm einst ... .
Und die Ketten, die er ..... .

Ich erzähle nur dem Winde,
Weil das Reden mich erfreut;
Unbekümmert, ob Selinde
Ihren Unbestand bereut.
Ob sie mein Geschwätze höret,
Ob es ihren Frieden störet,
Ob sie lachend von mir spricht,
Ob sie seufzet, frag' ich nicht.

Ungetreu ist, die ich fliehe,
Du verlierst ein treues Herz.
Wer vergißt mit leichtrer Mühe
Von uns beiden seinen Schmerz?
Sanft und redlich, wie die meine,
Findest du der Seelen keine;
Eine Falsche, die dir gleicht,
Falsches Mädchen, find' ich leicht.

***

Goldsmith.

Der berühmte Oliver Goldsmith, (geb. 1729, gest. 1774) Verfasser des Traveller, (welches Gedicht Johnson so bewunderte,) des Dorfpredigers von Wakefield, einer Geschichte von England, u. s. w., auch mehrerer Komödien, war bei allen seinem Geiste und Witz, ein Mann von originaler Gutmüthigkeit und Schlichtheit.

Das European Magazine Nro. 140. p. 91 sqq. erzählt manche Anecdoten von ihm, die ihn besonders von dieser Seite karakterisiren.

Als Goldsmith eines Mittags im Chapter-Kaffehause saß, kam Lloyd (vermuthlich der Verfasser des Treatise on the art of playing) mit großer Offenheit auf ihn zu, und fragte, wie er sich befinde? — Der Dokter, ein sehr scheuer und bescheidener Mann, trat, da er einen Unbekannten so vertraut auf sich zukommen sah, ein wenig zurück, und erwiederte die Frage mit kalter Höflichkeit. — »Ha!« sagte Jener, »mein Name ist Lloyd, und Ihr seid Dokter Goldsmith. Sind wir gleich einander bis jetzt noch nicht förmlich bekannt: so kennen wir uns doch schon lange als Gelehrte und Bruderherzen. Somit laßt es Euch ohne Umstände gefallen, diesen Abend hier mit mir zu essen. Ihr trefft ein halb Dutzend Ehrenmänner an, die Euch, hoff' ich, gefallen sollen.« Goldsmith bewunderte das Neue dieser Einladung, nahm sie vergnügt an, und kam zur bestimmten Stunde.

Die Partie bestand meist aus Schriftstellern und Buchhändlern, war, nach Lloyds Veranstalte, ganz

nach)

nach) dem Herzen des Dokters, und das lustende
Glas freiste wacker bis zum folgenden Morgen
herum. Kurz vor dem Aufbruch der Gesellschaft
verließ Lloyd das Zimmer, und gleich hernach ward
seine Stimme stärker als gewöhnlich in einem lebhaften Wortwechsel mit dem Hauswirth gehört.
Alsbald eilt Goldsmith zu seinem neuen Freunde,
und erkundigt sich nach der Ursach des Zanks.
»Auf der Welt nichts Merkwürdiges,« antwortet
Lloyd kaltblütig, »als daß dieser übervorsichtige
Kauz hier meine Schuldnete für seine Rechnung
nicht annehmen will — Sie vergessen, hub der
Wirth an, Herrn Goldsmith zu sagen, daß Sie
mir bereits 14 bis 15 Pfund schuldig sind, wovon
ich bis jetzt keinen Schilling bekommen habe; und
da Sie die Sachen so öffentlich behandeln, so
muß ich Ihnen sagen, daß ich weder Ihr Wort,
noch Ihre Note für die Rechnung annehmen
kann. — »Pah!« — fiel hier Goldsmith ein,
»verliert mir kein Wort weiter über die Sache,
»lieben Leute. Es ist nicht das erste Mal, daß
»es einem Ehrenmanne an Geld fehlte. Wollt Ihr
»mein Wort für die Rechnung annehmen, Herr
Wirth? —«. Von Herzen gern; Herr Doktor,
und für noch weit mehr, wenn Sie wollen. —

Seht Ihrs nun? rief der jovialische Lloyd dem Wirthe zu, und hatte schon das ganze Scharmützel vergessen. »Geschwind laßt uns noch eine Tracht Wein bringen, und schreibt es zu dem übrigen.«

Der Wein ward gebracht, und Goldsmith löste sein Wort als Ehrenmann in wenigen Wochen; aber er hörte keine Sylbe weiter darüber von Lloyd, dessen Gedächtniß für solche Sachen überhaupt sehr löcherig war.

1770 erschien G.s. berühmtes Gedicht, das verlassene Dorf (The deserted Village). Es ist authentisch wahr, daß er dem Buchhändler die Hundertpfundnote für die Handschrift zurückschickte, weil ihm die Summe zu groß schien. Fast 5 Schillinge (1 Thaler 16 Groschen), rechnete er, kämen nach diesem Anschlag auf Ein Couplet, und das, meinte er, sei in der That mehr, als irgend ein Buchhändler geben, irgend ein neuerer Dichter verlangen könne. — Er verlor indeß nichts durch diese Großmuth, indem ihm sein Verleger die 100 Pfund bald hernach wieder übermachte, wozu er durch den schnellen Absatz des Gedichtes im Stande war. —

Goldsmith steng auch einmal eine Vierzehntagsschrift an, unter dem Titel: Gentleman's

Journal. Seine Mitarbeiter waren D. Kenrick, D. Bickerstaffe, und noch ein anderer Doktor, der die Redaktion übernahm. Dieses Journal sollte, nach den Trompetenstößen in der Vorrede, Wunder von Originalaufsätzen, Kritiken — u. s. w. zur Welt bringen; da aber immer Einer vom Fleiß und Eifer des Andern abhieng, so gerieth, nach einigen verschickten Nummern, die ganze Unternehmung ins Stecken, und das Wunderding erlebte kaum ein halb Jahr. Ein Bekannter des Doktors glossierte über das frühe Hinscheiden des Journals. — » Wundert Euch nicht, sagte Goldsmith, — der Fall ist alltäglich; es starb an zu vielen Doktoren.

Goldsmith in Gesellschaft und Goldsmith am Pult schienen gar nicht dieselbigen Personen. Im Schreiben sammelte Goldsmith alle seine Kräfte in Einen Brennstral, und setzte seine meisten literarischen Entwürfe triumfirend durch. Nach einer solchen Anstrengung aber schien seine Wirksamkeit für das tägliche Leben wie erschlafft, und er drückte sich in der gewöhnlichen Unterhaltung oft in sehr übel gewählten Worten und mit einer an Rohheit gränzenden Popularität aus. Auch war dieser berühmte Mann so platt und nicht sel-

schaft und Sympathie mit seinem Geschmack; andre
aus Eitelkeit, um einen Brocken seines Ruhms für
sich wegzuschnappen. Auch fehlte es nicht an dürftigen Brüdern in Apoll. Unter diesen nun stachen,
durch Treue und Beständigkeit, zwei Ehrenmänner
hervor, Jack Pilkington (Sohn der berühmten
Lätizia Pilkington) und D. Paul Hiffernan —
Leute, denen es weder an Talent, noch Gelehrsamkeit fehlte; die, aber ihrem Hang zur Indolenz und
zum Vergnügen nachgaben, und lieber von Nieder-
trächtigkeit und Almosen leben, als sich durch ihre
Gaben eine Art von Ruhm und Unabhängigkeit
schaffen mochten. — Pilkington war gleich
beim ersten Emporkommen des Doktors sein Pensio-
när — ein Junge voll Witz und Laune, der sich dadurch in Goldsmiths Herz eingeschlichen hatte,
daß er sehr sorgfältig auf seine Erholung von den
Anstrengungen des Studierzimmers bedacht war.
Doch hatte er sich einst etwas zu Schulden kommen
lassen, wodurch er den Doktor vor den Kopf stieß.
Er blieb weg, und das einige Monate. Goldsmith hatte ihn ganz aufgegeben — siehe, da stürzt
er eines Morgens mit der ausgelassensten Freude
auf sein Zimmer, und ruft; » Liebster Doktor, Sie
» werden mir die Freiheit zu gute halten, womit ich

»so ungerufen in Ihr Zimmer eindränge — beson=
»ders nach dem, was zwischen uns vorgefallen ist,
»worin ich allerdings sehr zu tadeln war; aber
»meine dermalige Freude ist zu groß, als daß ich
»sie mit einem gewöhnlichen Bekannten theilen
»möchte. Ich mußte den Mann aufsuchen, der
»mein bester und frühester Freund und Wohlthäter
»war.« Den guten Goldsmith beschwichtigte die=
ser Eingang sogleich, und er hieß ihn fortfahren.

»Wissen Sie also, fuhr Pilkington fort, daß
»die Herzogin M** unter andern Grillen unlängst
»auf weisse Mäuse verfallen ist, für die sie
»eine ausnehmende Zuneigung affektiert. Zwei be=
»sitzt sie schon; seit mehreren Jahren steht sie sich
»nach zwei andern um, und hat große Summen,
»aber ohne Erfolg, dafür geboten. Als ich von
»diesem Penchant Ihrer Durchlaucht hörte, so bat
»ich einen Freund, der vor einigen Jahren nach
»Indien gieng, mir, wo möglich, ein Paar zu ver=
»schaffen. Er hat den Auftrag nicht vergessen, und
»eben sind die allerliebsten Thierchen am Bord des
»Indienfahrers Graf Chatham angelangt.«

· Dieses Mährchen war so plump ausgesonnen,
daß sich selbst Goldsmiths kindische Leichtgläubig=
keit Anfangs daran stieß. Aber Pilkington war

auf das Schlimmste gefaßt: er zog Augenblicks einen Pseudobrief von seinem Freunde hervor, worin ihm dieser von dem Einschiffen der weißen Mäuse, ihrer Größe und übrigen Eigenschaften Nachricht gab — kurz, der gute Doktor überzeugte sich so sehr von der Wahrheit der Lüge, daß er den Schalk freudig beglückwünschte, und äußerte: er hoffe, Pilkington werde diesen glücklichen Umstand als ein Mittel zu seiner künftigen Unabhängigkeit benutzen.

»Ja!« fieng dieser von neuem, mit einem tiefen Seufzer, an, »hier hat sich nur mein »Unstern abermals wider mich verschworen, denn »wenn ich nun auch die Mäuse habe, so fehlt's mir »doch noch an einem Käfig, sie gehörig zu verwah= »ren. Ihr wißt, dergleichen Dinge muß man ei= »ner Herzoginn immer mit einer gewissen Art über= »geben; und woher eine so große Summe nehmen? »— das weiß ich wahrlich eben so wenig, als wie »der Minister mit der Nazionalschuld will fertig »werden.

— Was kann solch ein Käfig kosten? fragte Goldsmith. — »Zwei Guineen.« — Wahrhaftig, Jack, da seid Ihr übel dran, denn ich habe jetzt in der Welt über nichts mehr als eine halbe Guinee zu disponiren. — »Doch, lieber Doktor, Ihr habt

» einander. Anfangs — fuhr er fort:— schämte
» ich mich würklich so sehr, diesen Burschen jemals
» gekannt zu haben, daß ich meinen Unwillen unter-
» drückte, und solche Dinge auf die Bahn brachte,
»von denen ich wußte, daß er ein Wort darüber
» zu sprechen wisse; auch zog er sich, um ihm Ge-
» rechtigkeit widerfahren zu lassen — ganz leidlich
» aus der Sache. Mit einmal aber zieht er, wie
» von einer plötzlichen Erinnerung getroffen, zwei
» Pakete aus der Tasche, übergiebt sie mir mit vie-
» ler Zeremonie und sagt: Hier, theurer Freund,
» überreiche ich Ihnen ein Viertelpfund Thee und
» ein Halbpfund Zucker! — denn ob ich gleich itzt
» außer Stande bin, Ihnen die zwei Guineen
» zurückzuzahlen, so sollen doch weder Sie noch ir-
» gend ein Mensch auf der Welt mir den Vorwurf
» der Undankbarkeit machen können. — Das war
» zuviel! schloß der Doktor; ich konnte meine Em-
» pfindlichkeit nicht länger im Zaum halten, sondern
» bat ihn, mein Zimmer unverzüglich zu verlassen
» — was er mit großer Kaltblütigkeit that, sei-
» nen Thee und Zucker wieder einsteckte, und sich
» in der Folge nie mehr bei mir sehen ließ. «

Lustig angeführt würde er auch eines Abends in
der Kugel in Fleetstreet, einer Taverne, die damals

von Goldsmith, Kelly, D. Kenrick, Glover, und andern Schöngeistern stark besucht wurde.
Der Doktor kam sehr ermüdet von einer Jagdpartie
in den Klub, und befahl ein Stück Schöpfenfleisch
aufzutragen. Er hatte den Mittag nicht gegessen,
und war hungrig wie ein Wolf. Sogleich hatten
Jene ihren Streich ausgedacht. Als der Braten
erschien, wandten sie ihre Nasen ab, und redeten
murmelnd die Stühle. Dies beunruhigte Goldsmith sogleich, und er frug hastig, ob seine Schö-
penfeule an ihrem Rückzuge Schuld sei. Anfangs wichen sie der Antwort aus; als er aber ernstlicher in sie
drang, versicherten sie einstimmig, sein Imbiß verbreite
einen unausstehlichen Geruch, und sie wunderten
sich, wie der Aufwärter wage, einem von ihnen
dergleichen Unrath vorzusetzen. Dies war genug
für unsern bon homme, er zog die Glocke,
schalt den Aufwärter heftig aus, und bestand zur
Vergeltung darauf (wozu ihm die Gesellschaft Beifall nickte), er selbst solle den Gestank zu sich nehmen. Der Aufwärter, der den Schnack nun begriff, setzte sich mit scheinbarem Widerwillen, und
verzehrte die Keule. Dadurch war der mächtige
Grimm des Doktors alsbald besänftigt; er befahl
ein frisches Abendbrot für sich, und einen Ma-

genschluck für den armen Teufel von Aufwärter,
damit er von dem faulen Braten nicht krank
würde.

Unter der Gesellschaft, welche die Kugel besuchte, war auch ein reicher Schweinhändler, ein
ehrlicher Menschenschlag, der sich auf seine Bekanntschaft mit Goldsmith nicht wenig zu Gute
that. Seine Art, ihm zuzutrinken, war immer
Diener, Noll! *) wills Euch gebracht haben, alter Junge!« Als er dies eines Abends in zahl-
reicherer Gesellschaft als gewöhnlich wiederholte,
flüsterte Glover Goldsmithen ins Ohr: Wie
ers doch zugeben könne, daß sich dieser Quidam
solche Freiheiten mit ihm herausnähme. »Laß es
gut sein, sagte Goldsmith, und sieh zu, mit welcher Artigkeit ich ihn zu Schanden machen will.«
Somit benutzte er bald hernach eine Pause in der
Unterhaltung, und rief laut: »Meister B. ich
habe die Ehre, auf Ihr Wohlsein zu trinken!
— Der Schweinhändler, ohne den Vorwurf zu
fühlen, nahm flugs die Pfeife aus dem Mund,
und antwortete herzhaft: »Schönen Dank, Noll!
schönen Dank!« — Wo bleibt Ihr Triumph,

---

*) Oliver.

...? rief ... Harte That, ... ; ich nach Virgil ... thun, denn ich hätte voraus wissen sollen, daß es ... in Wind zu ...

... in Gesellschaft ... Einst frug er mit Georg ... den berühmten Verfasser der »Geschichte ... Als ... ihn ... — ...

... einem solchen Gegner von ...

... Eine gewisse Einfalt, die ihr glauben machte, ... Alles und Jedes so gut als ein ... unter die vielen Sonderbarkeiten ... Kanzler Johnson ... : Es ... guter Doktor ganz ... spricht er lieber von Dingen, worinn ...

senheit ihm selber gar wohl bekannt ist, und wodurch er nothwendig zum Gelächter werden muß.
Als er sich einst mit zwei Stückgießern in Gesellschaft
befand, fieng er sehr gravitätisch an, mit ihnen über
den Bau einer Kanone zu verkehren, obgleich
Beide bald entdeckten, er wisse nicht einmal,
aus was für einem Metall eine Kanone gegossen
werde.

Noch ein Beispiel. Er befand sich eines Abends
im Klub der St. Jamesstraße, wo die Gesellschaft
eine Rede, die Burke eben im Parlament gehalten
hatte, sehr herausstrich. Mehr brauchte es nicht für
den feuerfangenden Goldsmith, der sogleich mit
der Behauptung heraus war: Alles dergleichen
Reden und Klingeln sei Kinderspiel, und er getrau
sich, aus dem Stegreif eine eben so gute Rede in
griechischer, lateinischer oder englischer Sprache zu
halten. Die Gesellschaft nahm ihn beim Wort, wollte sich aber mit einem Probestück im Englischen be-
gnügen. Der Doktor stieg flugs von seinem Stuhl
auf, konnte aber bey der sichtbarsten Verlegenheit
und Anstrengung kaum ein Paar Sentenzen heraus-
würgen. »Gut! — sagte er nach einer Pause;
»mein Schiff will so nicht vorwärts; aber laßt mich
»meine Rede zu Papier bringen« — Nicht also,

Herr Defter, sprechen die Tischgenossen ein; von Eurem Schriftstellertalent ist hier die Rede nicht; — zum Reden habt Ihr Euch anheischig gemacht. — Gut! gut! sagte Goldsmith; ich bin heute nicht bei Laune; ihr könnt euch aber doch darauf verlassen, daß solch Reden für einen Mann von Erziehung ein bloßes Kinderspiel ist. —

Zu solchen kleinen Schwachheiten gesellten sich bey Goldsmith die vortrefflichsten Eigenschaften. Er war von Natur so wohlthätig, daß er seine letzte Guinee mit dem Dürftigen theilte. Zwei oder drei arme Autoren waren stets seine Kostgänger, mitunter auch Wittwen und Hausarme; und wenn er den letztern kein Geld mehr zu geben hatte, so entließ er sie mit Hemden und alten Kleidern, ja bisweilen mit einem vollständigen Frühstück — wobey er nach ihrer Entfernung mit einem selbstzufriedenen Lächeln sagte: »Ich habe heute eine weit erquickendere Heimsuchung als gewöhnlich gehabt.«

Stets fand man ihn bereit, seinen Freunden und Bekannten durch Fürsprache, Empfehlungen u. s. w. Dienste zu leisten, und da er am Ende sehr viel in der großen Welt lebte, und von ihr geschätzt und geachtet wurde: so schlugen seine Verwendungen gar oft an, und er fand seine höchste

Belohnung darin, seine Pfleglinge glücklich zu sehen.

Der berühmte Johnson kannte ihn schon frühzeitig, da er noch mit seiner Armuth zu kämpfen hatte, und sprach stets mit eben so viel Achtung von seinem Herzen, als von seinem Talent. Goldsmith erwarb sich diese gute Meinung gewissermaaßen dadurch, daß er dem gefürchteten Doctor Doctorum fast nie widersprach; und Johnson seiner Seits belachte seine Sonderbarkeiten. Zu seiner Entschuldigung pflegte Goldsmith anzuführen: Es bringt keinen Segen, mit einem solchen Manne zu rechten; er gleicht dem tartarischen Reiter: wenn er euch nicht Stirn gegen Stirn wirft: so durchbohren euch sicher seine Stöße von hinten. In seinen Scherzreden vor Johnson hielt er jedoch weniger an sich, und that und sagte manches gleichsam cum Privilegio.

Fassen wir den ganzen Karakter unsers Dichters zusammen, so können wir ihn nicht besser darstellen, als in den beiden nachstehenden Porträts, die gleich nach seinem Tode erschienen, und von frappanter Aehnlichkeit sind:

»Hier ruhet von den Mühen des Lebens und seiner Werke ein Dichter, wie wir schwerlich bald

»inem, Zeitalter gebohren, wo das Verderben

» Ehrbrid ... ... Genie —

... zu schreiben. Bescheid

... der Menschen, ...

»Gemüthe ihr Gelächter und Freunde

»Ruhe und Ergötzung in dem Tönen seiner

... Leier ... seine Gedichte waren ein ...

... gegen ... seiner Zeit. ...

... mitten in der ... der

... nach ...

von

» von dem Zauber seiner Kunst bestochen, und sein
» Auge verrieth nur zu lebhaft, was sein Herz
» fühlte. «

» So sehr aber auch das heilige Feuer der
» Dichtkunst in ihm brannte, so blieb es doch stets
» sein Hauptzweck, durch Volksschriften zu wir-
» ken. Gleich dem leichtfüßigen Jäger verließ er
» die vordersten Reihen der Jagd, mischte sich ge-
» sellig unter den lärmenden Haufen, und entriß
» ihn durch einfache Lehre den Händen der Dumm-
» heit und der Arglist. Dabei war er so sanft
» und menschenfreundlich, daß er durch sein Be-
» tragen allein schon alle Herzen gewann; voll
» Einfalt und Wahrheit, voll Milde und Groß-
» muth; so offen sein Herz den Leiden seiner Brü-
» der. Nur wenn das Volk einen Götzen in un-
» verdientem Pompe dahertrug, dann entwich sein
» sanftmüthiger Duldungsgeist; er verleugnete sich
» selbst, und züchtigte mit possierlicher Strenge
» Vorzüge, von denen er für seinen Ruhm nicht
» das geringste zu befürchten hatte. Diese und
» ähnliche Schwachheiten machen den Schatten in
» seinem Gemälde.

» Sein Stil war voll Würde, Ausdruck und

»Geist, und das Ganze trug überall das Gepräge
»des sichern Meisters.

»Vernimm uns, seliger Geist, der du über
»den Sternen wandelst, wo a.. Einklang und
»Liebe ist. Wenn Du irgend noch einen Blick
»für Deine Brüder hast, so hinterlaß ihnen deine
»Rufe zum Erbtheil! Wir flehen dich darum an
»im Namen der Kunst und des alten englischen
»Ruhmes; im Namen der Wahrheit und der
»Tugend; zum Trost unsers finstern Zeitalters;
»zur Lehre und Begeisterung unserer nach Irrlich-
»tern jagenden Jugend. Sieh, was für geistlose
»Reimer uns umlärmen! was für sade Possen-
»reißer die Bühne herabwürdigen! welche bübische
»Romanrittler die Sitten der Zeit vergiften!
»O, schütz' uns vor diesen Plagen, unsterblicher
»Schatten! damit es dereinst nicht heiße:

»In Goldsmith haben Sie den letzten
    brittischen Dichter verscharrt.«

Nachstehende Skizze ward am Abende seines
Todes von einem Vertrauten aus dem Stegreif
aufgeworfen.

»In einer Zeit, wo Genie und Gelehrsamkeit
»so allgemein dem Ehrgeiz und der Gewinnsucht
»..., war es ein Trost für die Tu-

»gend und für uns, daß wir den Namen Gold=
»ſmith als eine glänzende Ausnahme aufſtellen
»konnten. ̄

»Früh ſchon eingeweiht in den Dienſt der
»Muſen, hatten ſeine Bedürfniſſe nie den minde=
»ſten unlautern Einfluß auf ſeine Schriften oder
»auf ſein Betragen; ſondern weil er die Würde
»ſeines edlen Berufs kannte und ehrte: ſo ge=
»brauchte er ſeine Dichtungsgabe allein dazu, die
»Wahrheit zu erheben und zu verherrlichen; und
»dies gelang ihm ſo ſehr, daß ſeine Schriften eben
»ſo ſehr den wohlwollenden Menſchenfreund, als
»den Mann von Genie ankündigen.

»Dies ſind einige Züge ſeines öffentlichen
»Karakters, den man rühmen und preiſen wird,
»ſo lange ein Laut der Brittenſprache noch tönt.
»Aber ach! ſein beſſerer und unſterblichſter Theil
»— der gute Menſch! kann nur eine Weile
»in dem Andenken ſeiner wenigen Vertrauten
»noch fortleben, die er zurückließ, ſein Hinſcheiden
»zu beweinen.

»Er beſaß von Natur einen alles beſiegenden
»Hang zu Tugend und Rechtſchaffenheit, und
»diente ihnen mit Freudigkeit und heroiſchem Feuer;
»war innig in der Freundſchaft, ſanft in Sitten

Betragen, des Wohlwollen und Barmherzigkeit, weich wie ein Kind, wohlthätig wie ein
» liebender Vater. Ja, selbst seine Schwachheiten
sind seinen Gebrechen vereinfachen mehr seinen
» Verstand, als daß sie ihn herabwürdigten; denn
so viel Beweise man anführen mag, daß er kein
» Weltmann war: so zeugen doch eben diese Beweise von der unbestreckten Reinheit seines Herzens.

» Ein Vertrauter, der die Güte und Freundlichkeit dieses Mannes genoß, und freudig bekennt,
» daß sie das Glück seines Lebens waren, entrichtet seinem Andenken diesen letzten Zoll aufrichtigen Danks. «

———

III.

Miszellaneen.

Der Abbé Raguenet in seiner Parallèle des Italiens et des François en ce que regarde la musique et les opéra, die 1704 herauskam, erzählt Wunderdinge von der damaligen Maschinenkunst der Italiäner. 1697 sah er in Turin, wie Orpheus die wilden Thiere um sich herum mit seinem Gesange bezauberte. Wilde Schweine, Löwen, Bären, waren aufs natürlichste nachgebildet; es war auch ein Affe dabei, der unzählige ganz allerliebste Späße machte; er sprang andern Thieren auf den Rücken, kratzte ihnen den Kopf, und machte hundert andere possierliche Affenstreiche. In Venedig erschien einst ein Elephant auf dem Theater; in einem Augenblick geht die ungeheure Maschine aus einander, und es steht eine Armee dafür da: die Soldaten hatten mit ihren Schilden den Elephanten aufs natürlichste vorgestellt. In Rom sah der Abbé 1698 ein weibliches Gespenst, von Garten umgeben, auf dem Theater Capranica erscheinen. Das Gespenst streckte die Arme aus, entfaltete seine Gewänder, und es bildete sich daraus die Facade eines vollständigen Pallastes, mit Flügeln und Allem, was zu einer bezaubernden Architektur gehört; die Garten steckten ihre Hauptbalken in den Boden, und es erschienen sogleich Blumen, Springbrunnen, und Wasserfälle, kurz ein köstlicher Garten vor dem Pallast.

Zur Zeit Karls IX., Königs von Frankreich, müssen die Tänze sehr steif und trocken gewesen seyn; wenigstens spielte man zu den Tanzbelustigungen bei Hofe — die Psalmen Davids. Der König selbst tanzte am allerliebsten nach den Worten des 129. Psalms: Sie haben mich gedränget von meiner Jugend an.

Ein großer Opernsänger in Paris ließ sich einmal die Schuhe von einem kleinen Savoyarden putzen. Da er ihn bezahlen wollte, schlug der Junge das Geld aus, und sagte: Collegen bezahlen sich einander nicht. Wie das? fragte der Sänger. — Ich bin, versetzte der Savoyard, eben so gut wie Sie bey der Oper angestellt: ich bin es, der die Ehre hat, den Teufel und den Amor zu spielen.

———————

In einer Privatvorstellung der Oper Piramo e Tisbe (Pyramus und Thisbe) nahm man zum Löwen einen Menschen, der keine Vorstellung vom Theater hatte. Nachdem man ihm endlich begreiflich gemacht hatte, wie er über das Theater gehn, und dann bey der Coulisse, bevor er abgehe, einen Augenblick verweilen solle, richtete er seinen Auftrag so gut aus, daß er seine Freude nicht bergen konnte, sondern in dem Augenblicke des Verweilens sich gegen das Orchester wandte, und zu einem Bekannten unter den Musikern laut sagte: »Nun, Herr **, mach' ich's so recht?«

———————

Auf einem Theater in Paris sang einst ein sehr schlechter Sänger, mit schwacher Stimme und wenig Athem, eine sehr lange und schwere Bravurarie. Das ganze Publikum sehnte sich nach dem Ende, und pochte ihn reichlich aus. Eine Stimme nur rief: Da Capo. Der Sänger dadurch einigermaßen getröstet, ergriff den Ruf mit Freuden, machte seinen Bückling und begann die Arie noch einmal, trotz allem Toben der Uebrigen. Da sie zum zweitenmale zu Ende war, und Alles von neuem pfiff und zischte, so rief die nämliche Stimme noch einmal ganz ernsthaft: Da Capo. Nun ward man aber ungeduldig; man lärmte, schrie, und der Schreyer half endlich Allen aus dem Traum je voulais faire crever cette canaille, (ich wollte, die Canaille sollte platzen) rief er.

———

Pradon, den Kabale einem Racine entgegenstellte, war der dummste Teufel von der Welt. Der Prinz Conti spöttelte einst über ihn, daß er eine europäische Stadt nach Asien verlegt habe. — Ah, sagte Pradon, Ihre Hoheit entschuldigen

»mich: ich habe mich niemals auf Chronologie
» gelegt.«

———

Philipp, Alexanders des Großen Vater,
hatte einen blutigen Feldzug in Thracien beendigt,
und die Stadt Olynthus geschleift. Er feierte
deswegen Spiele, wozu die vortrefflichsten griechischen Künstler von jeder Art waren entboten worden. Ein prächtiges Gastmahl beschloß diese Vergnügungen. Hier, trunken von seinem Siege und
äußerst fröhlich, bemühte sich der König, den
Wünschen aller Anwesenden zuvor zu kommen,
und sie mit Wohlthaten und Versprechungen
zu überhäufen. Satyrus allein, ein vortreff-
licher komischer Schauspieler, saß stumm. Philipp bemerkte es, und machte ihm Vorwürfe.
» Was soll Das? fragte er ihn, zweifelst du an
» meiner Großmuth? an meiner Achtung? Hast
du keine Gnade von mir zu bitten?« — Wohl,
erwiederte Satyrus, eine, die allein von dir
abhängt; aber ich fürchte, du gewährst sie mir
nicht. — » Rede, sagte der König, ich gewähre
Alles, was du verlangst.«

»Ich war, fuhr Satyrus fort, Anfreund
»und Vertrauter des Apellephanes von Pydna.
»Verläumdungen haben ihn ums Leben gebracht.
»Er hinterließ zwei sehr junge Töchter. Ihre
»Verwandten brachten sie nach Olynth in Sicher-
»heit; sie sind jetzt in Ketten; sie sind in deiner
»Gewalt; ich erbitte sie mir von dir. Ich habe
»keine andere Absicht dabei, als ihre Ehre. Ich
»will ihnen Männer suchen, sie ausstatten, und
»sie verhindern, etwas ihres Vaters und seines
»Freundes Unwürdiges zu thun.«

·— Der Saal ertönte von verdienten Lobsprüchen;
und die schönen Gefangenen wurden befreit; obgleich Apellephanes Philipps Bruder getödtet haben sollte.

— — — —

Von den Goties oder Sotisen.

Eine Art öffentlicher Sittenschulen sind, wie
es scheint, französische Dramen gewesen, die unter
dem Namen der Sotisen oder Goties bekannt sind.

Ihre Entstehung fällt in die Regierung Karls
VI. (er starb 1422). Sie wurden von einer

Geſellſchaft junger Leute geſtiftet, die unter dem
Namen der Enſans ſans ſoucy ſich vereinten,
und deren Direktor Prince oder Roi des Sots
hieß, wahrſcheinlich deshalb, weil er auf die Thor=
heiten des menſchlichen Geſchlechts ſein Reich grün=
den wollte. Sie ſelbſt ſchrieben und ſpielten Stü=
cke, die darinn den bekannten Moralitäten glichen,
daß auch in ihnen bloß allegoriſche Weſen auftra=
ten, wie Le Monde, Abus, Sot diſſolu,
Sot glorieux, Sot corrompu, Sot trom-
peur, Sot ignorant, Sotte ſolle, Sotte
commune, Sotte occaſion, Sotte Fiance,
oder Benefice grand, Benefice petit, Vou-
loir extraordinaire, Seigneur de Ioye,
Seigneur du plat d'argent, Abbé de platte bourſe u. dgl. Aber ſie wichen darin ganz
von den Moralitäten ab, daß ſie nicht, wie
dieſe, gleichſam Moral lehren, ſondern Gebrechen
und Laſter züchtigen wollten. Nach den übrig
gebliebenen Stücken der Art zu ſchließen, ver=
ſchonten ſie weder die Geiſtlichkeit, noch den
König ſelbſt, wenigſtens nicht Ludwig XII.
Seine Sparſamkeit ward nicht ſelten in den
Soties durch die Hechel gezogen; aber er dul=
dete das, wie ein weiſer Fürſt, und verlangte

⋅⋯⋯ Ausnahme. M. f. ⋯⋯ Theorie der ſch.
R: ⋯ ⋯.

―――

Das ⋯ ⋯ Originalluſtſpiel *) iſt
das ſchon eben erwähnte, Gammer Gurton's
Needle (Mutter Gurtens Nadel) das 1551 erſchien. Die Verwicklung beruht auf einer Näh-
nadel, die Frau Gammer Gurton beim Ausbeſ-
ſern der Sonntagshoſe ihres Knechtes verloren hat.
Ihre Klagen darüber veranlaſſen den Diccon,
einen herumziehenden Tagdieb (Bedlam, der Harlekin des Stücks,) ſie mit ihrer Nachbarinn, Dame Chat (Mutter Plaudertaſche), zuſammenzu-
heßen. Der Zank endigt mit einer herzhaften
Schlägerei. Mutter Gurton läßt man einen
Prieſter, Doktor Rat, ihren Rathgeber, kommen, der von denſelben Spaßvogel überredet wird,
zur Entdeckung des Diebſtahls, durch ein Loch in
das Haus der Frau Chat zu kriechen. Dieſe
aber hat wieder der Schelm ſchon davon unterrichtet;
ſie und ihre Leute paſſen dem Prieſter auf, und

_____

*) Es kann überhaupt für das älteſte neuere Origi-
nalluſtſpiel gelten.

er wird, wie ein Dieb, mit einer Tracht Schlä=
ge heimgeschickt. Die Sache kommt endlich vor
den Richter, und Diccon gesteht seine Streiche
ein. Jetzt, da er einen, seinem Charakter gemä=
ßen, Eid auf die ledernen Hosen des Knechts thun
soll, giebt er diesem (denn der Knecht hat sie an)
einen tüchtigen Schlag auf den Hintern, und
treibt so die Nadel quaestionis, die in den
Beinkleidern selbst steckt, dem armen Teufel so
tief ins Fleisch, daß sich nun Alles sogleich auf=
klärt und entwickelt.

Die Posse ist mit Musik und Gesang verbun=
den. Der zweite Akt eröffnet sich mit einem Lie=
de. Das Stück ist, wenn gleich nicht so anstän=
dig, doch viel komischer und unterhaltender, als
die, ohngefähr zu derselben Zeit erschienene er=
ste französische Komödie, Eugéne. Es stellt
Sitten gemeiner Menschen, aber äußerst leben=
dig, dar. Sulzer a. a. O.

III. Mischmaschen.

Pyramus und Thisbe,
von Shakspeare.

Probe aus Aug. Wilh. Schlegels neuer
Verdeutschung, 1. Th. 1797.

In Shakspeare's: Sommernachts-
traum will eine Gesellschaft von tölpischen Handwer-
kern am Hochzeittage des Herzogs von Athen, Theseus,
eine Komödie im herzoglichen Pallast aufführen. Sie
kommen deswegen vorher zusammen. Es sind

 Squenz, ein Zimmermann.

 Schnock, ein Schreiner.

 Zettel, ein Weber.

 Flaut, ein Bälgenflicker.

 Schnauz, ein Kesselflicker, und

 Schlucker, ein Schneider.

 Die Scene ist eine Stube in einer Hütte.

Squenz. Ist unsere ganze Kompagnie bei-
sammen?

Zettel. Es wäre am besten, ihr rufet auf
einmal Mann für Mann auf, wie es die Liste
giebt.

Squenz. Hier ist der Zettel von jedermanns
Namen, der in ganz Athen für tüchtig gehalten
wird, in unserm Zwischenspiel vor dem Herzog und

der Herzogin zu agiren, an seinem Hochzeittag' zu Nacht.

Zettel. Erst, guter Peter Squenz, sag' uns, wovon das Stück handelt; dann lies die Namen der Akteurs ab, und komm' so zur Sache.

Squenz. Wetter, unser Stück ist — die höchst klägliche Komödie und der höchst grausame Tod des Pyramus und der Thisbe.

Zettel. Ein sehr gutes Stück Arbeit, ich sag's euch! und lustig! — Nun, guter Peter Squenz, ruf' die Akteurs nach dem Zettel, auf. — Meisters, stellt euch aus einander!

Squenz. Antwortet, wie ich euch rufe! Klaus Zettel, der Weber!

Zettel. Hier! Sagt, was ich für einen Part habe, und dann weiter.

Squenz. Ihr, Klaus Zettel, seid als Pyramus angeschrieben.

Zettel. Was ist Pyramus? Ein Liebhaber, oder ein Tyrann?

Squenz. Ein Liebhaber, der sich auf die honetteste Manier vor Liebe umbringt.

Zettel. Das wird einige Thränen kosten bei einer wahrhaftigen Vorstellung. Wenn ichs mache, laßt die Zuhörer nach ihren Augen sehn. Ich

will Sturm kriegen; ich will einigermaßen la-
mentiren.   Nun zu den übrigen: — eigentlich
habe ich doch das beste Genie zu einem Tyrannen;
ich könnte einen Herkles trefflich spielen, oder
eine Rolle, wo man alles kurz und klein schlagen
muß.

> Der Felsen Schooß
> Und toller Stoß
> Zerbricht das Schloß
> > Der Kerkerthür,

> Und Phöbus Karr'n
> Kommt angefahr'n,
> Und macht erstarr'n
> > Des stolzen Schicksals Zier;

Das ging prächtig. — Nun nenne die übrigen
Akteurs. — Dies ist Herkuleens Natur, eines
Tyrannen Natur; ein Liebhaber ist schon mehr
lamentabel.

Squenz. Franz Flaut, der Bälgenflicker!

Flaut. Hier, Peter Squenz.

Squenz. Flaut, ihr müßt Thisbe über euch
nehmen.

Flaut. Was ist Thisbe? ein irrender Ritter?

Squenz.

Squenz. Es ist das Fräulein, das Pyramus lieben muß.

Flaut. Ne, meiner Seel', laßt mich keine Weiberrolle machen; ich kriege schon einen Bart.

Squenz. Das ist alles eins! Ihr sollt's in einer Maske spielen, und ihr könnt so fein sprechen, als ihr wollt.

Zettel. Wenn ich das Gesicht verstecken darf, so gebt mir Thisbe auch. Ich will mit 'ner terribel feinen Stimme reden: » Thisne, Thisne! — Ach Pyramus, mein Liebster schön! Deine Thisbe schön, und Fräulein schön!«

Squenz. Nein, nein! ihr müßt den Pyramus spielen, und, Flaut, ihr die Thisbe.

Zettel. Gut; nur weiter!

Squenz. Matz Schlucker, der Schneider!

Schlucker. Hier, Peter Squenz.

Squenz. Matz Schlucker, ihr müßt Thisbe's Mutter spielen. Thoms Schnauz, der Kesselflicker.

Schnauz. Hier, Peter Squenz.

Squenz. Ihr des Pyramus Vater; ich selbst Thisbe's Vater; Schnock, der Schreiner, ihr des Löwen Rolle. Und so wäre dann halt 'ne Komödie in den Schick gebracht.

Schnock. Habt ihr des Löwen Rolle aufgeschreiben? Wißt euch, wenn ihr sie habt, so gebt sie mir; denn ich habe einen schwachen Kopf zum Leiden.

Squenz. Ihr könnt sie einander machen: es ist nichts als brüllen.

Zettel. Laßt mich den Löwen auch spielen. Ich will brüllen, daß es einem Menschen im Leibe wohl thun soll, mich zu hören. Ich will brüllen, daß der Herzog sagen soll: Noch 'mal brüllen! noch 'mal brüllen!

Squenz. Wenn ihr es gar' zu fürchterlich machtet, so würdet ihr die Herzogin und die Damen erschrecken, daß sie schrieen, und das brächte euch alle an den Galgen.

Alle. Ja, das brächte uns an den Galgen, wie wir sind.

Zettel. Zugegeben, Freunde! Wenn ihr die Damen erst so erschreckt, daß sie um ihre fünf Sinne kommen, so werden sie vernünftig genug seyn, uns aufzuhängen. Aber ich will meine Stim-me forciren, ich will euch so sanft brüllen, wie ein saugendes Täubchen; — ich will euch brüllen, als wär es 'ne Nachtigall.

Squenz. Ihr könnt keine Rolle spielen, als den Pyramus: Denn Pyramus ist ein Mann mit einem süßen Gesicht, ein hübscher Mann, wie man ihn nur an Festtagen verlangen kann, ein charmanter, artiger Kavalier. Derhalben müßt ihr platterdings den Pyramus spielen.

Zettel. Gut, ich nehm's auf mich. In was für einem Bart könnt' ich ihn wohl am besten spielen?

Squenz. Nu, in was für einem ihr wollt.

Zettel. Ich will ihn machen, entweder in dem strohfarbenen Bart, oder in dem orangegelben Bart, oder in dem carmesinrothen Bart, in dem ganz gelben.

Squenz. Hier, Meisters, sind eure Rollen; und ich muß euch bitten, ermahnen, und ersuchen, sie bis morgen Nacht auswendig zu wissen. Trefft mich in dem Schloßwalde, eine Meile von der Stadt, bei Mondschein, da wollen wir probiren —

Zettel. Wir wollen kommen, und da können wir recht unverschämt und herzhaft probiren. Gebt euch Mühe! könnt eure Rollen perfekt; Adieu!

Squenz. Bei des Herzogs Eiche treffen wir uns.

Zettel. Dabei bleibts! es mag biegen oder brechen!

Die Probe, und was sich dabei zutrug, über-
gehen wir, und eilen zu der Vorstellung selbst *)
Die Scene ist ein Zimmer des Herzogs Theseus,
die Zuschauer sind er und sein Hof. Trompeter
kündigen den Prolog an.

Der Prolog tritt auf.

Prolog.

»Wenn wir mißfallen thun, so ist's mit gutem Willen.

» Der Vorsatz bleibt doch gut, wenn wir ihn
nicht erfüllen.

»Zu zeigen unsre Pflicht durch dieses kurze
Spiel,

» Das ist der wahre Zweck von unserm End'
und Ziel.

»Erwäget also denn, warum wir kommen
seyn.

»Wir kommen nicht, als sollt' ihr euch daran ergötzen;

» Die wahre Absicht ist — zu eurer Lust
allein

---

*) Hier ist meist Wielands Uebersetzung beibe-
halten.

»Sind wir nicht hier — daß wir in Reu'
und Leid euch ſetzen.

»Die Spieler ſind bereit: wenn ihr ſie werdet ſehen,

»Verſteht ihr alles ſen, was ihr nur wollt
verſtehen.

Theſeus. Dieſer Burſche nimmt's nicht ſehr
genau.

Lyſander. Er hat ſeinen Prolog geritten,
wie ein wildes Füllen; er weiß noch nicht, wo er
Halt machen ſoll. —

Hippolyta. In der That, er hat auf ſei-
nem Prolog geſpielt, wie ein Kind auf der Flöte.
Er brachte wohl einen Ton heraus, aber keine
Note.

Theſeus. Seine Rede war wie eine verwi-
ckelte Kette: nichts zerriſſen, aber alles in Unordnung. Wer kommt zunächſt?

Pyramus, Thisbe, Wand, Mondſchein
und Löwe treten als ſtumme Perſonen auf.

Prolog.

»Was dieß bedeuten ſoll, das wird euch
wundern müſſen:

»Die Wahrheit alle Ding' stellt an das Licht
  herfür.

»Der Mann ist Pyramus, wofern ihr es
  wollt wissen;

»Und dieses Fräulein schön ist Thisbe, glaubt
  es mir.

»Der Mann mit Mörtel hier und Leimen
  soll bedeuten

»Die Wand, die garst'ge Wand, die ihre
  Lieb' that scheiden.

»Doch freut es sie, dreb auch sich niemand
  wundern soll,

»Wenn durch die Spalte klein sie konnten
  flüstern wohl.

»Der Mann da mit Latern und Hund und
  Busch von Dorn,

»Den Mondschein präsentirt; denn, wann
  ihr's wollt erwägen:

»Bey Mondschein hatten die Verliebten sich
  verschwor'n,

»Zu gehn nach Nini Grab, um dort der
  Lieb' zu pflegen.

»Dieß gräßlich wilde Thier, mit Namen
  Löwe groß,

»Die treue Thisbe, die des Nachts zuerst
  gekommen,

» Thät scheuchen, ja vielmehr erschrecken, daß
sie bloß

» Den Mantel fallen ließ, und drauf die
Flucht genommen.

» Drauf dieser schnöde Löw' in seinen Rachen
nahm,

» Und ließ mit Blut befleckt den Mantel so
besam.

» Sofort kommt Pyramus, ein Jüngling
weiß und roth,

» Und find't den Mantel da von seiner Thisbe todt;

» Worauf er mit dem Deg'n, mit blutig bö-
sem Degen,

» Die blutge heiße Brust sich tapferlich durchstach;

» Und Thisbe, die indeß im Maulbeerschat-
ten g'legen,

» Zog seinen Dolch heraus, und sich das
Herz zerbrach.

» Was noch zu sagen ist, das wird, glaubt
mir fürwahr!

» Euch Mondschein, Wand und Löw' und
das verliebte Paar,

» Der Läng' und Breite nach, so lang' sie
hier verweilen,

» Erzählen, wenn ihr wollt, in ungereim-
ten Zeilen. «

Freunde, Thiere, Löwe und Mondschein ꝛc.

Theseus. Mich nimmt Wunder, ob der Löwe sprechen wird.

Demetrius. Kein Wunder, gnädiger Herr:
ein Löwe kann es wohl, da so viele Esel es thun.

Wand.

» In dem besagten Stück es sich zutragen
          thut,

» Daß ich, Thoms Schnauz' genannt, die
          Wand vorstelle gut,

» Und eine solche Wand, woran ihr sollet
          halten,

» Sie sey durch einen Schlitz recht durch
          und durch gespalten,

» Wodurch der Pyramus, und seine Thisbe
          sein,

» Oft flüsterten fürwahr ganz leis' und ins-
          geheim.

» Der Mörtel und der Lehm und dieser Stein
          thut zeigen,

» Daß ich, bin diese Wand, ich will's euch
          nicht verschweigen.

»Und dieß die Spalte ist, zur Linken und
zur Rechten,
»Wodurch die Buhler, zwey sich thäten wohl
besprechen.«

Theseus. Kann man verlangen, daß Leim
und Haar besser reden sollten?

Demetrius. Es ist die witzigste Abtheilung,
die ich jemals vortragen hörte.

Theseus. Pyramus geht auf die Wand
los. Stille!

Pyramus.

»O Nacht, so schwarz von Farb', o grimm-
erfüllte Nacht!
»O Nacht, die immer ist, sobald der Tag
vorbey!
»O Nacht! O Nacht! O Nacht! ach! ach!
ach! Himmel! ach!
»Ich fürcht', daß Thisbe's Wort vergessen
worden sey.
»Und du, o Wand, o süß' und liebenswer-
the Wand!
»Die zwischen unsrer beyden Eltern Haus
thut stehen,
»Du Wand, o Wand, o süß und liebens-
werthe Wand!

»Zeig deine Spalte mir, daß ich dadurch
mag sehen.

Wand hält die Finger in die Höhe.

»Hab' Dank, du gute Wand! der Himmel
lohn' es dir!

»Jedoch, was seh' ich dort? Thisbe, die seh'
ich nicht.

»O böse Wand, durch die ich nicht seh' meine Zier,

»Verflucht seyn deine Stein', daß du so äf-
fest mich.«

Theseus. Mich deucht, die Wand müßte
wieder fluchen, da sie Empfindung hat.

Pyramus. Nein, fürwahr, Herr, das muß
er nicht. »Aeffest mich« ist Thisbe's Stichwort;
sie muß hereinkommen, und ich muß sie dann durch
die Wand ausspioniren. Ihr sollt sehen, es wird
just zutreffen, wie ich euch sage. Da kommt sie
schon

Thisbe kommt.
Thisbe.

»O Wand, du hast schon oft gehört das
Seufzen mein,

»Dein'n schönsten Pyramus weil du so
trennst von mir.

» Mein rother. Mund hat oft geküsset deine
Stein',

» Dein' Stein', mit Leim und Haar geküttet
auf in Dir.

Pyramus.

» Ein' Stimm' ich sehen thu'; ich will zur
Spalt und schauen,

» Ob ich nicht hören kann meiner Thisbe
Antlitz klar.

» Thisbe! «

Thisbe.

» Dies ist mein Schatz, mein Liebchen ists
fürwahr!

Pyramus.

» Denk', was du willst, ich bin's; du kannst
mir sicher trauen.

» Und gleich Limander bin ich treu in meiner
Pflicht. «

Thisbe.

» Und ich gleich Helena, bis mich der Tod
ersticht.

Pyramus.

» So treu war Schefelus einst seiner Procrus
nicht.

Thisbe.

»Wie Procrus Schestus liebt, lieb' ich dein
Angesicht.

Pyramus.

»O küß mich durch das Loch von dieser garsti-
gen Wand!«

Thisbe.

»Dein Kuß reißt nur das Loch, nicht deiner
Lippen Rand.

Pyramus.

»Willst du bei Nickels Grab heut Nacht mich
treffen an?

Thisbe.

Sey's lebend oder todt, ich komme, wenn ich
kann.

Wand.

»So hab' ich Wand nunmehr meinen Part
gemachet gut.

»Und nun sich also Wand hinwegbegeben thut.

Wand, Pyramus und Thisbe ab.

Theseus. Nun ist also die Wand zwischen den
beiden Nachbarn nieder.

Demetrius. Das ist nicht mehr als billig,
gnädiger Herr, wenn Wände Ohren haben.

Hippolyta. Das ist das einfältigste Zeug, das ich jemals hörte.

Theseus. Das beste in dieser Art ist nur Schattenspiel, und das schlechteste ist nichts schlechteres, wenn die Einbildungskraft nachhilft.

Hippolyta. Das muß denn eure Einbildungskraft thun, und nicht die ihrige.

Theseus. Wenn wir uns nichts Schlechteres von ihnen einbilden, als sie sich selbst: so mögen sie für vortreffliche Leute gelten. Hier kommen zwei edle Thiere herein, ein Mond und ein Löwe.

Löwe und Mondschein treten auf.

Löwe.

» Ihr Fräulein, deren Herz fürchtet die kleinste Maus,

» Die in monströser Gestalt thut auf dem Boden schweben,

» Mögt itzo zweifelsohn' erzittern und erbeben;

» Wenn Löwe, rauh von Wuth, läßt sein Gebrüll heraus.

» So wisset denn, daß ich Hans Schnock, der Schreiner, bin,

» Kein böser Löw' fürwahr, noch eines Löwen Weib;

-   »Denn wär ich als ein Löw', und hätte
                    Harm im Sinn,
    »So daurte, meiner Treu', mich mein ge-
                    sunder Leib.

Theseus. Eine sehr häßliche Bestie, und sehr
gewissenhaft.

Demetrius. Das Beste von Bestien, gnädiger Herr, was ich je gesehn habe.

Lysander. Dieser Löwe ist ein rechter Fuchs
an Herzhaftigkeit.

Theseus. Wahrhaftig, und eine Gans an
Klugheit.

Demetrius. Nicht so, gnädiger Herr; denn
seine Herzhaftigkeit kann sich seiner Klugheit nicht
bemeistern, wie der Fuchs einer Gans.

Theseus. Ich bin gewiß, seine Klugheit kann
sich seiner Herzhaftigkeit nicht bemeistern; denn eine
Gans bemeistert sich keines Fuchses. Wohl! über-
laßt es seiner Klugheit, und laßt uns auf den
Mond horchen.

                    Mond.
'Den reichgehörnten Mond d' Latern j' er-
                    kennen giebt.

Demetrius. Er sollte die Hörner auf dem
Kopfe tragen.

Theseus. Er ist ein Vollmond; seine Hörner stecken unsichtbar in der Scheibe.

Mond.

» Den wohlgehörnten Mond d' Latern z' erkennen giebt;

» Ich selbst den Mann im Mond, wofern es euch beliebt.

Theseus. Das ist noch der größte Verstoß unter allen; der Mann sollte in die Laterne gesteckt werden; wie ist er sonst der Mann im Monde?

Demetr. Er darf es nicht wegen des Lichtes. Er würde es in Feuer und Flammen setzen.

Hippolyta. Ich bin diesen Mond satt; ich wollte, er wechselte.

Theseus. Das kleine Licht seiner Vernunft zeigt, daß er im Abnehmen ist. Aber doch, aus Höflichkeit und der Ordnung wegen, müssen wir die Zeit ausdauern.

Lysander. Sprich weiter, Mond!

Mond.

Alles, was ich zu sagen habe, ist, euch zu melden: daß diese Laterne der Mond ist; ich der Mann im Monde; dieser Dornbusch, mein Dornbusch; und dieser Hund, mein Hund.

Demetrius. Alle diese Dinge sollten also

— — — deren — — seyn, — sie sind im Monde.
Doch still! hier kommt Thisbe.

Thisbe tritt auf.

Thisbe.

»Dies ist ja Nickels Grab; wo ist mein
Liebchen denn?

Löwe.

Oh!

Der Löwe brüllt, Thisbe läuft davon.

Demetrius. Gut gebrüllt, Löwe!

Theseus. Gut gelaufen, Thisbe!

Hippolyta. Gut geschienen, Mond! —
In der That, der Mond scheint mit vielem Anstande.

Theseus. Gut gezaust, Löwe!

Der Löwe zerreißt den Mantel der Thisbe;

Demetr. Und da kam Pyramus.

(Pyramus kommt.)

Lysander. Und da verschwand der Löwe.

Löwe ab

Pyramus.

»Ich dank' dir, süßer Mond, für deine
Sonnenstralen,

»Die

»Die also hell und schön den Erdenball be-
                    mahlen.

»Dieweil bey deinem Gold und funkelnd sü-
                    ßem Licht,

»Zu kosten ich verhoff' mein'r Thisben An-
                    gesicht.

»Doch halt, o Pein!

» Was soll dieß seyn?

          »Was für ein Graus ist dieß?

»Aug' siehst du noch?

»O schweres Joch!

          » Mein Herz, mein Liebchen süß,

»Dein Mantel gut

»Befleckt mit Blut!

          » Ihr Furien kommt im Trab

» Herbey, und rächt,

»Und löscht, und brecht

          »Den Lebensfaden ab.«

Theseus. Dieser Jammer und der Tod eines werthen Freundes sollten einen Menschen schon
zum Trauern bringen.

Hippolyta. Bey meiner Seele, ich bedaure
den Mann.

Pyramus.

»Warum denn, o Natur, thätst du den Lö-
          wen bauen?
»Weil selbst' ein schnöder Low' mein' Lieb' hat
          deflorirt.
»Sie, welche ist — nein, war — die schön-
          ste aller Frauen,
»Die je des Tages Glanz mit ihrem Schein
          geziert.

»Kommt, Thränenschaar!
»Aus, Schwert! durchfahr'
     »Die Brust dem Pyramus!
»Die linke hier,
»Wo's Herz hüpft mir;
     »So sterb ich denn, so, so!
»Nun todt ich bin,
»Der Leib ist hin,
     »Die Seel' speist Himmelsbrot.
»O Zung', lisch aus!
»Mond, lauf nach Haus!
     »Nun, todt, todt, todt, todt, todt!
               Er stirbt. Mondschein ab.

Hippolyta. Wie kommt's, daß der Mondschein weggegangen ist, ehe Thisbe zurückkommt, und ihren Liebhaber findet?

Theseus. Sie wird ihn bey'm Sternenlicht finden. — Hier kommt sie; (Thisbe kommt.) und ihr Jammer endigt das Spiel.

Hippolyta. Mich däucht, sie sollte keinen langen Jammer für solch' einen Pyramus nöthig haben; ich hoffe, sie wird sich kurz fassen.

Demetr. Eine Motte wird in 'der Wage den Ausschlag geben, ob Pyramus oder Thisbe mehr taugt.

Lysander. Sie hat ihn schon mit ihren süßen Augen ausgespäht.

Demetr. Und so jammert sie, folgendergestalt.

Thisbe.

»Schläfst du, mein Kind?
»Steh' auf geschwind!
　　》Wie, Täubchen, bist du todt?
　》O sprich! o sprich!
》O rege dich!
　　》Ach! todt ist er! O Noth!
》Dein Lilienmund,
》Dein Auge rund,

»Wie Sonnenlicht frisch und grün, «

  »Dein' Kirschennas',

  »Dein' Wangen bleich,

    »Die wie ein Goldlack blühn,

  »Soll nun ein Stein

    »Drücken seine.

      »O klopf' mein Herz und brich!

  »Ihr Schwestern drey!

    »Kommt, kommt herbey,

      »Und legt Hand an mich:

  »Zung', nicht ein Wort!

  »Kom Dolch, mach' fort!

    »Zerreiß des Busens Sehner.

  »Lebe wohl ihr Herren!

  »Ich scheide gern.

    »Ade, Ade, Ade.

Sie stirbt.

Theseus. Mondschein und Löwe sind übrig geblieben, um die Todten zu begraben.

Demetr. Ja, und die Wand auch.

Zettel. Nein, wahrhaftig nicht; die Wand ist niedergerissen, die ihre Väter trennte. Beliebt es euch, den Epilog zu sehn? —

Theseus. Keinen Epilog, ich bitte euch; euer Stück bedarf keiner Entschuldigung. Wenn alle Schauspieler todt sind, braucht man keinen zu tadeln. Meiner Treu, hätte der, der es geschrieben hat, den Pyramus gespielt, und sich in Thisbe's Strumpfband aufgehängt, so wär' es eine schöne Tragödie gewesen. —

Wer sollte denken, daß der Verfasser dieser Szenen auch der der folgenden sei?

Shakespear's Heinrich der Sechste, 3. Akt. 3. Auftritt. *)

Szene: Beaufords Schlafzimmmer.

Heinrich VI., Salisbury und Warwick treten herein, und an das Bette des Kardinals.

Heinrich. Wie gehts, Mylord? — Antworte mir, deinem Könige, Beauford!

---

*) Kardinal Beauford, Bischof von Winchester, hatte aus Neid, mit mehreren Großen verbunden, den braven Herzog von Gloucester, Heinrichs VI. Oheim und Protektor von England, während Heinrichs Minderjährigkeit, des Hochverraths angeklagt, ihn, als schuldig, einziehn, und bald

Kardinal. Bist du der Tod, so will ich
dir Englands Schätze geben, genug, um noch eine
solche Insel zu kaufen, wenn du mich leben lassen
und von meiner Marter befreyen willst.

Heinrich. Ach! welch Zeichen eines bösen
Lebens, wenn die Annäherung des Todes einem
so schrecklich dünkt.

Warwick. Beaufort, es ist dein König, der
mit dir spricht.

Kardinal. Bringt mich vor Gericht, wenn
ihr wollt — Starb er nicht auf seinem Bette?
— Wo soll' er denn sterben? — Kann ich
Leute beim Leben erhalten, sie mögen wollen oder
nicht? — O! quäle mich nicht länger; ich will
bekennen — Wieder lebendig? So zeigt mir,
wo er ist; tausend Pfund geb' ich dafür, ihn nur
Einmal zu sehen — Er hat keine Augen; der
Staub hat sie blind gemacht — kämmt sein

_____

darauf, durch heimliche Mörder, in seinem
Bette, erdrosseln lassen. Nicht lange nachher
wird er tödtlich krank, und die obige Scene ist
die letzte seines Lebens. Heinrich VI. hat von
seiner plötzlichen Krankheit gehört, und besucht
ihn. Ich gebe Eschenburgs Uebersetzung.

Haar herunter; seht! seht! es steht empor gesträubt, wie Leimstangen, die aufgestellt sind, meine beflügelte Seele zu fangen. — Gebt mir zu trinken, und laßt den Apotheker mir das starke Gift bringen, das ich von ihm kaufte.

Heinrich. O du ewiger Beherrscher des Himmels, blicke mit gnädigem Auge auf diesen Elenden! O, treibe den geschäftigen laurenden Feind zurück, der die Seele dieses Unglücklichen stark belagert, und nimm die schwarze Verzweiselung aus seiner Brust hinweg!

Warwick. Seht, wie die Verzuckungen des Todes ihn grinsen machen.

Salisbury. Stört ihn nicht; laßt ihn in Frieden dahinfahren.

Heinrich. Friede sey mit seiner Seele, wenn es Gottes heiliger Wille ist! — Lord Kardinal, wenn du an die himmlische Freude gedenkst, so hebe deine Hand auf, und gieb ein Zeichen deiner Hoffnung — Er stirbt, und giebt kein Zeichen. — O Gott, vergieb ihm!

Warwick. Solch ein böser Tod ist der Beweis eines abscheulichen Lebens.

Heinrich. Richte nicht; denn wir sind alle Sünder. Drück' ihm die Augen zu; ziehe den

Umhang dicht umher, und läßt uns alle im Stich
im darüber nachbrüten.　　　　　(Sie gehn.)

———

-Voltäre konnte nit rein loben. Am liebsten lobte er gar nicht. Gebot es ihm indeß die öffentliche Meinung, so lobte er halb und zweideutig. Hamiltons *) Urtheil über Boileau:

'— Sa Muse a toujours quelque malignité,
Et vous caressant d'un côté,
Vous égratignerait de l'autre,

paßt vollkommen auf ihn. So lobte er Metastasio's Werke. Ces pieces sont pleines de cette Poësie d'expression et de cette Elegance continue, qui embellissent le naturel sans jamais le charger. Was sagt er hier von Metastasio, als Künstler, als dramatisches Genie? Nichts; gar nichts. Poetischen Ausdruck, Eleganz und Natürlichkeit können auch Leute haben, die gar keine Genies sind. Bisweilen scheint Voltäre herzlicher zu loben. So rief er bei der berühmten Scene zwischen Titus und Sextus, und bei darauf folgenden Monolog in Metasta-

---

*) In der Epitre dédicatoire ver den Mémoires de Grammont.

ſio's Clemenza di Tito: Deux Scènes dignes de Corneille, quand il n'eſt pas déclamateur, et de Racine, quand il n'eſt pas faible! Aber man gebe nur Acht, ob er auch hier nicht kratzt, indem er ſtreichelt. Metaſtaſio zwar bleibt unangetaſtet, aber dafür bekommen Corneille und Racine einen Hieb. Und das Ganze? O wie fein der gute Arouet ſich immer ſelbſt Weihrauch zu ſtreuen weiß! Denn wer iſt ein Corneille ohne Deklamazion, und ein Racine ohne Schwäche? Wer anders, nach Mr. Arouet, als Mr. Arouet ſelbſt?

Einſt zankte ſich eine deutſche Dame mit mir über Rouſſeau, und ihr entgiengen die Worte: Je vois diſparaitre tous les ouvrages de Rouſſeau devant un page d'Alembert ou de Hume! Gnädige Frau, erwiederte ich, unſer ganze Streit kommt daher, daß ich in Rouſſeau verliebt bin, und Sie nicht!

Nun gieng ich, ohne ein Wort weiter zu ſagen, nach Hauſe, holte ein wenig bekanntes Profilportrait von Rouſſeau (das ſehr ſchön iſt), zeigte es der Dame, und ſagte: können Sie — dieſen Mann nicht lieben?

Die Dame ſtutzte; ſchwieg; ſah beinahe Löcher

in das Portrait; und sagte endlich, nach einem tief
geholten Seufzer: ah, qu'il est beau..! oui,
à présent j'en suis amoureuse aussi.

Aber, gnädige Frau, Sie haben doch Reaissran,
ihrer Schriften wegen, gehaßt und verachtet?

Mon Dieu, erwiederte mir die wild gewor-
dene Dame: je ne savais pas qu'il était si
beau!

Zimmermann über die Einf.
2. Bd. S. 192.

Ueber Drama und Roman. *)

Aus Wilhelm Meisters Lehrjahren, 3. Band,
7. Kapitel.

— Eines Abends stritt die Gesellschaft, ob der
Roman oder das Drama den Vorzug verdiene?
Einer versicherte, es sey ein vergeblicher, mißver-
standner Streit; beyde könnten in ihrer Art vor-

---

*) Auch etwas Schweres unter so vielem Leichten;
und etwas recht Schweres. Diejenigen meiner
Leser können sich gratuliren, die dies Bruchstück
völlig verstehen.

trefflich seyn, nur müßten sie sich in den Gränzen
ihrer Gattung halten.

Ich bin selbst noch nicht ganz im Klaren darüber, versetzte Wilhelm.

Wer ist es auch? sagte Serlo, und doch wäre
es der Mühe werth, daß man der Sache näher
käme.

Sie sprachen viel herüber und hinüber, und
endlich war folgendes ohngefähr das Resultat ihrer
Unterhaltung.

Im Roman, wie im Drama, sehen wir menschliche Natur und Handlung. Der Unterschied beider Dichtungsarten liegt nicht bloß in der äußern
Form, nicht darin, daß die Personen in dem einen sprechen, und daß in dem andern gewöhnlich
von ihnen erzählt wird. Leider viele Dramas sind
nur dialogirte Romane, und es wäre nicht unmöglich, ein Drama in Briefen zu schreiben.

Im Roman sollen vorzüglich Gesinnungen
und Begebenheiten vorgestellt werden: im
Drama Charaktere und Thaten. »Der Ro-
»man muß langsam gehen, und die Gesinnungen
»der Hauptfigur müssen, es sey auf welche Weise
»es wolle, das Vordringen des Ganzen zur Ent-
»wickelung aufhalten. Das Drama soll eilen,

»und der Charakter der Hauptfigur muß sich gegen
»dem Ende drängen, und nur aufgehalten werden.
»Der Romanenheld muß leidend, wenigstens nicht
»im hohen Grade wirkend seyn; von dem Dra-
»matischen verlangt man Wirkung und That.
»Grandison, Clarisse, Pamela, der Landpriester
»von Wakefield, Tom Jones selbst, sind wo nicht
»leidende, doch retardirende Personen, und alle
»Begebenheiten werden gewissermaaßen nach ihren
»Gesinnungen gemodelt. Im Drama modelt der
»Held`nichts nach sich, alles widerstrebt ihm, und
»er räumt und rückt die Hindernisse aus dem We-
»ge, oder unterliegt ihnen. «

   »So vereinigte man sich auch darüber, daß
»man dem Zufall im Roman gar wohl sein
»Spiel erlauben könne; daß er aber immer durch
»die Gesinnungen der Personen gelenkt und gelei-
»tet werden müsse; daß hingegen das Schicksal,
»das die Menschen, ohne ihr Zuthun, durch unzu-
»sammenhängende äußere Umstände zu einer un-
»vorhergesehenen Catastrophe hindrängt, nur im
»Drama Statt habe; daß der Zufall wohl pa-
»thetische, niemals aber tragische Situa-
»tionen hervorbringen dürfe; das Schick-
»sal hingegen müsse immer fürchterlich seyn, und

»werde im höchsten Sinne tragisch, wenn es
»schuldige und unschuldige von einander unabhän=
»gige Thaten in eine unglückliche Verknüpfu
»bringt. «

Diese Betrachtungen führten auf den wunder=
lichen Hamlet, und auf die Eigenheiten dieses
Stücks. Der Held, sagte man, hat eigentlich auch
nur Gesinnungen; es sind nur Begebenheiten, die
zu ihm stoßen, und deswegen hat das Stück etwas
von dem Gedehnten des Romans; weil aber das
Schicksal den Plan gezeichnet hat, weil das
Stück von einer fürchterlichen That ausgeht, und
der Held immer vorwärts zu einer fürchterlichen
That gedrängt wird: so ist es im höchsten Sinne
tragisch, und leidet keinen andern, als einen tragi=
schen Ausgang. —

———

Voltaire's größtes Vergnügen beym Drama.

Es ist bekannt, daß de la Motte die Verse
von der französischen Bühne verbannt wissen wollte.
Engel, im zweiten Theile der Mimik, hat scharf=
sinniger zu beweisen versucht, daß dies so sein müs=
se, und er hat es wenigstens für unser gewöhnli=

das Lustspiel, und für unsere kleinen Häuser ganz vortrefflich bewiesen. Die Sache hatte also in Frankreich eben so gut ihre Richtigkeit, als bei uns; ja noch mehr; denn als de la Motte schrieb, waren die Franzosen noch nicht einmal über ihre reimenden Alexandriner weg. Aber wie konnte Voltäre dies einsehn, oder billigen? De la Motte wollte die Reime vom Theater verbannt wissen, (und andere Verse, als reimende, haben die Franzosen nicht,) und Voltäre (Préface vor Oedip) schreit: »La Motte will uns die Poesie »nehmen; denn — er will uns Tragödien in »Prose geben!« Als ob Poesie nicht ohne Verse bestehn könnte, und umgekehrt.

Er geht noch weiter. Herr de la Motte, sagt er, behauptet, daß wenigstens die Szene eines »Trauerspiels nichts von ihrer Anmuth oder Kraft »verliere, wenn man sie in Prose auflöst. Er »thut das mit der ersten Szene des Mithridat »(von Racine), und kein Mensch kann sie lesen. »Er bedenkt nicht, daß das große Verdienst »der Verse darin besteht, daß sie so na- »türlich, so korrekt sind, als Prose.« (In der Folge setzt er hinzu, daß man sie auch, ohne die Reime, gar nicht von der Prose unter-

ſcheiden könne.) »Die Ueberwindung dieſer
»gewaltigen Schwierigkeit iſt es, was
»die Kenner bezaubert. Man löſe die
»Verſe in Proſe auf, und verſchwunden
»iſt Verdienſt und Vergnügen.« (C'eſt
cette extrême difficulté ſurmontée qui
charme les connaiſſeurs. Réduiſez les vers
en proſe, il n'y a plus ni mérite ni plai-
ſir.) »»Ein ſonderbater Gedanke!«« ruft hier
Blair (Vorleſſ. über Rhetorik u. ſch. W. 4. Th.
S. 238. der deutſch. Ueberſetzung) mit Recht aus.
»»Als ob die Unterhaltung der Zuhörer nicht aus
»»der Rührung entſtände, welche der Dichter zu
»»erwecken weiß, ſondern aus dem Nachdenken
»»über die mühſame Arbeit, die es ihm an ſei-
»»nem Pulte gekoſtet haben mag, die männlichen
»»und weiblichen Reime zuſammen zu finden.««

Voltäre konfrontirt. Luſtige Aeußerung Moliere's.

Es iſt luſtig zu leſen, wie Voltäre in einem
Athem lobt und tadelt, und wie dreiſt er ab-
ſpricht.

»Es ist wahr,« (sagt er in den Lettres sur
Oedipe), »die Tragödien der Griechen sind sehr
»von ihrer sonstigen hohen Achtung herabgesunken.
»Ihre Werke sind jetzt entweder unge-
»kannt oder verachtet.« (Im Gegentheil
hat man alte Literatur in Frankreich *) immer besonders geschätzt.) »Ich glaube, daß dies Ver-
»gessen und diese Verachtung zu den Ungerechtig-
»keiten unseres Zeitalters gehören. Gelesen zu
»werden verdienen ihre Werke gewiß; und sind
»sie zu fehlerhaft, um gebilligt zu werden: so ha-
»ben sie auch zu viel Schönheiten, als daß man
»sie ganz verachten könnte.«

»Euripides besonders, der mit dem So-
»phokles so sehr überlegen scheint, und der der
»größte Dichter sein würde, wenn er in einer
»gebildetern Zeit (dans un tems plus éclairé,
»d. h. zu Voltäre's Zeit) geboren wäre, Euri-
»pides hat Werke hinterlassen, die ein vollkom-
»menes Genie verrathen, troß den Mängeln
»seiner Tragödien.«

»Wel-

---

*) Denn über Frankreich denken doch Franzosen nie-
mals hinaus. Daher erwähn ich nur dies.

» Welche Idee muß man nicht von einem Dich-
» ter bekommen, von dem Racine selbst Sen-
» timents geborgt hat? Die Stellen, die
» dieser große Mann in seinem unnachahmlichen
» Trauerspiel, Phädra, aus dem Euripides
» übersetzt hat, sind nicht die schlechtesten des Werks.

Dieux, que ne suis - je assise à l'ombre des
forêts?

Quand pourrai - je, au travers d'une noble
poussière,

Suivre de l'oeil un char fuyant dans la car-
rière?

. . . . Insensée, où suis - je, et qu'ai - je
dit?

Où laissai - je égarer mes voeux et mon esprit?

— Je l'ai perdu, les Dieux m'en ont ravi l'usage.

Oenone, la rougeur me couvre le visage;

Je te laisse trop voir mes honteuses douleurs,

Et mes yeux, malgré moi, se remplissent de
pleurs.

» Fast diese ganze Szene ist Wort für Wort aus
» dem Euripides übersetzt. Aber, durch diese
» Uebersetzung verführt, glaube man nur nicht, das
» Stück des Euripides sei ein gutes Werk. Das
» ist die einzige schöne Stelle des ganzen Trauer-

»viels, ja sogar die einzige vernünftige (rai-
»sonnable); denn es ist die einzige, die
»Racine nachgeahmt hat; und wie man sich
»nie wird einfallen lassen, Seneca's Hippolyt
»zu billigen, weil Racine die ganze Erklärung
»der Phädra daraus genommen hat: so muß man
»auch Euripides Hippolyt nicht wegen der
»30 oder 40 Verse bewundern, die würdig waren,
»von unserem größten Dichter nachgeahmt zu
»werden.

»Moliere nahm bisweilen ganze Szenen
»aus Cyrano de Vergerac, und sagte zu sei-
»ner Entschuldigung: Diese Szene ist gut:
»sie gehört mir von Rechtswegen; ich
»nehme mein Eigenthum wieder an mich,
»wo ich es finde. (Cette scene est bonne,
»elle m'appartient de droit; je reprens
»mon bien partout où je le trouve.)

»Racine könnte ohngefähr das Nämliche
»von Euripides sagen.«

So radotirt Voltäre. So wirft er die Euripides in eine Klasse mit Holinscheds, mit
Chroniken, mit alten Lebensbeschreibungen, aus
denen Shakespear und andere neuere Dramatisten Ideen zu ihren Stücken, oder einige Szenen

mögen entlehnt haben. Die edle Natur der alten
Stücke in Plan, Charakterzeichnung und Darstel=
lung, und die daher fließende Rührung, dies be=
rührt er nicht. Faſt ſcheint es, als hat Euripi=
des den Racine beſtohlen, indem er vor dieſem
wagte, etwas Schönes zu ſchreiben. Moliere's
Aeuſſerung iſt gewiß bloßer Scherz. — Uebri=
gens, warum ich hier Voltäre ſo unter das
Mikroſkop bringe? Weil Schriftſteller, wie er,
je oberflächlicher ſie oft ſind, deſto mehr Leſer fin=
den, deſto mehr ſchaden. In wie mancher Geſell=
ſchaft hört man (Gott ſei's geklagt!) nichts wei=
ter, als ſolch Gewäſch nachplappern!

———

Ekhof.
1778.

Die deutſche Bühne war der Nachbarn Hohn;
Verzerrung galt für Witz, Klopffechten und
Gebelle
Für Leidenſchaft; da ſandt Natur uns ihren
Sohn.
Ein Proteus von Geſtalt, ein Zauberer im
Ton,

Stieß er den Unsinn vom entweihten Thron,
Und setzte Wahrheit an die Stelle.
Die ihr dem Heiligthum Melpomenens euch
naht,
Ihm opfert dankbar an des Tempels Schwelle!
Ihm widmet Herz und Mund und That!
Wißt: Ekhof war es, der dem tiefen
Britten,
Dem leichten Gallier, den Lorbeerzweig ent-
wand!
Wißt: Er schuf euch die Kunst, und adelte
den Stand,
Orakel eures Spiels, und Vorbild eurer
Sitten.

                                          Gotter.

Grabschrift der Schauspielerinn Mecour.

Sie starb 1784 zu Berlin.

Künftig wird Thalia nicht, ihr Gecken,
Mehr durch schlauen Spott euch necken,
Noch durch treuen Widerschein
Der Natur, ihr Weisen, euch erfreun;
Ihre Lippen schloß des Schmerzes Siegel;

Sie zerbrach auf diesem Hügel
Ihren Spiegel.

Dieser Hügel
Deckt der Mecour schlummerndes Gebein.

Gotter.

Crebillon der ältere besaß ein ungewöhnlich starkes Gedächtniß. Er pflegte keins seiner Trauerspiele eher niederzuschreiben, als bis er sie auf das Theater gab. Wie er den Schauspielern seinen Catilina vorlesen sollte, konnte er das ganze Stück Wort für Wort hersagen. Machte er eine Verbesserung, so vergaß er durchaus, wie es erst geheißen hatte, und nur eine noch glücklichere Verbesserung konnte diese aus seinem Gedächtnisse vertilgen.

Man fragte ihn einst in einer Gesellschaft, warum er das Schreckliche zu seiner Gattung gewählt habe. »Je n'avais point à choisir, war seine Antwort, » Corneille avait pris le Ciel, » Racine la terre; il ne me restait plus que » l'Enfer; je m'y suis jetté à corps perdu.« (Ich hatte gar nicht zu wählen; Corneille hatte den Himmel in Besitz genommen; Racine die Erde; es blieb mir nichts übrig, als die Hölle; darauf warf ich mich über Hals und Kopf.) En-cyclopediana etc. Paris, 1791.

———

Der zärtliche Racine war doch bisweilen auch sehr giftig. So konnte er den Dancourt nicht leiden. Als er einst in einer Gesellschaft vom Théatre de Dancourt sprechen hörte, rief er ärgerlich: Dites son échafaud!

———

Diderot ernährte sich Anfangs in Paris unter andern durch Predigtmachen für Geld. Ein Missionar, der nach Amerika gehen wollte, ließ sich sechs Predigten von ihm machen, und zahlte für das Stück 50 Rthlr. Diderot gestand, daß er nie einen bessern Handel geschlossen habe.

———

Voltäre konnte nichts weniger leiden, als einen mit Beiwörtern überladenen Stil. Wenn er von Schriftstellern sprach, die sich in einen solchen Stil verliebt hatten, so sagte er oft: Je voudrais leur faire entendre, que l'adjectif est le plus grand ennemi du substantif, encore qu'ils s'accordent en genre, en nombre et en cas.

———

Anekdoten aus den Oeuvres de Chamfort, Tome IV.

Cailhava dachte während der ganzen Revoluzion an nichts als an die Klagen der Dramatisten über die Schauspieler. Er beschwerte sich eines Tages gegen einen Gelehrten, der mit mehrern Mitgliedern der Nazionalversammlung in Verbindung stand, daß das Dekret so lange ausbleibe. — Aber, mein Gott, sagte dieser, glauben Sie denn, daß hier von nichts als vom Schauspielgeben die Rede sei? — Keinesweges, antwortete Cailhava. Ich weiß gar wohl, daß auch vom Druck der Schauspiele die Rede ist.

———

Als man die Zayre in Ferney aufgeführt hatte, machte Jemand der Madam Denis (Zayre) viel Komplimente über ihr Spiel. Sie antwortete, zu dieser Rolle müsse man jung und schön sein. — O, versetzte Jener, Sie sind ein Beweis vom Gegentheil.

D'Alembert war einsmals mit einem berühmten Professor der Rechte aus Genf zu Ferney. Der Professor bewunderte Voltäre's Universalgenie. Nur im Staatsrecht, sagte er, find' ich ihn etwas schwach. — Und ich, versetzte D'Alembert, nur in der Geometrie.

————

Als J. J. Rousseau zu Fontainebleau war, um einer Vorstellung seines Devin du village beizuwohnen, näherte sich ihm ein Hofmann mit den Worten: »Erlauben Sie mir, mein Herr, Ihnen mein Kompliment zu machen.« O ja, sagte Rousseau, wenn es gut ist. — Der Hofmann gieng weg. Aber, wo denken Sie hin, fieng einer von Rousseau's Freunden an. So zu antworten! — Und warum nicht? sagte Rousseau, kennen Sie etwas Schlechteres als ein schlechtes Kompliment?

————

Es ist merkwürdig, daß Moliere, der niemanden schonte, kein Wort gegen die Finanziers gesagt hat. Man glaubt, daß er, und die übrigen französischen Komiker seiner Zeit besondern Befehl von Colbert gehabt haben, sie zu schonen.

Fontenelle *) hatte in seinem 97. Jahre der Madam Helvetius, einer jungen schönen Frau, die eben verheirathet war, in einer Gesellschaft eine Menge schöner Dinge gesagt. Als man sich zu Tische setzte, gieng er bei ihr vorbei, ohne sie zu bemerken. — Da sehn Sie, sagte Madam Helvetius, wie viel ich von Ihren Galanterien glauben kann. Sie gehn bei mir vorüber, ohne mich anzusehn. — Madam, antwortete der Greis, hätt' ich Sie angesehn, so wär' ich nicht vorübergegangen.

———

Lemierre sagte, zwischen seiner Malabarischen Wittwe, so wie sie 1770 gespielt worden, und seiner Malabarischen Wittwe von 1781 sei ein so großer Unterschied, als zwischen einem Bündel Holz und einem Wagen Holz. — Wirklich verdankte das Stück seinen Beifall der Verbesserung des Scheiterhaufens.

Soweit Chamfort.

———

*) Fontenelle hat auch Komödien geschrieben. Les Comedies de Fontenelle, sagt Helvetius (de l'Esp. 3. S. 47) denuées du genie et du talent comique étincellent de quelques beautés philosophiques.

III. Miszellaneen.

Fontenelle pflegte zu sagen: Ich habe immer gestrebt, mich selber zu verstehen.

———

Die erste nahmhafte Truppe, in der Moliere sich zeigte, war die Troupe des Comédiens de Monsieur, die auf dem Theater au petit Bourbon. Er trat hier zum erstenmal in dem Trauerspiel Heraklius auf, und zwar als der Held des Stücks. Aber es bekam ihm sehr übel. Der Unwillen über sein Spiel gieng so weit, daß man ihn mit gebratenen Aepfeln warf, die an der Theaterthür verkauft wurden. Er mußte von der Bühne hinunter, und trat seitdem niemals in ernsthaften Stücken auf.

———

La Bruyere's Charakterisierung Corneille's.

Corneille ist schlicht (simple), furchtsam, langweilig in der Unterhaltung. Er nimmt ein Wort für das andere. Er beurtheilt die Güte seines Stücks nur nach der Summe, die es ihm einbringt. Er versteht nicht vorzulesen. Er kann seine eigne Hand nicht lesen. Aber man lasse ihn durchs Dichten sich erheben. Er übertrifft nicht

dies oder jenes Stück eines Andern. Er ist König, und ein großer König. Er ist Politiker. Er
ist Philosoph. Er unternimmts, Helden reden zu
lassen, handeln zu lassen. Er mahlt die Römer,
und sie sind größer und mehr Römer in seinen
Versen als in ihrer Geschichte.

———

Le Kain hatte die Gewohnheit, schon eine
Stunde, ehe er spielte, aufs Theater zu gehn.
Auf und ab eilend erfüllte er sich hier mit den
Gesichten der Tragödie (des fantômes de la Tra-
gédie). Herault-Sechelles, in der Decade
philos.

———

Ich habe Schrödern zwei volle Stunden bloß
mit der Toilette in seiner Rolle zubringen sehen, als
er die Rolle des Geizigen zum letzten Mal spielte.
Die Alten, sagte er mir einmal, hatten durch das
Bestimmte ihrer Masken sehr viel zum voraus.
Wir müssen uns jedesmal die Maske durch Kunst
selbst schaffen. Böttiger über Iffland. S. 7.

———

Der Schauspieler, der sich nie selbst verliert,
läßt sich auch in Kleinigkeiten nie gehn. Eine nahm-

Schauspielerinn machte, indem sie die Rolle einer Fürstinn spielte, erst mit ausgestreckter Zungenspitze den Stein naß, womit sie siegelte. Die arme Fürstinn! Daſ. S. 26.

———

Le Kain war für seine Heldenrollen, dem Anschein nach, viel zu klein. Er war nicht über fünf Fuß hoch. Man glaubte oft, ihm etwas verbindliches darüber sagen zu müssen, daß er auf dem Theater über sechs Fuß hoch zu seyn schien. Darauf erwiederte er gewöhnlich: Ce n'est point par notre corps que nous sommes grands, c'est par notre ame.

Eben das galt von Eckhof und Garrick; und gilt jetzt von Iffland.

———

Der Bischof von London fragte einst den Schauspieler Betterton, wie es doch zugehe, daß Schauspieler durch bloß erdichtete Dinge eine Versammlung so rühren könnten, als ob alles wahr sei, Geistliche hingegen, durch ihr Reden über wahre Dinge oft nicht mehr rührten und Glauben fänden, als ob alles erdichtet sei. — »Mylord, antwortete Bet-

» terton, das geht ganz natürlich zu. Wir Schau-
» spieler sprechen von erdichteten Dingen, als wenn
» sie wahr wären. Ihr Herren aber sprecht auf
» der Kanzel von wahren Dingen, als wenn sie
» erdichtet wären. «

Viele Schauspieler verstehen sich auf den Einklang, (das Ensemble) ihres Spiels nicht. Wir
erzählten oben Garricks Scherz über Preville's nüchternen Fuß. Ein bekannter englischer
Schauspieler, Mossor, war im Händespiel unvoll-
kommen. Man höre Churchill von ihm, in der
Rosziade.

The right hand labours and the left lies still.
For he resolv'd on scripture - ground to go:
What the right does, the left hand shall not
know.

Die Rechte müht sich, doch die Linke ruht.[1]
Er glaubt dem Bibelgrund nachgebn zu müssen:
Was deine Rechte thut, laß nicht die Linke wissen.

Bei der zweiten Erscheinung des Geistes im
Hamlet pflegte Garrick bisweilen so aufzufahren,

der den Stuhl mit dem zurückstoßenden Fuß nar-
warf. Dieser plötzliche Sturz, dies dumpfe Gepol-
ter, während im ganzen Theater jene Todtenstille
herrschte, die Lichtenberg (im deutsch. Mus.) so
treffend wahr schildert, verfehlte nie seine Wirkung.
? haben es alle Aftergarricke stets nachgeäfft.

In einer Szene, wo Eckhof neben einer
Schauspielerinn stand, die eben so wenig, als er
selbst, in dieser Szene etwas zu sprechen hatte, beklagte sich die Schauspielerinn bitterlich gegen ihn:
Kein Wörtchen hab' ich zu sagen, gar nichts
zu thun, den ganzen Auftritt durch. — »Wie,
»Mademoiselle,« erwiederte Ekhef, »sind Sie
»nicht in diesem Augenblicke Tochter des Hauses?
»Ist es Ihnen gleichgültig, ob Ihr Vater eine
»Magd heirathet?« — Denn davon war gerade im Stück die Rede.

Baron behauptete oft, nach d'Alembert,
»ein Schauspieler müsse auf dem Schooße der
»Königinnen erzogen sein. « (Un comédien de-
vrait avoit été nourri sur les genoux des
                                    reines.)

reines.) So hochtrabend dies klingen mag, so
richtig ist die Bemerkung, wenn sie auf den allge=
meinen Satz zurückgeführt wird: Der Schauspieler
muß sich in den feinsten Zirkeln gebildet haben.
Garrick besuchte die Courtage zu St. James
eben so gut, als die Garküchen von St. Gils.
M. s. Böttiger a. a. O. S. 402.

— Man hat schon mehrmals den Vorschlag
gethan, daß, wenn wirklich ein Schauspieler=
Philanthropin, wie es einmal im Gothaischen
Theaterjournal vorgeschlagen ward, möglich wäre,
in ihm jenes berühmte Stillschweigen einiger
alten philosophischen Schulen auf eine gewisse Zeit
durchaus Statt finden, und der Lehrling erst mit
der Miene, dann mit Händen und Füßen spre=
chen lernen müßte, ehe es ihm erlaubt würde, den
Mund zu öffnen. So wie die Sachen jetzt stehen,
ist die Zunge oft der einzige bewegliche Theil an
unsern Theatervirtuosen. Der umgekehrte Fall ist
bei den großen Schauspielern. Un jour, so er=
zählt Herault - Sechelles (Decade philol.
n. 80. p. 82 f.) Mlle. *Clairon* s'assit dans
un fauteuil, et *sans proférer une seule pa-*

role: sans faire un seul geste, elle peignit
avec le visage seul toutes les passions, la
haine, la colère, l'indignation, l'indifféren-
ce, la tristesse, la douleur, l'amour, l'huma-
nité, la nature (?), la gaîeté, la joie, etc.
Elle peignit non seulement les passions en
elles mêmes, mais encore toutes les nuan-
ces et toutes les différences, qui les cara-
ctérisent.   Par exemple, dans la crainte
elle exprima la frayeur, la peur, l'émotion,
le saisissement, l'inquiétude, la terreur, etc.
Daf. S. 204.

———

Die größte Schwierigkeit für den Schauspieler,
sagt einer der besten Dramaturgen, (Lloyd's
Treatise on the art of playing, p. 16.) ist
damit zufrieden zu seyn, daß er so wenig als möglich thue. Es muß also auch
Fälle geben, wo er, besonders beim Anfang einer
Rolle, die erst in den letzten Akten volle Thätig-
keit erhält, gerade nur so sprechen und handeln
darf, wie er in jeder Unterhaltung des gemeinen
Lebens zu sprechen und zu handeln gewohnt ist.
Natürlich gehört aber schon dazu, um nur einzu-

hen, wenn dieser seltene Fall wirklich eintritt,
ein so feiner Takt, daß nur der fertige Künstler
dies mit Gewißheit für sich zu bestimmen wagen
darf. Denn übrigens bleibt es eine unausstehliche
Geringschätzung des Publikums, und ein Zeichen
der schimpflichsten Ungelehrigkeit, wenn der Schauspieler sein ganzes liebes Selbst nicht beim ersten
Eintritt in die Szene völlig hinter der Coulisse
lassen kann; wenn er dem von Churchill (Rosciad.
V. 983.) so schön beschriebenen Egoisten gleicht:

> In whate'er cast his character is laid,
> *Self* still, like oil, upon the surface play'd.

> Trotz allem Widerstand von streitenden Gefühlen,
> Sein Ich, wie Oel, wird immer oben spielen.

Und es bleibt ewig wahr, was Dorat seinem
komischen Schauspieler zuruft: (La Déclama-
tion théatrale, Chant. II. p. 75.)

> Le personnage seul nous plait et nous étonne,
> Tout le charme est détruit, *quand on voit*
> *la personne.*

Daher auch Cicero von Antipho, einem schlechten Schauspieler, seinem Freund Attikus (IV, 15.)
nichts Verächtlicheres schreiben konnte, als: Nihil

P 2

tam pusillum — *nihil tam verum.* »Nichts
so ▮▮▮▮ — nichts so wahr. Daf. S. 197.

▮▮▮▮▮▮▮▮ der richtigen ▮▮▮▮▮▮▮▮▮▮
▮▮▮ der Hände und Füße ▮▮▮ Churchill
a. a. O. S. 452 ▮▮ unwißig ▮ einem Schauspieler, Jackson.

> When to enforce some very tender part,
> The right hand *sleeps* by instinct on the heart,
> His soul of every other thought bereft,
> *Is anxious only where to place the left.* —
> One leg, as if suspicious of his brother,
> Desirous seems to run away from the other.

> Schläft, ▮▮▮' sein Herz je fast von Liebe
> springt,
> Die Recht' auf seinem Herzen, durch Instinkt,
> Dann ▮ bewegt'n nur sein Geist verlegen,
> Wohin er soll' anjetzt die Linke legen. —
> Ein Bein, wie seinem Bruder feind,
> Will fort vom andern laufen, wie es scheint.

Wenn Corneille sich in seinem Studierzimmer befand, so war er für die ganze übrige Welt
verloren. So hatte er einem jungen Manne seine

Tochter versprochen. Veränderte Umstände nöthigen den jungen Menschen, die Heirath zu zerreissen. Eines Morgens eilt er zu Corneille, dringt in sein Kabinet, und sagt: Mein Herr, ich komme, mein Wort zurückzunehmen, und Ihnen die Ursachen dieser — O, mein Herr, fällt Corneille ein, konnten Sie nicht, ohne mich zu stören, über alles das mit meiner Frau sprechen? Gehn Sie zu ihr. Ich versteh nichts von dem Allem.

Der gelehrte Bude (Budäus) war eben so zerstreut. Ein Bedienter stürzt einst ganz erschrocken in sein Zimmer mit der Nachricht, das Haus brenne. — Nun gut, spricht Bude, sagt das meiner Frau; ich bekümmere mich nicht um Hausangelegenheiten. S. Helvetius De l'Esprit. 3. p. 12.

Inhalt.

I. Dramatikeranatomie und Physiologie . . . . Seite 5

II. Leben berühmter Dramatiker . 45

III. Miszellaneen. 165